링컨의 연설과 편지

Yeesan Publishing Co.

히스토리아 문디 12
historia mundi

링컨의 연설과 편지

에이브러햄 링컨 지음 | 김우영 옮김

이산

히스토리아 문디 12
링컨의 연설과 편지
2012년 2월 14일 1쇄 인쇄
2012년 2월 18일 1쇄 발행
지은이 링컨
옮긴이 김우영
펴낸이 강인황·문현숙
도서출판 이산
서울특별시 마포구 양화로6길 57-18(서교동 399-11)
TEL: 334-2847/FAX: 334-2849
E-mail: yeesan@yeesan.co.kr
등록 1996년 8월 8일 제 2-2233호

편집 문현숙
인쇄 한영문화사/제본 한영제책

ISBN 978-89-87608-70-9 04300
ISBN 978-89-87608-30-3 04900(세트)
KDC 304

가격은 뒤표지에 있습니다. 잘못된 책은 바꿔드립니다.

www.yeesan.co.kr

차례

일러두기

1. 이 책은 에이브러햄 링컨이 남긴 연설과 편지 중에서 명문으로 꼽히는 글들을 가려뽑아 번역한 것이다.
2. 본문의 부연설명와 각주는 모두 옮긴이가 붙인 것이다.
3. 성서의 구절이 인용된 부분은 번역을 하지 않고 「개역한글판 성경전서」(대한성서공회)의 해당부분을 재인용했다.
4. 'United States of America' 'God' 'the people.' 이 세 단어는 각각 '아메리카합중국(또는 미합중국)' '하나님' '국민(또는 민중)'으로 번역할 수도 있겠으나 이 책에서는 '미국' '하느님' '인민'으로 번역했다. 여기서 '인민'은 계급적 관점에서 이야기하는 피지배자로서의 인민이 아니라 국가나 사회를 구성하는 자연인으로서의 인민을 뜻한다.

링컨의 연설과 편지

생거먼 카운티의 유권자 여러분께*

— 1832년 3월 9일, 뉴세일럼

* 정계 입문을 선언하고, 일리노이 주의회 의원에 입후보한 링컨이 처음으로 대중을 상대로 쓴 연설문이다. 23세라는 젊은 나이에 쓴 글이지만, 겸허하고 온건하면서도 논리정연하고 호소력 있는 링컨 연설의 특징을 엿볼 수 있다. 이 출마의 변은 연설문 형식을 취하고 있으나, 대중 앞에서 실제로 연설한 것은 아니고 유인물로 배포되었다고 한다.

이 글을 쓰고 약 40일 뒤에 그는 블랙호크 전쟁(129쪽 각주 참조)에 의용병으로 자원했고, 7월 말경에 뉴세일럼에 돌아왔다. 주의회 의원을 뽑는 선거일이 8월 6일이었으므로, 사실상 링컨은 선거유세를 할 시간이 별로 없었다고 볼 수 있다. 그는 비록 이 선거에서 낙선의 고배를 들었지만, 뉴세일럼에서는 압도적인 득표를 했다.

친애하는 시민 여러분. 차기 주의회에서 여러분을 대표하는 명예로운 의원직에 입후보한 만큼, 관례와 진정한 공화주의의 원칙에 입각하여 우리 지방의 현안에 대한 저의 견해를 여러분께 밝히는 것이 저의 의무일 것입니다.

공공사업의 공익성은 시간과 경험을 통해 입증된 바입니다. 몹시 가난하고 인구가 희박한 지방도 훌륭한 도로를 내고 강의 항행을 방해하는 장애물을 제거하면 크게 번영할 수 있다는 사실은 아무도 부인하지 못할 것입니다. 그러나 우리에게 이런 사업을 완수할 능력이 있는지 먼저 따져보지 않은 채 사업에 착수하는 것은 어리석은 일입니다. 사업을 반쯤 하다가 중단한다면 그동안 헛수고를 했다는 것을 스스로 증명하는 꼴이 됩니다. 비용을 들이지 않고 철도와 운하를 갖출 수 있다면, 그 누구도 반대할 까닭이 없습니다. 비용이 든다는 것이 반대의 유일한 이유입니다. 그리고 이런 반대가 나오는 것은 그런 비용을 감당할 여력이 없기 때문입니다.

생거먼 카운티의 경우, 비옥한 땅에서 생산한 잉여농산물을 다른 지방으로 출하하고 필요한 물품을 외부에서 들여오려면 현재 우리가 보유하고 있는 것보다는 좀 더 편리한 교통수단이 꼭 있어야 합니다. 잭슨빌과 인접 고장의 시민들은 근자에 일리노이 강의 적당한 지점에서부터 모건 카운티의 소도시 잭슨빌을 거쳐 생거먼 카운티의 소도시 스프링필드에 이르는 철도를 부설하는 방안을 검토하고 논의하기 위해 한자리에 모였습니다. 이는 매우 바람직한 일입니다. 우리가 현실적으로 기대할 수 있는 어떤 공공사업도 효용성 면에서 철도에 견줄 만한 것은 없습니다. 철도는 서로 멀리 떨어져 있는 상업지역들을 연결해주는 가장 확실한 교통수단입니다. 철도를 이용하면 정상적인 교역이 강의 수위나 혹한에 의해 방해받을 염려가 없습니다. 실제로 강의 결빙과 일정치 않은 수위는 수상교통에 대한 우리의 희망에 찬물을 끼얹는 주된 요인입니다. 그렇지만 우리 지방에 철도를 부설하는 것이 아무리 바람직하고, 상상만 해도 가슴 벅찬 일이라 할지라도 소름 돋을 정도로 비용이 엄청나게 든다는 것을 알고 나면 우리는 이런 유쾌한 기대를 접을 수밖에 없습니다. 조금 전에 언급한 철도망의 건설비용은 29만 달러로 추산됩니다. 이 수치를 언급하는 것만으로도 생거먼 강[1]의 개선이 우리의 빈약한 자원에 훨씬 합당한 목표라는 저의 지론이 충분히 정당화된다고 생각합니다.

저는 이 강을 정비하면, 적어도 평년의 절반에 달하는 기간에는 25~30톤의 화물을 실은 배들이, 그리고 그 기간의 얼마 동안은 그 이상의 화물을 실은 배들이 사우스포크[2] 어귀까지, 경우에 따라서는 그 이상까지 항행할 수 있다고 자신 있게 말씀드릴 있습니다. 저의 특수한 사정으로 해서 저는 지난 12개월 동안 이 지방의 그 누구보다도 이 강의 수위에 특별한 관심을 가져왔다고 생각합니다. 1831년 3월에 저는 동료 몇 명과 함께 생거먼 강변에서 평저선을 건조하여 이 배를 타고 강을 따라 내려가 본 적이 있습니다. 그때부터 저는 뉴세일럼에 있는 물방앗간을 눈여겨보기 시작했습니다. 그러다가 이 강의 수위에 관심을 갖게 되었습니다. 4월 말에 물방아보(洑)[3]를 건널 때, 강의 수위는 겨울이 끝난 2월 이후에 비해, 그리고

1. 일리노이 강의 주요 지류. 일리노이 주 중부에서 발원하여 디케이터 호와 스프링필드를 거쳐 비어즈타운 북쪽에서 일리노이 강으로 흘러든다.
2. 스프링필드 근처를 흐르는 생거먼 강의 지류.
3. 1828년에 강변에 물방앗간을 세운 뉴세일럼의 개척자들이 물방아의 동력을 얻기 위해 만든 보.

4월 말 이후의 몇 주 간에 비해 낮았습니다. 강을 따라 내려가는 우리를 가장 괴롭힌 것은 물에 떠다니는 목재들이었는데, 주지하다시피 이 장애물을 제거하는 것은 불가능한 일이 아닙니다. 그 당시의 수위를 거의 정확하게 파악했기 때문에, 저는 앞으로 강물이 얼마나 불어나고 줄어들지에 대해서도 알고 있다고 말할 수 있습니다.

이런 연유에서 생거먼 강 항행에 대한 저의 계획은 근거 없는 것이라고는 할 수 없습니다. 그러나 이 강의 자연적 이점이 무엇이든, 사람의 손으로 크게 개선시키지 않는다면 그 실용성에는 한계가 있습니다. 이미 말씀드렸듯이 강물에 떠다니는 목재가 항행 개선을 저해하는 가장 큰 걸림돌입니다. 항행 가능성을 제고하기 위해 이 강의 전 구간 가운데 가장 큰 공사가 필요한 부분은 하류의 30~35마일 구간입니다. 꾸불꾸불한 수로를 따라 그 거리만큼 이동하면, 우리는 비어즈타운 북쪽에 있는 강어귀에 도달합니다. 그런데 뉴세일럼과 비어즈타운 사이는 직선거리로 12~18마일밖에 되지 않습니다.

저의 복안은 그 구간에 직선에 가까운 새로운 수로를 내어 항행거리를 단축하자는 것입니다. 저지대의 초원 위를 통과하는 그 구간의 강폭을 넉넉히 확장하고 옛 수로에 둑을 쌓으면, 강 전체의 수로가 새롭게 정비될 것이고, 강의 유속도 상당히 빨라져서 이후로는 항행을 방해하는 목재가 강변에 쌓이지도 않을 것입니다. 나아가 갈지자로 흐르는 상류의 여러 구간에서도 강의 만곡부에서 장애물을 제거하느라 끙끙대고 있을 것이 아니라 강폭이 좁아지는 부분을 확장하여 물줄기가 일직선으로 흐르도록 유도한다면 항행거리가 한층 단축될 것입니다.

이 공사의 비용이 얼마나 들지는 알 수 없습니다. 하지만 길이가 같은 다른 강들의 항행여건을 개선할 때 필요했던 비용 이상이 들지는 않을 것이라고 생각합니다. 생거먼 강 정비는 생거먼 카운티의 유권자 여러분께 굉장히 중요하고, 매우 바람직한 일이라고 믿습니다. 제가 의원으로 선출되면, 의회에서 이 계획을 실현할 수 있는 현명한 방책이 입안되고 승인될 수 있도록 최선을 다하겠습니다.

터무니없이 높은 이자를 받는 대부(貸付) 관행[1]에 대해서는 이미 많은 논의가 있었습니다. 따라서 저는 이 문제를 처음으로 파헤치는 사람의 몫에 주어질 명예를 주장하거나 위험을 떠안지 않고도 그것에 관해 논할 수 있습니다. 모든 카운티에 해마다 수천 달러의 직접세를 부과하는 것이나 진배없는 이 해로운 제도, 공동체 전체의 이익을 침해해서 소수에게만 이익을 안겨주는 이 나쁜 제도는 높은 이율에 제재를 가하는 법률이 제정되지 않는 한 사라지지 않을 것 같습니다. 저는 특정계급에 실질적인 손해를 끼치지 않는 법률도 제정될 수 있다고 생각합니다. 하지만 그런 법률은 정상적인 상황에서는 효과를 거둘 수 있을지 모르지만, 극도로 궁핍한 사람들이 존재하는 상황에서는 법망을 피해가는 방법이 생겨날 수 있다고 봅니다. 저는 아주 쉽게 법망을 빠져나갈 수 있는 허점이 많은 법안의 통과에는 찬성하지 않습니다. 만일 고리대금에 관한 법을 만든다면 쉽게 위반할 수 없게 만들어야 하며, 고리대금은 아주 불가피한 경우에만 용납되어야 한다고 봅니다.

교육에 관해서는 거창한 계획이나 제도를 제시하기보다는, 교육이야말로 사람들이 관심을 기울여야 할 가장 중요한 사안으로 생각한다는 말씀만 드리겠습니다. 모든 사람이 적어도 웬만한 수준의 교육을 받아 조국과 다른 나라의 역사를 읽을 수 있게 되는 것, 그리하

1. 일례를 들면, 링컨의 고용주였던 오펏은 60일 동안 110달러를 빌리면서 원금의 60%나 되는 이자를 물었다고 한다.

여 우리가 누리는 자유로운 제도의 가치를 제대로 인식하게 되는 것은 굉장히 중요한 일이라고 생각합니다. 종교적이고 도덕적인 성격의 경전들이나 여타 작품들을 읽음으로써 이득이나 만족을 얻을 수 있다면 금상첨화겠지요. 저는 교육이, 그리고 교육을 통해 도덕·진지함·진취성·근면이 지금보다 훨씬 보편화되는 때를 보고 싶습니다. 제가 그런 행복한 시대를 앞당길 수 있는 조치를 추진하는 데 미력한 힘이나마 보탤 수 있다면, 더 이상 바랄 것이 없습니다.

기존의 법률들은 약간의 손질이 필요하다고 생각합니다. 존경할 만한 분들이 영장 발부에 관한 법과 도로법 등은 미비점이 많아 수정이 필요하다는 의견을 내놓으셨습니다. 그러나 그런 법들을 제정한 분들이 저보다는 훨씬 현명하셨을 것이라는 점을 감안하여, 함부로 법 개정에 나서지는 않겠습니다. 다만 다른 분들이 먼저 그 법들을 비판하고 그들의 견해가 정의를 증진시키는 데 도움이 된다고 판단될 경우에는, 그들과 보조를 맞추는 것이 저의 특권이자 의무일 것입니다.

동료시민 여러분. 이제 결론을 말씀드리고자 합니다. 젊은이는 모름지기 겸손해야 하는데, 제가 주제넘게 건방진 말씀을 드린 것은 아닌지 모르겠습니다. 다만 제가 다뤄왔던 문제에 관해 제 나름의 생각을 말씀드렸을 뿐입니다. 제 생각이 부분적으로 또는 전체적으로 틀렸을 수도 있습니다. 저는 가끔이라도 옳은 것이 항상 틀리는 것보다는 낫다는 말을 좌우명으로 삼고 있는 만큼, 저의 의견이 잘못된 것으로 밝혀지면 즉시 그것을 단념할 마음의 준비를 하고 있습니다.

모든 사람은 자신만의 특별한 야망을 가지고 있다는 말이 있습니다. 이 말이 옳든 그르든, 저의 가장 큰 야망은 시민 여러분의 존경을 받을 만한 자질을 갖추어 여러분으로부터 진정으로 존경받는 사람이 되는 것입니다. 이 야망을 어느 정도까지 실현할 수 있을지 지금으로서는 알 수 없습니다. 저는 나이도 어린데다 많은 분들에게 알려져 있지도 않습니다. 저는 가장 낮은 계층에서 태어났고, 지금까지 변함없이 그 계층에서 살아왔습니다. 저를 밀어줄 재력가나 유력인사도 없습니다. 저는 오직 이 카운티의 독립적인 유권자들만 믿고 출마했습니다. 만일 제가 당선된다면, 여러분이 제게 크나큰 호의를 베푸신 것으로 여기고, 그 뜻에 보답하기 위해 끊임없이 노력할 것입니다. 그러나 선량한 분들의 지혜로운 판단에 의해 미미한 존재로 남겨진다 하더라도, 저는 실망이라면 이골이 났기 때문에 그다지 서운해하지 않을 것입니다.

여러분의 벗이자 동료시민

링컨 드림

모든 사람은 자신만의
특별한 야망을 가지고 있다.

미국 연방하원에 제출한 '지점'에 관한 결의안
('Spot' Resolutions)*

— 1847년 12월 22일

* 1819년에 미국은 스페인과 애덤스-오니스 조약을 체결하여 누에시스 강 이남 또는 이서의 텍사스 영토를 포기하는 대신 플로리다에 대한 영유권을 인정받았다. 1821년에 멕시코가 스페인으로부터 독립한 뒤에도 누에시스 강은 미국과 멕시코의 국경으로 받아들여졌다. 하지만 1836년에 독립하여 공화국을 수립한 텍사스는 누에시스 강에서 남쪽으로 240km나 떨어져 있는 리오그란데 강을 양국의 국경이라고 주장했고, 1845년에 텍사스가 연방에 가입하면서 미국도 같은 입장을 견지했다. 멕시코가 이에 반발하여 국교를 단절하자, 미국의 제11대 대통령 제임스 포크(1845~1849년 재임)는 특사를 파견하여 리오그란데 강을 국경으로 인정하면 멕시코 정부가 미국인에게 갚아야 할 부채를 대신 갚아주겠다고 제안했다. 그러나 멕시코의 지도자는 특사와의 접견을 거부했고, 포크 대통령은 재커리 테일러 장군을 분쟁지역으로 파견했다. 1846년 4월에 멕시코 기병대가 리오그란데 강을 건너 미군 정찰대를 공격하자, 포크 대통령은 기다렸다는 듯 즉시 전쟁을 선포했다.

  이런 상황에서 제출된 링컨의 결의안은 대통령에게 미국인이 피를 흘렸다는 지점이 정말로 미국의 영토인지 아니면 분쟁지역인지 확실하게 밝힐 것을 촉구한 것이다. 이 결의안은 하원에서 채택되지 않았고, 사고지점을 집요하게 추궁했다는 이유로 그에게 '지점 타령이나 하는 링컨'이라는 모욕적인 별명을 안겨주었지만, 대통령의 전쟁명분을 정면으로 반박하는, 초선의원다운 패기를 유감없이 보여준다.

미국대통령은 1846년 5월 11일자 교서에서 "멕시코 정부는 미국공사와의 회견을 거부하고 그의 제안에 귀를 기울이지 않았을 뿐더러 오랫동안 계속해서 위협을 가해오다가 결국 우리의 땅에 침입하여 우리 땅에서 우리 시민이 피를 흘리게 했다"고 선언했습니다.

또한 1846년 12월 8일자 교서에서는 "적의 도발이 있기 훨씬 전부터 우리에게는 멕시코와 전쟁을 치를 수밖에 없는 충분한 명분이 있었지만, 그때도 우리는 우리의 손으로 잘못을 시정하려는 노력을 자제했다. 결국 멕시코가 스스로 침략자가 되어 무장을 하고 우리 땅에 침입하여 우리 시민이 피를 흘리게 했다"고 말했습니다.

그리고 1847년 12월 7일자 교서에서 "멕시코 정부는 전권을 위임받은 우리 평화사절이 제시한 중재안에 귀를 기울여보지도 않고, 결국 터무니없는 구실을 대며 텍사스 주(州) 영토에 침입하여 양국을 전쟁으로 몰아넣었고, 먼저 공격을 함으로써 우리 땅에서 우리 시민이 피를 흘리게 했다"고 주장했습니다.

하원은 우리 시민이 피를 흘리게 했던 지점이 당시 우리 국토였는지 아니었는지 여부를 확인시켜줄, 실제 사실에 대한 모든 정보를 얻고자 합니다.

이에 하원은 미국대통령에게 다음과 같은 문제에 답해줄 것을 정중히 요구하는 결의안을 제출하는 바입니다.

첫째, 대통령이 교서에서 말한, 우리 시민이 피를 흘리게 했던 지점이란 적어도 1819년 조약이 체결된 이후 멕시코 혁명이 일어나기 전까지는 스페인의 영토에 속해 있었는지.

둘째, 그 지점이란 멕시코가 혁명을 통해 스페인으로부터 쟁취한 영토 내에 있는지.

셋째, 그 지점이란 텍사스 혁명 훨씬 전부터 미군이 접근하기 직전까지 오랫동안 존속했던 주민들의 정주지 내에 있는지.

넷째, 그 정주지는 남쪽과 서쪽으로는 멕시코 만과 리오그란데 강에 의해, 북쪽과 동쪽으로는 광대한 무인지대에 의해 다른 정주지들과 떨어져 있는지.

다섯째, 그 정주지의 주민, 또는 그 대다수, 또는 그 일부가 대통령 교서에 언급된 유혈사태 이전에, 동의에 의해서든 강요에 의해서든 공직을 받아들이거나 선거에서 투표권을 행사하거나 세금을 납부하거나 배심원 역할을 하거나 영장을 발부받거나 하는 등의 방식에 의해 텍사스나 미국의 정부나 법률에 복종한 적이 있는지.

여섯째, 그 정주지의 주민은 교서에 언급된 유혈사태 이전에, 미군이 접근해오자 자신들의 주택과 농작물을 그대로 두고 도망친 것은 아닌지. 그리고 최초의 유혈사태가 그 주민들, 또는 그 일부가 버리고 떠난 그들의 사유지 내에서 벌어진 게 아닌지 여부.

일곱째, 교서에서 말했듯이 피를 흘린 우리 시민이란 대통령의 군사명령에 따라 육군부 장관에 의해 당시 그 정주지에 파견된 무장한 장교와 병사들이 아니었는지.

여덟째, 미국의 병력이 그 정주지에 파견된 것은 테일러 장군[1]이 텍사스를 방위하거나 보호하는 데 그런 군사행동은 불필요하다는 의견을 육군부에 몇 차례 전달한 이후가 아닌지.

1. Zachary Taylor. 멕시코 전쟁을 승리로 이끈 장군. 미국의 제12대 대통령(1849~1850년 재임) 역임.

만약에 다수가 그 수의 힘으로 소수로부터
헌법상의 명백한 권리를 빼앗으려고 한다면,
그것은 도덕적인 관점에서 볼 때 혁명을
일으켜도 좋다는 상황이라고 할 수 있다.
만일 빼앗기는 권리가 치명적이라면
더욱 그렇다.

미국 연방하원에서 행한
멕시코 전쟁에 관한 연설*
— 1848년 1월 12일

* "지점"에 관한 결의안에 이어 다시 한번 더 멕시코 전쟁을 주제로 삼은 이 연설에서, 링컨은 포크 대통령이 전쟁을 정당화하기 위해 내세운 증거들을 하나하나 논박한다. 링컨이 지점 타령이나 하며 전쟁에 반대하는 비애국적인 인물이라는 정적들의 비난을 감수하면서까지 대통령을 비판한 것은 대통령의 전쟁명분이 사실 왜곡과 거짓말, 선동에 바탕을 둔 것이라고 확신했기 때문이다.

의장님.

본 의원의 반대편에 의석을 차지한 〔민주당〕 의원의 전부는 아닐지라도 일부가 지난 이틀 동안 위원회 연설을 통해, 1주일인가 열흘 전에 행해진 투표, 즉 멕시코와의 전쟁은 시작할 필요가 없었던 전쟁이며, 대통령이 이 전쟁을 시작한 것은 헌법에 위배된다고 선언하는 결의투표에 대해 적잖은 불만을 토로했던 것 같습니다. 저도 그런 투표가 단순히 당리당략에 좌우되어서는 안되고, 충분한 근거도 없이 이루어진다면 비난받아 마땅하다고 생각합니다. 저는 그 투표에 참여한 한 사람입니다. 저의 선택은 사건의 진상을 충분히 이해하고 나서 내린 최선의 판단이었습니다. 제가 어떻게 그런 판단을 내리게 되었는지, 또 대통령이 어떻게 하면 제 생각을 바꿀 수 있는지에 대해 말씀드리겠습니다. 전쟁이 시작되었을 때, 아는 게 너무 적거나 혹은 너무 많아서 애당초 대통령의 행동에 양심적으로는 승인할 수 없었던 사람들도 하나같이 선량한 시민이자 애국자로서 적어도 전쟁이 끝날 때까지는 이 문제에 관해 침묵할 수밖에 없을 것이라고 저는 생각했습니다. 전(前) 대통령 밴 뷰런[1]을 비롯한 민주당 지도부도 제 생각과 같았던 것으로 알고 있습니다. 저는 하원의원이 된 이후 이런 입장을 고수해왔고 그에 걸맞게 행동해왔습니다. 저는 앞으로도 같은 입장을 견지하고 싶지만, 대통령과 그 측근들이 그렇게 하도록 내버려두지를 않습니다. 대통령은 군비지출에 대해서 찬반을 오락가락하는 모든 부동표[2]를 자신의 행동이 정당하

1. Van Buren. 미국의 제8대 대통령(1837~1841년 재임).

2. 대통령이 내세우는 전쟁 명분에는 반대하지만 군비지출에는 찬성한 표.

고 현명하다는 것을 확인해주는 증거로 이용하기 위해 끊임없이 노력해왔습니다. 그리고 최근의 교서에서는 의회가 거의 만장일치(상원의원 2명과 하원의원 14명만 반대)로 "멕시코 공화국의 도발로 멕시코와 미국이 교전상태에 돌입하게 되었음"을 선언했다고 지나치게 노골적으로 표현했습니다. 그러나 그가 논거로 삼은 바로 그 의사록에는 이 선언이 군사비 문제와 별도로 토의되었을 때는 하원의원 14명이 아니라 67명의 반대를 받았다는 사실도 기록되어 있습니다. 대통령이 사실을 뭉뚱그려 이야기해서는 증명할 수 없었던 사항을 사실을 있는 그대로 이야기함으로써 증명하려는 이런 공공연한 시도 때문에, 자기의 의사가 잘못 전해지는 것을 원치 않는 의원들은 자기의 소신을 밝히기로 마음먹게 되었습니다. 또한 이 회기의 초반에 저의 동료의원 한 명[1]은 대통령의 개전이 정당한 조치였음을 명시적으로 승인하려는 결의안을 제출했습니다. 이 결의안이 상정되어 표결에 부쳐질 경우 저는 투표를 하지 않을 수 없으므로, 침묵을 지키고 싶어도 그럴 수 없는 처지가 되어버렸습니다. 이런 상황에 이르러 저는 사태를 올바르게 이해하고 투표에 임하기 위해 조사에 착수했습니다. 대통령이 말한 것과 증명한 것이 무엇인지 확인하기 위해 교서들을 꼼꼼하게 검토했습니다. 검토해본 결과, 설령 대통령의 모든 진술이 사실이라 할지라도 대통령은 자신의 정당성을 조금도 증명하지 못했고, 이 작은 문제가 없었다면 대통령은 자신의 증거를 가지고 사실이 허용하는 범위를 넘어서는 행동을 했을지도 모른다고 판단하게 되었습니다. 이런 판단하에 앞서 언급한 표결에 임했던 것입니다. 이제 저는 해당 사안을 검토하고 결론을 내리게

1. 링컨의 정적으로 유명한 스티븐 더글러스(1813~1861)의 측근인 일리노이 주 선출 민주당 의원 윌리엄 알렉산더 리처드슨(1811~1875)을 말한다.

된 과정을 간략하게 말씀드리고자 합니다. 대통령은 1846년 5월의 첫 번째 전쟁교서에서 멕시코에 의해 적대행위가 개시된 지점이 우리 땅이라고 선언했습니다. 또한 그후의 연례교서에서도 이 선언을 거의 같은 말로 되풀이한 만큼, 그 점을 굉장히 중시한다고 볼 수 있습니다. 또한 저도 대통령의 의견과 마찬가지로 그 점이 중요하다고 봅니다. 또한 그의 행동이 정당화될지 비난을 받을지는 바로 그 점에 달려 있다고 생각합니다. 1846년 12월의 교서를 보면 대통령은 토지나 기타 사물에 대한 권리, 즉 소유권이 단순한 사실이 아니라, 하나 이상의 사실에서 비롯된 결과인 만큼, 어떤 사실들을 근거로 해서 이번 전쟁에서 최초의 유혈사태가 빚어진 땅이 우리의 국토라는 결론에 도달하게 되었는지를 제시할 의무가 자신에게 있다고 판단했던 것 같습니다.

그런 연유로 그는 방금 언급한 교서 12쪽 중간쯤부터 그 작업을 시작해서 14쪽 중간쯤까지 이슈를 설정하고 증거를 제시합니다. 이제 저는 이 모든 이슈와 증거가 처음부터 끝까지 속이 빤히 들여다보이는 기만임을 입증하고자 합니다. 그가 제시하는 이슈는 다음과 같습니다. "그러나 이 모든 것을 사실이라고 인정하면서도, 텍사스의 진정한 서쪽 경계는 리오그란데 강이 아니라 누에시스 강이므로, 우리의 군대가 누에시스 동안(東岸)으로 진군한 것은 텍사스의 경계선을 넘어서 멕시코의 영토를 침공한 것이나 다름없다고 믿는 사람들이 있다." 이 이슈는 부정명제 없이 두 개의 긍정명제로만 이루어져 있습니다. 기만의 핵심은 이 강 아니면 저 강이 필연적인 경계선이라고 상정함으로써, 피상적인 사고의 소유자들을 현혹시켜 양국의 경계선이 두 강 가운데 하나가 아니라 두 강 사이의 어느 지점일 수도 있다는 생각을 아예 하지 못하게 만든다는 것입니다. 또 하나의 기만은 진짜 이슈에서는 배제되었을 증거를 슬그머니 인정한다는 것입니다. 대통령이 만든 진정한 이슈는 "내가 첫 번째 유혈사태가 발생한 곳을 우리 땅이라고 말해도, 그렇지 않다고 말하는 사람들도 있다"라는 식으로 표현할 수 있을 것입니다.

이제 그런 이슈에 적용할 수 있는 대통령의 증거를 차례로 검토해보겠습니다. 분석 결과, 그 증거는 다음과 같은 명제들에 함축되어 있습니다.

1. 우리가 1803년에 루이지애나를 프랑스로부터 사들일 때, 그 서쪽 경계가 리오그란데 강이었다.
2. 텍사스 공화국은 시종일관 리오그란데를 서쪽 국경이라고 주장해왔다.
3. 다양한 법령에 의해 텍사스는 그 사실을 문서화했다.
4. 산타 안나[1]가 텍사스 공화국과 조약을 체결할 때 리오그란데를 국경으로 인정했다.
5. 예전의 텍사스 공화국과 텍사스를 합병한 이후의 미국은 누에시스 강 너머, 즉 두 강 사이의 지역에 대해 관할권을 행사했다.
6. 우리의 의회도 텍사스의 경계선이 누에시스 강 너머까지 뻗어 있는 것으로 이해했다.

이제 이 명제들을 차례차례 검토해보겠습니다.

그는 첫 번째 항목, 즉 우리가 1803년에 루이지애나를 프랑스로부터 사들일 때, 리오그란데 강이 그 서쪽 경계였다는 명제가 논란

1. Antonio López de Santa Anna. 멕시코의 군인이며, 멕시코 대통령을 지냈다.

의 대상이 될 것으로 예상했던 모양입니다. 그래서인지 거의 한 페이지를 그것이 사실임을 입증하는 데 할애하고 있습니다. 그는 결론적으로 1819년 조약에 의해 우리가 스페인에게 양보한 텍사스의 영토는 리오그란데에서 동쪽으로 사빈 강에 이르렀다고 말하고 있습니다. 그런데 리오그란데가 루이지애나의 경계였다는 사실을 인정하는 것이 우리와 멕시코 사이의 현 경계와 도대체 무슨 연관이 있다는 것입니까? 의장님, 한때 의장님의 땅과 저의 땅을 갈라놓았던 경계선이, 제가 그 땅을 의장님에게 판 뒤에도 여전히 우리 둘 사이의 경계가 될 수 있는 것입니까? 저로서는 도무지 이해할 수가 없습니다. 그리고 정직하게 진실을 입증하겠다는 사람이 어떻게 이런 사실을 끌어들일 생각을 할 수 있었는지 도저히 납득할 수가 없습니다. 그가 제시하는 다음 증거는 "텍사스 공화국은 시종일관 리오그란데를 서쪽 국경이라고 주장해왔다"는 것입니다. 이것은 사실이 아닙니다. 텍사스가 그렇게 주장했던 적이 있는 것은 사실이지만, 시종일관 그렇게 주장해왔던 것은 아닙니다. 이 공화국이 제정한 가장 엄숙하고 사려 깊은 법령, 즉 다른 모든 법령을 무효화하는 공화국의 마지막 유언이라 할 수 있는 텍사스 주 헌법(1845)에는 그런 주장이 없습니다. 백번을 양보해서 텍사스가 계속해서 그렇게 주장해왔다고 칩시다. 멕시코는 언제나 그것과 정반대로 주장하지 않았나요? 요컨대 서로 다른 주장과 주장이 맞서 있을 뿐 해결된 것은 아무것도 없습니다. 어느 쪽의 근거가 더 확실한지가 중요하겠지요. 다음으로 텍사스가 자체 내의 회의와 의회에서 통과된 이러저런 법령에 의해 리오그란데를 문서상으로 국경이라고 주장했다는 대통령의 진술에 대해 살펴봅시다. 대통령의 말은 텍사스 주 헌법이 아닌 텍사스 공화국 헌법(1836)에서 선거구나 카운티를 획정할 때 리오그란데를 경계로 삼았다는 말이나 다름없습니다. 이 말은 논거 없는 주장에 불과합니다. 제가 소유권 주장에 대해 지금까지 말해온 바가 이 경우에도 그대로 적용됩니다. 제가 입으로 의장님의 땅은 제 땅이라고 우긴다고 해서 그 땅이 제 땅이 되는 것입니까? 제가 의장님의 뜻과 무관한 행동으로 그 땅에 대한 소유권을 주장한다면, 이 주장 역시 실제로는 아무런 의미도 없는 공허한 주장에 불과할 것입니다. 이제 산타 안나가 텍사스 공화국과 조약을 체결할 때 리오그란데를 텍사스의 서쪽 경계로 인정했다는 대통령의 진술을 음미해봅시다. 전쟁포로 신분인 산타 안나가 조약을 통해 멕시코를 결정적으로 속박할 수는 없었다는 일반적인 입장말고도, 저는 우리의 대통령이 조약이라고 부르는 산타 안나와의 협의내용에 대해 할 말이 있습니다.[1] 대통령이 거창한 명칭으로 부르는 그 보잘것없는 문서를 눈으로 확인하고 싶은 사람은 『나일스 레지스터』[2] 제50권 336쪽을 펼쳐보시기 바랍니다. 양국 간의 엄숙한 조약인 그런 대단한 문서가 『나일스 레지스터』에 실려 있다는 것이 이상하다고 생각하는 사람에게는, 제가 국무부에 문의한 결과 대통령 자신도 그 잡지에서 그 문서를 보았다는 사실을 확인했다는 말씀만 드리겠습니다. 그런데 명백한 사실은 그 문서가 작성되고 나서 10년 동안 아무도

1. 산타 안나는 1836년 4월 21일에 산하신토 전투에서 미국의 샘 휴스턴 장군에게 패하여 포로가 되었고, 5월 14일에 텍사스 공화국의 임시대통령 에드워드 버넷과 벨라스코 조약을 체결하여 텍사스의 독립을 인정했다. 하지만 산타 안나는 이 당시에 멕시코 대통령이 아니었으므로, 멕시코를 대표하여 조약을 체결할 처지가 아니었고, 멕시코 정부도 이 조약을 인정하지 않았다. 그리고 링컨이 지적하듯이, 산타 안나와 텍사스 정부의 합의는 멕시코와의 전쟁을 정당화하려는 제임스 포크 대통령에 의해 조약이라는 명칭으로 불리기 전까지는 하나의 문서에 지나지 않았다.
2. *Niles' Weekly Register*. 1811년 미국의 언론인 나일스가 창간하여 1849년까지 발간된 시사주간지.

그것을 조약이라고 부르지 않았다는 것입니다. 그러다가 그 문서로부터 멕시코 전쟁에 관한 자신의 입장을 정당화해줄 그 무엇인가를 끌어내려는 대통령의 궁여지책에 의해 비로소 조약이라는 명칭을 얻게 된 것이지요. 그것은 조약의 전형적인 특징을 갖추고 있지도 않거니와 조약으로 선포되지도 않았습니다. 산타 안나는 멕시코 육·해군 총사령관 역할을 수행했을 뿐이었고, 그 문서에서 멕시코의 대표를 자임한 것도 아니었습니다. 그는 당시의 적대행위를 중단할 것과, 독립전쟁을 치르는 텍사스를 상대로 본인이 무장하지 않을 뿐 아니라 멕시코인의 무장에도 영향력을 행사하지 않겠다고 서약하고 있습니다. 하지만 그는 텍사스의 독립을 인정하지 않았고, 종전(終戰)의 책임을 지지도 않았습니다. 오히려 그는 전쟁이 계속될 것이라는 자신의 예상을 분명히 밝히고 있습니다. 그는 경계에 대해서는 한마디도 하지 않았는데, 아마 경계에 대해 생각해본 적도 없었을 것입니다. 그 문서에는 멕시코 군대가 리오그란데 강을 건너 텍사스의 영토에서 철수해야 한다고 명시되어 있습니다. 그리고 또 다른 조항은 양군의 충돌을 방지하기 위해 텍사스 군대는 리오그란데(명시되지는 않았으나 이 조항을 집어넣은 목적을 감안할 때 이 강이 분명합니다)의 5리그(27.78km) 이내로는 접근하지 말아야 한다고 규정하고 있습니다. 만일 이 문서가 리오그란데를 텍사스의 경계로 인정한 조약이라면, 그것은 텍사스가 자신의 경계로부터 5리그의 거리를 유지해야 한다는 기이한 규정을 포함하고 있는 셈입니다.

다음 증거는 합병 이전의 텍사스 공화국과 합병 이후의 미국이 누에시스 강 너머, 다시 말해 두 강 사이에서 관할권을 행사했다는 것입니다. 이 실질적인 관할권 행사는 우리가 바라는 성격 내지 수준의 증거입니다. 일견 훌륭해 보이는 이 증거가 과연 충분한 증거일까요? 대통령은 관할권이 누에시스 강 너머까지 미쳤다고 말하고 있을 뿐, 그것이 리오그란데까지 확대되었다고 말하고 있지는 않습니다. 또한 관할권이 두 강 사이에서 행사되었다고 말하고 있을 뿐, 그것이 그 사이에 있는 모든 영토에 대해 행사되었다고 말하고 있지는 않습니다. 순진한 사람들은 하나의 강을 건너서 그 다음 강에 다다를 때까지 계속 가지 않더라도, 즉 두 강 사이에 있는 모든 땅을 영유하지 않아도 두 강 사이에서 관할권을 행사할 수 있다고 생각합니다. 저는 워배시 강[1]과 미시시피 강 사이의 일부 토지에 대한 관할권을 행사하고 있는 사람을 알고 있습니다. 물론 그가 두 강 사이의 모든 땅을 차지하고 있는 것은 아닙니다. 그 땅의 넓이는 가로 152마일, 세로 50마일에 불과하고, 두 강에서 100마일 이상 떨어져 있습니다. 그와 미시시피 강 사이에는 이웃이 한 명 살고 있습니다. 확신하건대 저의 지인은 길 건너편에 살고 있는 그 이웃을 설득하거나 강요해서 그 땅을 포기하게 할 수는 없을 것입니다. 그렇지만 굳이 그 땅을 겸병하고자 한다면, 자신의 땅에 서서 이웃의 땅에 대한 권리를 주장하거나, 심지어 자기 땅에 앉아서 이웃의 땅에 대한 권리증을 작성하는 억지스러운 방식을 쓸 수야 있겠지요.

다음으로 대통령은 우리에게 미국의회도 연방에 가입할 당시의 텍사스 주가 누에시스 강 너머까지 뻗어 있는 것으로 이해했다고 말하고 있습니다. 네, 맞습니다. 저도 분명히 그렇게 이해했습니다. 그러나 도대체 얼마나 멀리 뻗어 있었다는 것입니까? 텍사스의 연방가입을 승인한 상·하 양원의 공동결의안이 경계에 관한 모든 문제는 추후에 조정한다고 명시하고 있다는 사실만으로도, 의회가 텍사

1. 오하이오 주 북서부에서 발원하여 일리노이 주와 인디애나 주를 거쳐 오하이오 강으로 유입되는 800km 길이의 강.

스의 영토를 리오그란데까지 뻗어 있는 것으로 이해하지는 않았다는 것을 명백히 알 수 있습니다. 한 가지 덧붙이자면, 텍사스 주의 신헌법이 그 결의안을 그대로 따르고 있다는 사실은 텍사스 주도 경계에 대해 의회와 같은 생각을 하고 있었음을 입증해줍니다.

이상으로 대통령이 제시하는 증거를 모두 검토해보았습니다. 어느 누군가가 우리의 대통령이 동의에 의해서든 강요에 의해서든 텍사스나 미국의 권위에 복종한 적이 없었던 멕시코 사람들의 거주지 한복판으로 군대를 파견했고, **이로 인해 거기서** 이 전쟁의 첫 번째 피가 뿌려졌다고 선언했다 칩시다. 기이한 점은 지금까지 대통령이 해온 모든 말들 가운데 이 선언을 시인하거나 부인하는 말은 한마디도 없었다는 것입니다. 저는 이 이상한 생략이 의도적인 것이라고 생각할 수밖에 없습니다. 저는 직업상 법정에 자주 출입하다 보니, 승소할 가능성이 거의 없어 보이는 소송에서 의뢰인을 위해 사력을 다하는 유능한 변호사들을 종종 목격하게 됩니다. 그들은 온갖 술책과 언변을 동원하여 의뢰인이 감히 시인하지는 못하지만 그렇다고 부인할 수도 없는 사건의 핵심을 회피하거나 얼버무리기 위해 애를 씁니다. 다른 당에 대한 편견 때문에 현안이 제 눈에 그렇게 비치는 것일지도 모릅니다. 그러나 제가 그런 편견에 빠져 있을 가능성을 십분 감안한다 하더라도, 제게는 여전히 대통령의 분투노력이 그와 같은 필요성에서 나온 행동으로 보입니다.

동료의원(리처드슨)이 제가 언급했던 결의안을 제출하고 난 뒤에, 저도 결의안과 질의서를 통해 대통령을 새로운 대화의 장으로 유도하려 했습니다. 저의 시도가 적절한 것이었음을 보여줄 하나의 방편으로, 텍사스와 멕시코의 경계를 확정하는 진정한 규칙에 대한 개인적인 견해를 말씀드리고자 합니다. 그것은 다름이 아니라 텍사스가 관할권을 행사하고 있던 곳은 모두 텍사스의 영토이고, 멕시코가 관할권을 행사하고 있던 곳은 모두 멕시코의 영토이므로, 일방의 실질적인 관할구역과 타방의 실질적인 관할구역을 구분하던 곳이 양방 사이의 진정한 경계라는 것입니다. 텍사스가 누에시스 강 서안에서 관할권을 행사하고 있었고, 멕시코가 리오그란데 강 동안에서 관할권을 행사하고 있었다면, 두 강이 아니라 두 강 사이의 무인지대가 양국의 경계였다고 보아야 할 것입니다. 그 지역에 있던 우리 영토의 넓이는 조약으로 정해진 경계(이런 시도를 한 조약은 없었습니다)가 아니라 혁명의 추이에 달려 있었습니다. 그 어디에 거주하는 사람이든 의향과 실력만 있다면 반란을 일으켜 기존 정부를 무너뜨리고 자신에게 맞는 새로운 정부를 수립할 권리를 갖고 있습니다. 이것은 가장 고귀하고 신성한 권리로, 세상을 해방시킬 수 있는 권리입니다. 이 권리는 기존 정부의 전 인민에 의해 행사되는 경우에만 적용되는 것이 아닙니다. 그런 인민의 일부도 혁명을 일으켜 자신이 거주하고 있는 땅을 자신의 것으로 만들 수 있습니다. 게다가 그런 인민의 일부 가운데 다수가 혁명을 일으켜 자신들의 움직임에 반대하는, 그들과 뒤섞여 살고 있거나 그들의 이웃에 살고 있는 소수를 제압할 수도 있습니다. 우리의 독립혁명에서 '토리'[1]라 불리던 사람들이 바로 그런 소수에 해당합니다. 혁명이란 구(舊)방침 즉 구법(舊法)을 준수하는 것이 아니라, 그것들을 폐지하고 신법(新法)을 만드는 것입니다. 지금 문제가 되고 있는 지역은 대통령의 성명에 따르면 우리가 1803년에 프랑스로부터 사들여 1819년에 스페인에

1. 미국 독립혁명 당시 영국 국왕에게 끝까지 충성한 사람들은 토리, 토머스 제퍼슨과 알렉산더 해밀턴, 그리고 토머스 페인처럼 미국의 독립혁명을 추진한 세력은 '휘그'라고 불렸다.

양도한 곳입니다. 그후 텍사스를 비롯한 멕시코 전역이 스페인을 상대로 혁명을 일으켰고, 나중에는 텍사스가 멕시코를 상대로 혁명을 일으켰지요. 제 생각을 말씀드리면, 텍사스가 그 인민의 실제적인 복종을 얻음으로써(그들이 자발적으로 복종했는지, 강압에 의해 복종했는지는 논외로 칩시다) 혁명을 실현한 범위 내의 땅만 텍사스의 영토이고, 그 범위 밖의 땅은 텍사스의 영토가 아니라는 것입니다. 의장님, 과연 텍사스가 현 전쟁의 적대행위가 시작된 곳까지 실제로 혁명의 깃발을 꽂았는지에 대한 가장 좋은 증거를 얻기 위해, 대통령이 제가 제기했던 의문이나 유사한 질의에 답변하게 합시다. 충분하고 공정하고 솔직하게 답변하게 합시다. 단지 주장이 아니라 사실을 가지고 답변하게 합시다. 워싱턴이 앉았던 자리에 앉아 있다는 사실을 상기시키면서 워싱턴처럼 답변하게 합시다. 국민을 속여서도 안되거니와 전능하신 하느님을 속일 수는 없는 만큼, 애매한 말로 발뺌하지 못하게 합시다. 만일 그 답변에서 이 전쟁의 첫 번째 피가 뿌려진 땅이 우리 땅이라는 사실, 즉 그곳이 주거지가 아니었다는 사실, 또는 그곳이 주거지였을 경우 그곳에 살고 있던 사람들이 텍사스나 미국의 권위에 복종하고 있었다는 사실, 그리고 브라운 요새[1]의 부지가 우리 국토 안에 있었다는 사실을 대통령이 입증할 수 있다면, 저는 대통령 편에 서서 대통령의 정당성을 주장하겠습니다. 그럴 경우 일전의 투표 때 나타낸 제 입장을 기꺼이 번복하겠습니다. 내게는 대통령이 그렇게 해주기를 바라는 이기적인 동기가 있습니다. 대통령이 그렇게 해주지 않는다면 앞으로 이 전쟁과 관련된

1. 1846년 3월부터 미군이 리오그란데 강 북안에 건설하기 시작한 요새. 원래의 이름은 텍사스 요새였는데, 같은 해 5월에 이 미완의 요새를 포위한 멕시코 군대와의 공방전에서 전사한 브라운 소령의 이름을 따서 브라운 요새로 명명되었다.

표결이 있을 때 저 자신의 판단이 옳은 것인지 확신하지 못한 상태로 투표할 수밖에 없겠지만, 대통령이 그렇게 해준다면 아무런 의심 없이 투표할 수 있을 것입니다. 그러나 대통령이 이유 여하를 막론하고 그렇게 할 수 없거나 그렇게 할 뜻이 없다면, 답변을 거부하거나 회피하겠지요. 그렇다면 저는 이미 의심하고 있었던 바와 같이 대통령이 자신의 잘못을 깊이 자각하고 있다는 사실, 다시 말해서 이번 전쟁의 피는 아벨이 흘린 피처럼 무고하고 억울한 피라는 사실을 깨닫고 있다고 확신해버릴 것입니다. 이제 양국을 전쟁으로 몰아넣은 그의 강력한 동기에 대한 저의 의견을 말씀드리겠습니다. 대통령은 대중의 눈길을 찬란한 군사적 영광, 피의 홍수 속에서 떠오르는 멋진 무지개, 파괴를 부추기는 그 악마의 눈에 고정시키면 엄밀한 조사를 면할 수 있을 것으로 믿고, 이 전쟁에 뛰어들어 승승장구하다가, 결국 멕시코가 쉽게 정복되리라는 자신의 계산이 틀린 것으로 판명되자 크게 낙담하고 있습니다. 그가 마지막 교서에서 전쟁에 관해 묘사한 부분은 반쯤 정신 나간 몽상가의 넋두리에 가깝습니다. 우리가 멕시코로부터 취할 것은 영토뿐이라고 말하다가, 갑자기 멕시코에 분담금을 부과하면 전쟁을 계속 수행할 수 있다고 강변합니다. 국가의 명예, 미래의 안보, 외세 개입 방지, 심지어 멕시코의 이익을 전쟁의 목적으로 강조하다가, 뜬금없이 "영토 할양을 거절함으로써 사실상 배상을 거절하는 것은 우리의 모든 정당한 요구를 포기하고 모든 전쟁비용을 부담하면서 취지나 명확한 목적도 없이 전쟁을 벌이는 것이나 매한가지"라고 말합니다. 국가의 명예든 미래의 안보든 영토적 배상을 제외한 모든 것은 졸지에 취지도 없고 명확하지도 않은 전쟁의 목적이 되어버리고 말았습니다. 아무튼 영토적 배상을 유일한 목적으로 설정한 대통령은 몇 달 전에 획득한 모든 영토에다 덤으로 바하칼리포르니아 반도[1]의 전체를 얻고도 우리가 쟁취하고자 했던 모든 것을 차지할 때까지 계속 전쟁을 하게 해달라고 하원에 요청하고 있습니다. 대통령은 어떤 상황하에서도 전비를 상쇄할 수 있는 만큼 완전한 영토를 배상받기로 작정한 모양입니다. 그러나 전비가 멕시코 전 영토의 가치를 이미 넘어서 버린 마당에 우리가 더 무엇을 얻을 수 있는가에 대해서는 말해주지 않습니다. 또한 멕시코라는 독립된 국가가 존속되어야 한다고 하면서, 우리가 멕시코의 전 영토를 빼앗아버리고 나면 어떻게 그런 일이 가능한지에 대해서는 함구합니다. 지금 제가 제기하는 문제들이 단순한 공론(空論)이 아니라는 점을 말씀드리기 위해 잠시 시간을 할애할까 합니다. 전쟁은 약 20개월 동안 계속되었습니다. 그 비용의 대가로 대통령은 현재 멕시코 영토의 절반가량을 요구하고 있습니다. 우리가 그것으로부터 무엇을 얻을 수 있을까요? 땅을 활용하는 우리의 능력을 감안할 때, 좀 더 나은 절반의 영토에는 사람이 거의 살고 있지 않으므로, 우리는 그 땅에 국유지 관리국을 설치하여 어느 정도 수익을 올릴 수 있을 것입니다. 그러나 제가 알고 있는 한 멕시코 영토의 나머지 절반에는 제법 많은 사람이 살고 있습니다. 그리고 그 모든 땅, 또는 가치가 있는 모든 땅은 이미 사유재산으로서 사용되고 있습니다. 그렇다면 각종 권리가 설정되어 있는 그 땅에서 우리가 어떻게 해서 무엇인가를 얻어내고, 무슨 수로 그 권리들을 박탈할 수 있단 말입니까? 주민들을 죽이거나 추방하거나 노예로 만들거나 그들의 재산을 몰수하면 된다고 할 사람은 아무도 없을 겁니다. 그러면 상대적으로 열악한 이 영토는 도대체 어떻게 이용해야

1. 남북으로 길게 뻗어 있는 멕시코 북서단의 반도. 이 반도는 1848년 2월 2일에 체결된 과달루페이달고 조약에 의해 멕시코 영토가 되었다.

할까요? 지금까지의 전쟁에 소요된 비용이 이 나라의 좀 더 나은 절반에 해당한다면, 앞으로 상대적으로 덜 중요한 절반의 가치를 무효화하는 데 얼마나 걸릴까를 따져보는 것은 사변적인 문제가 아니라 우리에게 당면한 실제적인 문제입니다. 더구나 대통령은 이 문제에 대해 생각해보지도 않은 것 같습니다. 전쟁을 끝내고 평화를 확보하는 방식에 대해서도 대통령은 이렇게 말했다 저렇게 말했다 하고 있습니다. 처음에는 적국의 중요한 지점에서 전쟁을 더욱 강경하게 수행하는 것을 그 방안으로 제시합니다. 그러나 그 방안에 관해 구구절절 설명하느라 제풀에 지쳤는지, 대통령은 느닷없이 절박한 어투로 "상쟁하는 파벌들에 의해 사분오열된 국민, 그리고 계속된 혁명에 의해 끊임없이 교체되는 정권과는, 승승장구하는 우리의 군대도 만족할 만한 강화조약을 체결하지 못할지 모른다"고 말합니다. 다음으로는 멕시코인에게 그 지도자들의 권고를 듣지 않고 우리의 보호를 믿게 함으로써 우리와 만족스러운 강화조약을 맺을 만한 정권을 수립하게 하는 회유책을 쓰는 것이 어떻겠느냐고 제안합니다. 그는 "이것이 흡족한 평화를 얻는 유일한 방법이 될 수도 있다"고 말합니다. 그러나 그는 곧 이 방법에도 회의를 품고, 이미 반쯤 포기한 입장인 "더욱 강경한 전쟁의 수행"으로 되돌아갑니다. 이 모든 것은 대통령이 자기 자신의 입장에 결코 만족하지 못하고 있다는 반증입니다. 그는 일단 한 가지 입장을 택해 우리에게 그것을 받아들이라고 설득하다가 곧 그것에서 벗어난 주장을 합니다. 그러고는 또 다른 입장을 취하고 나서 같은 과정을 되풀이합니다. 그런 다음 스스로 헛갈려 새로운 입장을 생각할 수 없으면, 얼마 전에 포기했던 낡은 입장을 다시 들고 나옵니다. 지나치게 혹사당한 그의 마음은 뜨거운 불판 위에서 고문이라도 당한 것처럼 편안하게 쉴 자리를 찾지 못하고 오락가락합니다.

대통령이 이 교서의 어디서도 전쟁이 언제쯤 끝날 것으로 예상하는지 언급하지 않고 있다는 것도 기이한 생략의 하나입니다. 이번 전쟁의 초기에 윈필드 스콧 장군[1]은 서너 달 안에 강화를 이끌어낼 수는 없다는 의중을 밝혔다는 이유로, 면직되지는 않았으나 포크 대통령의 눈 밖에 났습니다. 그러나 약 20개월이 경과한 지금, 우리의 군대가 가장 눈부신 성공을 거둔 뒤에도, 다시 말해 모든 기관과 부서, 육군과 해군, 장교와 사병, 정규군과 민병대가 인간이 할 수 있는 모든 일과, 차마 인간이 하지 못할 것으로 생각되어왔던 수백 가지 일을 한 뒤에도, 대통령은 장문의 교서에서, 종전(終戰)에 대해서 자신의 대략적인 구상조차 우리에게 보여주지 못하고 있습니다. 이미 말씀드린 바와 같이, 그는 자신이 어디에 서 있는지도 모르는 것 같습니다. 그는 당혹감과 혼란에 휩싸여 어찌할 바를 모르는 불쌍한 남자입니다. 하느님, 부디 그의 양심이 그의 정신적 혼란보다 더 비참한 상태에 놓여 있지는 않다는 것을 그가 보여줄 수 있게 해주시옵소서!

1. Winfield Scott, 1786~1866. 1841년에 미국육군총사령관이 되었다. 1846~1848년의 멕시코 전쟁에서는 수륙공동작전의 지휘를 맡았으며, 1847년 9월 14일에는 멕시코시티를 함락시켰다. 1852년 대통령 선거에 휘그당 후보로 나섰으나, 민주당의 프랭클린 피어스에게 완패했다.

윌리엄 H. 헌던에게 보낸 편지*

— 1848년 2월 1일

* Willam H. Herndon, 1818~1891. 링컨이 스프링필드에서 변호사로 활동할 때 같은 법률사무소에서 일한 동료 변호사로, 링컨이 암살된 뒤에 링컨 전기를 출판했다. 링컨보다 아홉 살 아래이며, 노예제의 즉각적인 폐지를 주장한 급진주의자였다. 이 편지는 멕시코 전쟁에 대한 반대가 링컨의 정치경력에 오점을 남기지 않을까 우려하는 헌던에게 링컨이 자신의 입장을 밝힌 것이다.

그러나 헌던의 우려 대로 링컨은 멕시코 전쟁에 반대했다는 이유로 민주당의 텃밭인 일리노이 지역구에서 민심을 잃었다. 링컨은 하원의원 선거에 나서지 않고, 휘그당 대통령 후보인 테일러의 당선을 위한 선거운동에 주력했다. 테일러가 당선된 이후 링컨은 국유지 관리국의 감독관 자리를 원했으나, 그 자리는 다른 사람에게 돌아갔다. 테일러 행정부는 그에게 오리건 준주(準州) 지사직을 제의했지만, 일리노이에서 자신의 정치적 입지가 현저히 약화될 것을 우려한 링컨은 그 제안을 고사하고 변호사 업무를 재개했다.

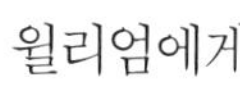

윌리엄에게

지난달 19일자 편지는 어젯밤에 잘 받았네. 고맙네. 편지를 읽자마자 하고 싶은 말이 한 가지 있어 펜을 들었네. 자네는 내가 애슈먼 수정안에 찬성한 것 때문에, 우리 두 사람이 전쟁에 대해서 의견이 일치하지 않지 않을까 봐 염려하고 있네. 나는 자네가 이 편지를 읽고 나서도 내 견해에 동의하지 않을까 봐 걱정하지는 않네. 내가 유감스럽게 생각하는 것은 자네가 오해하고 있다면 다른 좋은 친구들도 그럴 수 있겠다는 점일세. 그 투표는 전쟁이 대통령에 의해 불필요하게 위헌적으로 개시되었음을 확인한 것이었네. 그리고 내가 장담하건대 만일 자네가 내 입장이었다면 나와 똑같이 투표했을 걸세. 자네는 거짓인 줄 뻔히 아는데도 모른 척하고 그것을 지지할 수 있겠나? 나는 자네가 그런 사람이 아니라는 것을 알고 있네. 아니면 기권하고 의사당에서 나가버리겠나? 그렇게는 하지 않았을 걸세. 한 번 투표를 회피하면 회기가 완료될 때까지 더 많은 투표에 기권할 수밖에 없네. 리처드슨의 결의안은 내가 이 문제에 관해 어떤 제안을 하거나 투표를 하기 전에 제출된 것으로, 단도직입적으로 이번 전쟁의 정당성을 묻고 있네. 따라서 침묵하고 싶어도 그럴 수가 없는 상황이네. 자네가 발언을 강요당하고 있고, 진실을 말할 것인지 거짓을 말할 것인지 양자택일할 수밖에 없다는 상황이라고 가정해보게. 여기서 자네가 어느 쪽을 택할지는 자명한 것 아니겠나.

이 투표는 군비지출 안건에 대한 나의 투표와는 전혀 무관하네. 나는 군비지출 안건에 대해서 지금까지 줄곧 찬성해왔고, 앞으로도 그렇게 할 것이네만 대통령이 추천하는 형식으로는 아니네. 로코포코 당[1]이 자신의 목적을 위해 행사하는 방식은 제외하고 보편적 목적에 적합하게 투표권을 행사할 걸세. 자네는 바로 이 점을 오해한 것 같네. 로코포코 당은 군비지출 안건에 찬성하거나 참전한 모든 사람은 당연히 대통령의 개전방식을 승인한 것이나 마찬가지라는 분위기를 만들기 위해 줄기차게 노력하고 있네. 그러나 휘그당은 처음부터 이 두 가지를 구별해왔네. 애초에 거의 모든 휘그당원은 전쟁이 멕시코의 도발로 시작되었다고 선언한 전쟁교서의 전문(前文)에 반대투표를 했네만 거의 모든 군수물자보급에 대해서는 찬성표를 던졌지. 이번 전쟁에 참전한 휘그당원 가운데 지금까지 자신의 입장을 밝힌 사람들은 이구동성으로 대통령의 개전방식이 올바르지 않았다고 성토하고 있네. 그들은 자신들의 성토가 대통령에 대한 증오심에서 비롯된 것이라고는 생각하지 않네. 의사당에도 그런 휘그당원이 2명 있네. 해스켈 대령[2]과 존 게인스 소령[3]이지. 해스켈 대령은 에드워드 베이커 대령[4]과 함께 세로고르도 전투[5]에서 싸웠고, 자네가 불만을 품고 있는 투표에서 나와 입장을 같이 했네. 그리고 존 게인스 소령은 자네도 알다시피 캐시어스 클레이[6]와 함께 포로가

1. Locofoco Party. 원래는 1835년 뉴욕 시의 노동자와 개혁가들에 의해 조직되어 1840년대 중반까지 존속한 민주당 내의 급진파를 말하지만. 나중에는 휘그당원들이 민주당을 경멸적으로 부를 때 '로코포코 당'이라고 했다.
2. William T. Haskell, 1818～1859. 미국·멕시코 전쟁에서 테네시 주 의용군 제2연대 제1대대장으로 활약했고, 연방 하원의원을 역임했다.
3. John P. Gaines, 1795～1857. 버지니아 주 출신의 군인·정치가·제3대 오리건 준주 지사.
4. Edward D. Baker, 1811～1861. 영국 태생의 미국 정치가·변호사·군인. 일리노이에서 연방하원의원에, 오리건에서 연방상원의원에 당선되었다.
5. 1847년 4월 18일에 윈필드 스콧 장군이 이끄는 미군이 멕시코 베라크루스 서북쪽 산길에서 산타 안나의 멕시코군을 격파한 전투.
6. Cassius M. Clay, 1810～1903. 켄터키 주 출신의 군인·정치가·외교관.

되었던 인물로,[1] 투표일에 이곳에 오지 못했지. 그러나 내가 알고 있는 한 그는 기회가 있을 때마다 대통령의 뜻에 반대하는 표를 던질 걸세. 지금 이곳에 있는 베이커 씨도 이 전쟁의 명분에 반대하는 것이 진실의 편에 서는 것이라고 확신하고 있으므로, 앞으로 연설을 할 때마다 그렇게 말할 걸세. 미주리 주의 총아이며 멕시코 북부 전역을 누볐던 휘그당원 도니펀[2] 대령도 고향으로 돌아간 뒤에 세인트루이스에서 행한 공개연설에서 전쟁에 관한 현 행정부의 정책을 비난한 것으로 알고 있네. 이 전쟁을 거의 처음부터 끝까지 겪은 조지 T. M. 데이비스[3]도 헨리 클레이 씨를 지지한다고 선언했는데, 나는 그가 적어도 클레이 씨의 의견에 정서적으로 공감하고 있다고 생각하네. 한편 전쟁에 참가한 휘그당원 가운데 대통령의 조치를 정당화하려고 시도한 사람은 단 한 명밖에 없네. 그는 『찰스턴 쿠리어』[4]지 편집인 윌리엄 비숍 대위인데, 매우 영리한 인물이네.

이 편지는 자네한테 보내려고 쓴 것이지 대중에게 공개하기 위해 쓴 것은 아닐세. 이 편지가 닿기 전에 자네는 멕시코 전쟁에 관한 나의 연설문(1848년 1월 12일)을 받아서 읽어보고, 아마도 또 한번 놀랄 것 같네. 놀란 마음이 진정되고 나면, 연설문을 다시 한번 꼼꼼히 읽어보고, 기탄없이 의견을 말해주게. 시간제한의 규칙에 걸려 연설이 중단될 것을 염려하여 내용을 최대한 압축했더니, 불과 45분 만에 연설이 끝나버렸다네. 그럼 이만.

1. 게인스 소령과 클레이(둘 다 켄터키 주 출신의 휘그당원으로 노예제 폐지론자이다)는 스콧 장군 휘하에서 복무하다가 1847년 1월 23일에 멕시코군의 기습을 받아 포로가 되었다.
2. Alexander W. Doniphan, 1808~1887. 미주리 주 출신의 변호사·군인·정치가.
3. George T. M. Davis, 1810~1888. 멕시코 전쟁에 참전한 일리노이 출신의 군인.
4. *Charleston Courier*. 1803년에 창간된 사우스캐롤라이나 주 찰스턴의 일간지.

조지 로버트슨에게 보낸 편지*

—1855년 8월 15일, 스프링필드

* George Robertson, 1790~1874. 켄터키 주의 유명한 변호사이자 판사로, 1817년부터 1821년까지 연방하원의원을 지냈고, 1834~1857년에는 렉싱턴 소재 트랜실베이니아 대학에서 법학을 가르쳤다. 1855년에 연설과 논문들을 수록한 *Scrap Books on Law and Politics, Men and Times* 출간 후 스프링필드를 방문한 로버트슨은 링컨의 사무실에 들렀으나 부재중이어서 이 책을 놓고 갔다. 링컨은 이 편지에서 미주리 타협(Missouri Compromise)을 위한 논의의 물꼬를 트는 데 일조한 로버트슨의 1819년 연설에 대해 언급하면서, 노예제의 현실에 대한 자신의 비관적인 심경을 토로하고 있다.

여기서 미주리 타협이란 1820년에 자유주(自由州)와 노예주(奴隷州)의 세력균형을 유지하기 위해 남과 북이 체결한 협정이다. 당시 미국에는 자유주와 노예주가 각각 11개씩 있어서, 주(州) 승격을 앞둔 미주리 준주를 노예주로 인정하면 남북의 세력균형이 깨어질 상황이었다. 남측과 북측이 타협한 결과, 현재의 메인 주를 매사추세츠 주에서 분리하여 자유주로 만드는 대신 미주리를 노예주로 편입하기로 했다. 그리고 차후에 준주(準州)가 주(州)로 승격할 경우 북위 36도 30분 이남은 노예주, 그 이북은 자유주로 하기로 합의했다. 이 타협은 노예제를 둘러싼 남북의 대립을 한동안 무마시켰으나, 1854년 노예제 확대에 관한 미국의 정책에 중대한 변화를 가져온 캔자스-네브래스카 법에 의해 사실상 무효화되었다. 민주당 상원의원 스티븐 A. 더글러스의 주도로 제안된 캔자스-네브래스카 법은 준주가 노예제 수용 여부를 결정할 때 의회의 법령보다 주민주권(住民主權)의 원칙(노예제 채택 여부를 주민투표에 맡긴다는 원칙)이 앞선다고 선언함으로써 노예제 확대의 길을 열었다. 이 법안의 통과로 노예제의 평화적 폐지가 사실상 불가능해졌다고 판단한 링컨은 정계에 복귀하여 노예제 확대에 적극 반대하게 되었다.

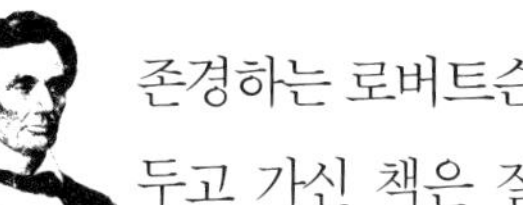

존경하는 로버트슨 선생님께

두고 가신 책은 잘 받았습니다. 친절하게도 저를 기억해 주시고 책까지 선물해주시니 참으로 감사할 따름입니다. 벌써 몇 군데 읽어보았는데, 대단히 흥미롭고 유익한 책이라는 생각이 들었습니다. 미주리 타협을 이끌어낸 바로 그 문제가 실은 미주리와 관련해서 야기되기 전에 이미 불거져 있었다는 점과, 선생님이 이 문제를 풀어내는 데 중대한 역할을 하셨다는 점을 새삼스레 알게 되었습니다. 그 문제에 관한 선생님의 짧지만 훌륭하고 애국적인 연설[1]은, 선생님과 같은 의견을 피력한 그 뒤의 그 어떤 연설보다 탁월한 것이었습니다. 당시 선생님이 보여주신 통찰력과 견해는 매우 합리적인 것이었습니다.

선생님은 이론적으로만 노예제에 반대하는 분이 아니십니다. 그 연설에서 "노예제의 평화적 폐지"에 대해 이야기하셨고, 그것이 언젠가는 종언을 고할 것이라는 신념을 다른 말로 표현하셨습니다. 하지만 그후 우리는 36년의 경험을 통해 우리 앞날에 평화적인 노예제 폐지라는 것은 없다는 사실을 깨닫게 되었습니다. 1849년에 헨리 클레이[2]를 비롯한 선량한 위인들이 켄터키 주에서 노예의 점진적 해방에 기여하는 어떤 조치도 실행하지 못한 것은 수많은 다른 징조와 더불어 그 희망을 완전히 꺾어버리는 계기가 되었습니다. 원칙으

1. 1819년 2월 18일에 로버트슨이 하원에서 행한, 아칸소 준주에 노예제를 허용해서는 안된다는 취지의 연설을 말한다.
2. Henry Clay, 1777~1852. 버지니아 주 하노버 카운티 출신의 변호사이자 정치가. 연방하원의원과 연방상원의원을 역임. 「윌리엄 H. 헌던에게 보낸 편지」에 나오는 캐시어스 클레이와는 육촌간이다.

로서의 자유라는 문제에 관해 지금의 우리는 지난날의 우리와는 다릅니다. 우리가 영국 국왕 조지 3세(1760~1820년 재위)의 정치적 노예로서 자유를 원했던 시절에는 "모든 사람은 평등하게 창조되었다"는 금언을 자명한 진리로 여겼습니다. 그러나 성장을 거듭하여 우리 자신이 노예가 될 염려가 없어진 지금, 우리는 주인이 되기를 간절히 바라는 마음으로 그 금언을 자명한 거짓말로 간주하고 있습니다. 물론 7월 4일[1]의 의미가 완전히 사라지지는 않았습니다. 그날은 여전히 뜻 깊은 날입니다. 폭죽을 터뜨려야 하는!

노예제의 평화적 폐지를 바라던 정신 자체가 독립혁명이라는 특별한 시기와 그 혁명가들이 역사의 저편으로 사라지면서 함께 없어져버렸습니다. 그때는 충동적으로 거의 절반의 주가 즉각 노예해방에 대한 방침을 마련했습니다. 그러나 그후 단 한 주도 그 같은 조치를 취하지 않았다는 것은 정말로 중차대한 사실입니다. 평화적이고 자발적인 해방이라는 사고가 지배하고 있는 한 자유로운 영혼의 소유자에게는 상상도 못할 만큼 끔직한 미국 흑인노예의 사정은, 끝까지 회개하지 못하고 버려진 영혼과 마찬가지로 현재의 고착상태에서 개선될 희망이 전혀 보이지 않습니다. 미국의 노예 소유주들이 자발적으로 노예제를 포기하는 날보다, 러시아의 전제군주가 자기의 왕관을 버리고 신민들을 자유로운 공화국 국민으로 선포하는 날이 더 먼저 올 것입니다.

현재 우리에게 당면한 정치적 문제는 "우리가 반(半)노예 반(半)자유의 상태에서 흩어지지 않고 하나의 국가로 영원히 존속할 수 있을 것인가?" 하는 것입니다. 이것은 제게 너무나 중대한 문제입니

1. 미국 독립기념일.

다. 하느님께서 자비롭게 그 해결책을 제시해주시길 기도합니다.

선생님께 늘 신세를 지고 있는
링컨 올림

인민의, 인민에 의한, 인민을 위한 정부가
지상에서 결코 소멸되게 하지 않을
것이라고 굳게 다짐하는 바입니다.

조슈아 F. 스피드에게 보낸 편지*

— 1855년 8월 24일, 스프링필드

* Joshua F. Speed, 1814~1882. 켄터키 주 루이빌에서 부유한 판사의 아들로 태어났다. 1835년 자수성가하기 위해 일리노이 주 스프링필드로 가서 잡화점을 열었다. 1837년에 청운의 꿈을 안고 새로운 주도(州都) 스프링필드에 상경한 젊은 변호사 링컨을 처음 만났으며, 이후 두 사람은 절친한 평생지기가 되었다.

  스피드는 노예제에 관해서는 링컨과 의견이 갈렸지만, 둘 사이의 우정은 변함이 없었다. 변호사였던 조슈아의 형 제임스는 훗날 링컨 행정부의 법무장관이 되었다. 링컨은 이 편지에서 캔자스가 공정한 표결에 의해 노예주가 된다면 그 결과를 당연히 받아들여야 한다는 스피드의 견해에 대해, 폭력적으로 입안되고 가결된 캔자스-네브래스카 법이 공정하게 시행될 리가 없다고 반박하고 있다.

스피드 보게나.

자네도 알다시피 나는 편지를 잘 쓰지 않네. 5월 22일자의 대단히 반가운 편지를 받고 나서 답장을 차일피일 미루고 있다가 오늘에야 펜을 들었네. 자네는 우리 두 사람의 정치적 노선이 다른 것 같다는 의견을 말했네. 나도 그렇다고 느끼지만, 자네가 우려하고 있는 정도는 아니라고 생각하네. 물론 나는 노예제를 싫어하네. 그리고 자네도 노예제가 이론상 옳지 않다는 것을 충분히 인정하고 있네. 여기까지는 둘 사이에 의견의 차이가 생길 이유가 없네. 그러나 자네는 노예에 대한 법적 권리를, 특히 아무런 이해관계도 없는 사람들의 뜻에 따라 포기하느니 차라리 연방 해체를 보는 편이 낫다고 말하고 있네. 자네에게 그 권리를 포기하라고 강요하는 사람이 있다는 말은 금시초문일세. 나는 그런 요구를 하지 않네. 그 문제에 대해서는 전적으로 자네의 재량에 맡기겠네. 또한 노예에 관해 헌법에 규정된 자네의 권리와 나의 의무도 인정하네. 솔직히 말하면 나는 그 불쌍한 존재가 추적당한 끝에 체포되어 매를 맞으며 끌려와 무보수로 힘들게 일하는 광경을 차마 볼 수가 없네. 그러나 입술을 깨물며 침묵하고 있네. 1841년에 우리는 루이빌[1]에서 세인트루이스까지 기선을 타고 지루한 여행을 한 적이 있네. 기억날지 모르겠지만, 루이빌에서 오하이오 강 어귀까지 가는 동안 그 배에는 쇠사슬로 한데 묶인 열두어 명의 노예가 타고 있었네. 그 광경은 줄곧 나를 괴롭혔네. 오하이오 강을 비롯한 노예주의 경계를 지날 때마다 똑같은

1. 오하이오 강 남안에 위치한 켄터키 주 최대의 도시.

광경이 목격되었네. 나를 끊임없이 비참하게 만드는 힘을 지닌 그런 현상에 대해 내가 무관심할 것이라고 억측하는 것은 옳지 않네. 오히려 자네는 북부의 얼마나 많은 사람이 헌법과 연방에 대한 충성심을 유지하기 위해 자신의 감정을 억제하고 있는지 헤아려봐야 하네.

내가 노예제 확대에 반대하는 것은 내 판단과 감정이 그렇게 명령하기 때문일세. 그리고 내게는 노예제를 지지해야 한다는 어떤 의무감도 없네. 이로 인해 자네와 나의 의견이 갈릴 수밖에 없다면 어쩔 수 없는 일이네. 자네는 만약 자신이 대통령이라면 군대를 파견하여 캔자스의 선거에서 미주리인의 불법행위를 부추긴 자들을 교수형에 처하겠다고 말했네. 또한 캔자스가 공정한 투표에 의해 스스로 노예주가 된다면 당연히 연방에 가입해야 하고, 이것이 용인되지 않는다면 연방은 해체되어야 마땅하다고 말했네. 하지만 만일 캔자스가 부당하게, 즉 자네가 말했듯이 교수형에 처할 만한 불법행위로 노예주가 될 것을 표결한다면 어떻게 하겠나? 그래도 캔자스는 연방에 가입해야 할까? 그것을 거부할 경우 연방은 해체되어야 할까? 이것은 이 문제가 실제적인 문제로 대두되는 단계에서 진지하게 논의되어야 할 걸세. 캔자스 준주의 노예문제에 대한 공정한 결정이 가능하다는 자네의 억측을 보고, 네브래스카 법에 대한 우리의 견해가 다르다는 것을 분명히 알게 되었네. 나는 처음부터 이 입법을 법이 아니라 폭력으로 보았네. 그것은 폭력적으로 입안되고, 폭력적으로 가결되고, 폭력적으로 유지되고, 폭력적으로 시행되었네. 그것이 폭력적으로 입안되었다고 말하는 것은 당시의 상황에서 미주리 타협을 파기한 것은 폭력행위에 지나지 않았기 때문일세. 그것이 폭력적으로 가결되었다고 한 것은 다수의 의원이 이미 알려져 있던 선거구민들의 뜻을 철저하게 무시하는 투표를 하지 않았다면 가결될 리가 없었기 때문일세. 그것이 폭력적으로 유지된다고 한 것은 그후의 선거들이 그것의 폐기를 분명히 요구하고 있지만, 이 요구가 공공연하게 무시되고 있기 때문일세. 자네는 그 법을 부당한 방식으로 시행하고 있는 자들을 교수형에 처해야 한다고 말하지만, 나는 그 법이 다른 선례와 똑같은 방식으로 시행되고 있다는 점을 말하는 걸세. 그것은 애초에 의도된 대로 시행되고 있네. 네브래스카 준주의 어떤 남자도 당혹감을 표출하거나 비난을 퍼붓지 않는다는 것이 그 증거일세. 가엾은 리더[1]는 어리석게도 그 법이 공정성을 염두에 두고 제정되었다고 믿은 유일한 공직자이네. 하지만 그는 용감하게 미망에서 깨어났네.

캔자스가 노예체제를 형성하여 연방 가입을 요청하리라는 것을 나는 기정사실로 받아들이고 있네. 자네가 예리하게 비판한 바로 그 수단에 의해서 말일세. 남과 북의 모든 법정에서 준수되는 법의 모든 원칙에 의해, 캔자스로 온 모든 노예는 자유의 몸이네. 그렇지만 그 잘난 주의회는 이 원칙을 깡그리 무시하고 단지 폭력의 정신에 입각하여, 흑인에게 흑인의 법적 권리를 알려주는 사람들을 교수형에 처하는 법령을 근엄하게 통과시켰네. 이것이 그 법의 실체이자 진정한 목적일세. 그 법을 만든 자들이 하만[2]처럼 자기 집의 교수대

1. Andrew H. Reeder, 1807~1864. 캔자스 준주의 초대 지사. 그는 원래 캔자스-네브래스카 법을 지지하는 민주당원으로, 캔자스 준주를 노예주로 만들려는 파와 자유주로 만들려는 파 사이에서 중립을 유지하려고 했지만, 노예제 찬성론자들이 선거에서 대규모 부정을 저지르자 그 결과를 거부하고 재선거를 요청했다. 그러나 준주의 의원들은 지사의 거부권을 무시하고 미주리 주의 엄격한 노예제를 받아들이기로 결정하는 한편 프랭클린 피어스 대통령에게 리더 지사의 해임을 건의했다. 리더는 지사직에서 해임된 이후 자유주 운동에 동참했다.
2. 구약성서 「에스더」에 나오는 유대인의 적. 페르시아 왕 아하스에로스의 재상 하만은 유대인 모르드개가 자신에게 경의를 표하지 않는 데 분노하여, 페르시아 땅에 살고

에 매달려 죽는다 해도, 나는 그들의 운명에 단 한 방울의 눈물도 흘리지 않을 걸세.

나는 캔자스가 준주로 남아 있는 한 나의 변변치 않은 자리에서 미주리 타협의 부활을 주장할 걸세. 그리고 그 준주가 악랄한 수단을 동원하여 노예주로 연방에 가입하려 한다면, 반대하겠네. 나는 어떤 경우에도 정직하게 획득되거나 점유된 재산을 향유하는 것에는 전적으로 동의하네. 그러나 어떤 사람이라도 정직하게 흑인을 캔자스로 데려와 노예로 삼을 수 있는 가능성을 갖는 것은 인정할 수 없네. 자기의 재산을 관리할 만한 양식을 가진 성인(成人)이라면, 이 모든 네브래스카 법의 터무니없는 성격을 이해하지 못할 리가 없네. 잠시 주제를 바꿔보겠네. 캔자스 행정부에 대한 나의 반대에 공감을 표하는 동료도 있을 테지만, 우리가 패할 수도 있네. 그러나 나는 우리가 패했다는 이유로 연방을 해체하려 들지는 않을 걸세. 반대로 우리가 이긴다면, 연방을 꾸려 나갈 사람이 많아지겠지. 하지만 우리가 질 가능성도 배제할 수 없네. 자네 쪽 사람들은 똘똘 뭉쳐서 우리 쪽 인사들을 직간접적으로 매수할 수 있네. 자네 편의 대의—민주당의 필요성이든 무엇이든—를 지지할 수 있는 위치에 있는 북부의 유력한 인사를 구워삶으면, 자네들이 바라는 소기의 목적을 달성할 수 있다는 말일세. 이와 관련하여 일화 하나를 소개하겠네. 더글러스는 1월에 네브래스카 법안을 발의했고, 2월부터 일리노이 주 의회가 열렸네. 일리노이 주의회의 상·하원을 구성하고 있

있는 반역적인 유대인을 모두 학살해야 한다고 왕을 설득하여 동의를 받아낸 다음 자기 집 마당에 모르드개를 처형할 장대를 세웠다. 그러나 유대인인 왕비 에스더가 자신의 동족을 몰살시키려는 하만의 음모를 왕에게 고하자, 왕은 하만을 교수형에 처하라고 명했고, 하만은 자신이 세운 장대에 매달려 처형되었다.

는 100명 가운데, 70명가량이 민주당원이었네 그들은 간부회의를 열어 네브래스카 법안을 비공개로 토의했네. 그 회의에서는 단 3명만이 그 법안에 호의적인 반응을 보였다고 하더군. 하지만 하루나 이틀 뒤에 더글러스의 지시에 따라 그 법안을 승인하는 결의안이 통과되었네. 그것도 압도적인 표차로. 이 사실은 민주당을 탈당한 한 의원이 증언한 바이네. 휘그당원은 물론이고 민주당원의 다수도 그 법안에 반대했네. 그러나 당 차원에서 그 법안을 지지해야 할 필요성이 명백해지자마자, 민주당원은 그것이 지혜롭고 정의로운 법임을 인식하기 시작했네. 참으로 놀랍지 않은가?

자네는 만일 캔자스가 공정한 표결로 자유주가 된다면, 그리스도교도로서 이를 기뻐할 것이라고 말했네. 점잖은 노예소유주들은 모두 그런 식으로 말한다네. 나도 그들이 거짓말을 한다고 생각하지는 않네. 그러나 그들은 결코 그런 결과가 나오도록 투표하지를 않네. 자네도 사적인 편지나 대담에서는 캔자스가 자유주가 되면 좋겠다고 말할지 몰라도, 공개석상에서 그런 말을 하는 사람을 연방의원으로 뽑으려고 하지는 않을 걸세. 그런 사람은 어떤 노예주의 어떤 지역구에서도 당선될 수 없네. 자네는 스트링펠로[1]와 그 일당이 교수형을 당해야 마땅하다고 생각하면서도, 다음 번 대통령 선거에서는 십중팔구 스트링펠로 같은 유형의 인물이나 그런 인물을 대표할 수 있는 후보자에게 투표할 걸세. 노예 사육자와 노예 매매업자는 그대들 사이에 섞여 있는 소수의 가증스럽고 혐오스러운 집단이네. 그렇

1. Benjamin F. Stringfellow, 1816~1819. 미주리 주의회 하원의원과 미주리 주 검찰총장을 지냈다. 일명 '국경의 악당'(Border Ruffian, 캔자스 준주를 노예주로 만들기 위해 이웃 미주리 주에서 캔자스로 넘어가 각종 투표와 선거에서 불법을 자행한 집단)을 사주한 대표적인 인물이다.

지만 정치적인 면에서 그들은 자네들 모두의 진로를 결정하고 있네. 자네들이 흑인노예의 주인인 것과 마찬가지로, 그들은 자네들의 주인이네.

자네는 내가 지금 어느 편에 서 있는지 물었네. 대답하기 곤란한 질문일세. 나 자신은 휘그당원이라고 믿고 있네만, 남들은 내가 휘그당원이 아니라 노예제 폐지론자라고 말한다네. 워싱턴에 있을 때 나는 윌멋 조항[1]를 위해 족히 40번은 투표를 했네, 이 때문에 내가 휘그당원이 아니라는 말을 들은 적은 없었네. 지금 나는 노예제의 확대에 반대할 뿐이네.

내가 노너싱[2]이 아니라는 것은 확실하네. 어떻게 내가 노너싱의 당원이 될 수 있겠나? 흑인에 대한 억압을 싫어하는 사람이 어떻게 백인의 특정 계급을 차별하는 일에 찬성할 수가 있겠나? 우리는 정말 빠른 속도로 타락하고 있는 것 같네. 우리는 "모든 사람은 평등하게 창조되었다"고 선언하면서 한 국가로 출발했네. 그런데 지금

1. Wilmot Proviso. 1846년 멕시코 전쟁 발발 직후에 포크 대통령이 의회에 요구했던 200만 달러의 특별재정지출을 승인할 무렵, 하원에서 민주당 의원 데이비드 윌멋(David Wilmot)이 수정안으로 제안했던 조항. 그것은 새로 획득한 "상기 영토의 어떤 부분에도 노예제나 어떤 부자유노동이 존재해서는 안된다"는 조항으로 노예제의 존폐를 둘러싼 논의에 불을 붙였다. 하원에서는 윌멋 조항을 포함하는 특별재정지출안이 87대 64로 가결되었지만, 상원에서는 투표 전에 다음 회기로 넘겼다. 다음 회기에는 300만 달러의 지출을 윌멋 조항에서 빼고 집행하게 되었다. 노예제 확대를 둘러싼 대립이 선명하게 드러난 사건으로 유명하다.
2. Know-Nothing. 독일계와 아일랜드계 가톨릭 이민자의 급증으로 정치적·경제적 안정을 위협받는다고 느낀 토박이 프로테스탄트에 의해 1845년에 결성된 애국적 비밀결사이다. 그 조직원들은 자신들의 조직과 활동에 대한 질문에 무조건 "I know nothing about it"이라고 대답했기 때문에 노너싱이라는 이름이 생겨났다. 1850년대 초에 전국적 조직으로 성장하면서 비밀주의적 성격을 벗고 아메리카당(American Party)이라는 공식명칭을 쓰게 되었지만, 1850년대 중반부터 노예제에 대한 찬반을 둘러싸고 분열되면서 사실상 와해되었다.

은 사실상 그 선언을 "모든 사람은 평등하게 창조되었지만, 흑인은 예외이다"라고 해석하고 있네. 노너싱이 정권을 잡는다면 "모든 사람은 평등하게 창조되었지만, 흑인과 외국인과 가톨릭은 예외이다"라고 해석할 걸세. 이렇게 된다면 나는 차라리 자유를 사랑하는 척하지 않는 나라, 이를테면 러시아로 이민을 가겠네. 전제주의가 비열한 위선으로 포장되지 않고 있는 그대로 받아들여지는 나라로 말일세.

메리[1]가 10월에 루이빌에서 하루나 이틀 정도 지내게 될 것 같네. 제수씨께 안부 전해주시게나, 이 편지의 주제에 대해서는 자네보다도 제수씨가 더 공감해줄 것 같네.

자네의 영원한 벗 링컨이

1. Mary Todd Lincoln, 1818~1882. 링컨의 부인.

드레드 스콧 판결에 관한 연설*

— 1857년 6월 3일, 스프링필드

* 드레드 스콧(Dred Scott)은 존 에머슨(John Emerson)이라는 미육군 군의관 소유의 노예였다. 에머슨은 새로운 부임지로 옮겨갈 때마다 스콧을 데리고 다녔다. 스콧은 주인을 따라 노예주인 미주리에서 일리노이를 거쳐 위스콘신 준주(미주리 타협에 의해 노예제가 인정되지 않는 준주)로 갔다가 1846년에 에머슨이 죽자 미주리로 돌아왔다. 그는 노예제에 반대하는 변호사들의 도움을 받아, 미주리 주법원에 자신이 자유인임을 밝혀달라는 소송을 제기했다. 스콧의 변호인단은 기존의 판례에 근거하여 미주리로 돌아오기 전에 자유주인 일리노이와 자유준주인 위스콘신에 오랫동안 거주한 스콧은 자유인이 되어야 한다고 주장했다. 그들은 스콧의 아내에 대해서도 같은 주장을 폈고, 나아가 자유주(일리노이)와 자유준주(아이오와) 사이의 증기선에서 태어난 이 부부의 딸은 처음부터 노예가 아니라고 주장했다.

미주리 주 대법원이 스콧에게 불리한 결정을 내리자, 스콧의 변호인단은 연방대법원에 상고했고, 연방대법원은 1857년 3월 6일에 판결을 내렸다. 이 판결문에서 노예주이기도 한 연방대법원장 로저 토니는 노예나 노예의 후손은 헌법의 보호를 받는 미국의 시민이 될 수 없고, 따라서 연방대법원에 소송할 권리가 없다고 판결했다. 나아가 연방의회는 준주의 노예제를 금지할 권한이 없으므로 미주리 타협은 위헌이라고 결정했다. 또한 노예는 재산이므로 수정헌법 제5조에 따라 재산권을 보장받는 주인으로부터 적법한 절차 없이 몰수될 수 없다고 판결했다.

드레드 스콧 판결은 노예제가 중서부의 여러 준주로 확대되는 것을 막기 위해 창당된 공화당에 치명타를 안겨줄 것 같았다. 뷰캐넌 대통령과 남부의 노예제 옹호자들, 연방대법원의 판사들은 이 판결이 노예제 폐지운동을 잠재울 것으로 기대했다. 그러나 이 판결로 인해 북부에서는 노예제에 대한 반감이 커져서 공화당 세력이 오히려 강화되었고, 북부와 남부의 대립이 더욱 격화되었다.

친애하는 시민 여러분.

저는 오늘밤 몇몇 분의 초대와 본인의 뜻에 따라 이 자리에 섰습니다. 2주 전에 더글러스 판사는 캔자스, 드레드 스콧 판결, 유타의 문제에 관해 이곳에서 연설을 했습니다. 저도 그 연설을 들었고, 그후 그 연설에 대한 보도도 접했습니다. 그의 연설은 제가 정당하다고 생각하는 의견을 논박하고, 저와 같은 의견을 가진 사람들을 (개인적으로가 아니라 정치적으로) 공격하기 위한 것이었습니다. 이런 이유에서 저는 그때 이후 그 연설에 답하고 싶었는데, 오늘에야 그 기회를 갖게 되었습니다.

먼저 유타 문제부터 거론하겠습니다. 유타의 주민들이 미국에 공공연히 반란을 일으키고 있다는 것이 사실로 밝혀진다면, 더글러스 판사는 그들의 준주 조직을 무효화하고, 법률상의 목적을 위해 그들을 인접한 여러 주에 배속시키고자 할 것입니다. 저 역시 그들이 반란을 일으킨 것이라면 강제력을 동원해서라도 그들을 진압해야 한다고 말할 것입니다. 지금으로서는 그들에게 압력을 가하는 더글러스 판사의 방식이 옳은 것인지에 대해서는 왈가왈부하지 않겠습니다. 공화당원들은 자신들이 지금까지 해온 발언을 취소하지 않고도 그런 조치에 동의할 수 있습니다. 물론 그런 강제력 행사는 준주의 자치라는 원칙을 자랑스럽게 내세우던 더글러스의 입장에서 보면 상당히 후퇴한 것입니다. 그러나 이것은 처음부터 명명백백했던 사실, 즉 자치의 원칙은 노예제의 편익을 옹호하는 기만적인 주장에 불과했다는 사실을 뒷받침하는 추가적인 증거, 그 이상도 이하도 아닙니다. 주민들의 선택이나 동의와 무관하게 지사·장관·판사에 의해 준주의 성원들에게 강요된 네브래스카 법 자체에서 그런 사실을 간파할 수 없었던 사람들은 아마 죽었다 깨어나도 그 법의 저의를 깨닫지 못할 것입니다.

공화당이 민주당 측에 제기한 유일한 질문을 더글러스 판사가 회피하고 있다는 것은 명백한 사실입니다. 더글러스 판사도 익히 알고 있는 그 질문은 "유타의 주민이 일부다처제를 허용하는 주헌법을 평화적으로 제정한다면, 과연 민주당은 그들을 연방에 받아들일 것인가?" 하는 것입니다. 미국의 헌법이나 법률에는 일부다처제를 금지하는 조항이 없습니다. 유타의 주민들이 자신들의 선택에 따라 일부다처제를 향유하거나 유지할 권리가 더글러스 판사의 '신성한 자치권'에 속하지 않을 이유라도 있습니까? 제가 알고 있는 한 더글러스 판사는 이런 질문들에 답한 적이 없습니다. 민주당도 이런 질문에 답해야 할 입장이지만, 아직까지 답을 내놓지 않고 있습니다.[1]

이제 캔자스에 대해 논해봅시다. 캔자스에 관한 그 연설의 요지는, 자유주 지지자들에게 제헌의회 의원 선출에 투표권을 행사하지 않은 잘못을 물으려는 것입니다. 그는 이렇게 말합니다. "그 법이 올바르게 해석되고 공정하게 시행되어 선량한 모든 주민이 자유롭고 평온한 분위기 속에서 선거권을 행사하게 될 것이라고 믿고 바랄 만한 이유는 충분합니다."

더글러스 판사가 그런 발언을 하는 것 자체가 어처구니없습니다.

1. 19세기 중엽에 유타 준주로 이주한 모르몬교 지도자 브리검 영이 초대 지사가 되어 일부다처제를 제도화하고 이를 인정하지 않는 연방정부에 반기를 들자, 당시의 대통령 뷰캐넌이 새 지사와 군대를 파견함으로써 유타의 주민들과 미국의 군대가 대치하는 이른바 유타 전쟁(1857.5.-1858.7.)이 발발했다. 더글러스는 일부다처제를 비도덕적이라고 비난하면서 유타의 준주 자격을 박탈해야 한다고 주장했지만, 공화당은 이런 사태 자체가 더글러스의 주민주권론에서 비롯된 것이라며 공세를 강화했다.

그는 법에 의해 선거인 명부에 등록되어 있지 않은 사람은 투표할 수 없다는 사실을 압니다. 또한 자유주 지지자들이 투표를 거부하는 것은 그들 가운데 등록되어 있는 사람이 거의 없기 때문이라는 것도 압니다. 이것이 사실이 아닐 수도 있지만, 더글러스 판사는 이 같은 일이 편지나 신문, 연설에서 사실이라고 주장되고 있고, 우편물을 통해 널리 퍼지고 바람을 타고 전 세계의 눈과 귀에 전달되고 있다는 것도 압니다. 그는 수많은 지방, 수많은 지역의 주민 전체가 아예 등록되어 있지 않다는 용기 있는 선언이 있다는 것도 압니다. 그렇지만 그는 그런 선언을 반박하려고 애쓰지도 않거니와 그들이 미등록상태로 어떻게 투표할 수 있는지에 대해 언급하지도 않습니다. 다만 이런 문제가 실제로 있다는 것을 모른 척하면서 득의양양하게 선언합니다. "그 법이 올바르게 해석되고 공정하게 시행되어 선량한 모든 주민이 자유롭고 평온한 분위기 속에서 선거권을 행사하게 될 것이라고 믿고 바랄 만한 이유는 충분합니다."

저도 모든 주민에게 투표의 기회가 주어졌다면, 그들이 투표권을 행사했어야 한다고 생각합니다. 하지만 역으로 그들이 주장하고 더글러스 판사가 굳이 반박하지 않는 것처럼 자유주 지지자들의 극소수에게만 투표의 기회가 주어졌다면, 그들이 단결하여 투표를 거부한 것은 전적으로 옳은 행동이었다고 생각합니다.

아무튼 더글러스 판사의 연설 이후 캔자스 선거가 끝났습니다. 더글러스 판사는 '자유주를 지지하는 민주당원들'을 포함한 캔자스의 모든 민주당원이 자신의 의무를 다했을 것이라는 자신감을 피력했습니다. 아직까지는 선거결과가 전부 공개되지 않았습니다. 그러나 알려진 바에 의하면, 투표에 참여한 주민의 수는 등록된 유권자의 6분의 1에 불과하다고 합니다. 적법한 유권자의 절반가량만이 등록되어 있었다는 점을 감안하면, 촌극도 이런 촌극이 없습니다. 저는 '자유주를 지지하는 민주당원'이 얼마나 많이 투표에 참여했는지 정확한 결과가 나오기를 예의주시하고 있습니다. 모든 민주당원이 투표를 했다니까, 그들도 당연히 투표를 했겠지요. 물론 그들이 노예주를 주장하는 후보에게 표를 던지지는 않았을 것입니다. 우리는 자유주를 지지한다고 맹세한 후보들이 몇 명이었는지, 그들 가운데 몇 명이 주의원으로 선출되었는지, 그리고 그들이 얼마나 많은 표를 얻었는지 곧 알게 될 것입니다.

이쯤에서 제 마음속의 의심을 살짝 공개할까 합니다. 그것은 캔자스에는 '자유주를 지지하는 민주당원' 같은 존재는 없었다는 것입니다. 그들은 여러 자유주의 신문과 연설에나 등장하는 가공의 인물에 불과합니다. 만일 캔자스에 자유주를 지지하는 민주당원이 한 명이라도 실제로 존재하는 것으로 밝혀진다면, 저는 그를 붙잡아서 박제하고 피부를 방부 처리하여 곧 멸종될 민주당원이라는 인종의 표본으로 보존하자고 제안하고 싶습니다.

다음으로 드레드 스콧 판결에 관해 말씀드리겠습니다. 이 판결은 다음의 두 가지 명제를 선언하고 있습니다. 첫째, 흑인은 미국법정에서 소송을 제기할 수 없다. 둘째, 연방의회는 준주의 노예제를 금지할 수 없다. 이는 연방대법원의 다수의견이고, 이와는 다른 소수의견도 있었습니다. 더글러스 판사는 이 판결의 공과를 논하지 않았는데, 저도 그 점은 그를 본받으려고 합니다. 더글러스 판사가 토니[1]의 판결 이상의 의견을 제시하지 못했듯이, 저도 매클레인과 커티스[2] 이상

1. Roger B. Taney, 1777~1864. 드레드 스콧 판결 당시 연방대법원장.
2. John McLean(1785~1861)과 Benjamin R. Curtis(1809~1874)는 드레드 스콧 판결에서 소수의견을 낸 연방대법원 배석판사.

의 의견은 제시하지 못할 것이라고 믿기 때문입니다.

더글러스는 이 판결의 정당성을 의심하는 모든 사람을 비난합니다. 그들이 이 판결에 격렬히 저항한다는 게 그 이유입니다. 그렇다면 도대체 누가 저항한다는 것입니까? 이 판결을 무시하고 드레드 스콧이 자유의 몸이라고 선언하거나 그 주인의 권리에 저항한 사람이라도 있었습니까?

사법적 결정에는 두 가지 용도가 있습니다. 첫째는 해당 사건을 절대적으로 판결한다는 것이고, 둘째는 유사한 사건이 발생할 경우 그것이 어떻게 판결될지 미리 대중에게 알려준다는 것입니다. 두 번째 용도로 사용될 경우 그 결정은 '판례' 또는 '선례'라고 불립니다.

우리는 더글러스 판사 못지않게, (어쩌면 그 이상으로) 사법부에 대한 복종과 존경이 필요하다고 믿고 있습니다. 우리는 헌법상의 문제에 관한 사법부의 최종결정은 판결을 앞둔 특정 사건뿐 아니라 국가의 전반적인 정책까지 지배해야 하며, 그 최종결정에 제약을 가할 수 있는 것은 수정헌법뿐이라고 생각합니다. 이런 원칙에서 벗어나는 것은 혁명일 것입니다. 그러나 우리는 드레드 스콧 판결이 오심이라고 생각합니다. 우리는 판결을 내린 법정이 스스로 판결을 번복하기도 한다는 것을 알고 있으므로, 대법원이 판결을 번복하도록 최선의 노력을 다할 것입니다. 우리는 그 최종결정에 저항할 생각은 없습니다.

사법적 결정은 상황에 따라 권위 있는 판례가 될 수도 있고, 그렇지 못할 수도 있습니다. 이 점은 상식뿐 아니라 법률 전문가들의 통상적인 이해와도 부합되는 것입니다.

만일 이 중대한 결정이 아무런 당파적 편견 없이, 적법한 국민의 기대치와 우리의 역사를 통해 꾸준히 유지되어온 사법부의 관행에 따라, 그리고 철저하게 역사적 사실에 입각하여, 재판부 전원일치의 판단으로 이루어진 것이라면, 또는 이상의 조건 가운데 한두 가지를 결여하고 있더라도 만일 본건이 몇 년에 걸쳐 여러 차례 법정에 회부되어 동일한 판결을 얻어낸 것이라면, 그것을 판례로 인정하지 않는 것은 당파적이고 심지어 혁명적이라고 말할 수 있을 것입니다.

그러나 그 판결이 이상의 조건을 하나도 갖추지 못하여 사실상 대중의 신뢰를 얻지 못하고 있다면, 그래서 그것이 국가의 원칙으로 완전히 확립되지 못한 판례로 간주된다면 저항이니 당파심이니 불경이니 하는 비난을 들을 이유는 없을 것입니다. 하지만 더글러스 판사는 이런 견해를 불쾌하게 생각합니다. 그의 말을 들어봅시다.

"각급 법원은 법을 판결하고 해석하고 집행할 목적으로 헌법이 정한 바에 따라 인민의 권위에 의해 설치된 재판소이다. 따라서 최고재판소의 결정에 저항하는 자는 우리 정부의 공화제 자체에 치명적인 타격을 가하려는 것이다. 이 타격에 충격을 받을 경우에는 우리의 모든 자유와 권리는 격정·무정부상태·폭력에 좌우될 것이다. 그러므로 거듭 말하거니와 헌법에 의해 규정된 사법권의 틀 내에서 이미 결정된 드레드 스콧 사건의 문제점을 들먹이며 미국 연방대법원의 결정에 반대하는 것은 그 사건을 나라 전체의 정치쟁점으로 부각시키려는 것이나 마찬가지이다. 그로 인한 논쟁은 헌법의 지지자와 반대자, 즉 최고법의 지지자와 반대자 사이의 분명하고 노골적인 논쟁이 될 것이다."

그렇다면 바로 이 연방대법원이 국립은행(national bank)[1]은 합

1. 여기서 링컨이 국립은행이라고 한 것은 미국제2은행(Second Bank of the United State)을 말한다. 이 은행은 1816년에 20년 한시적으로 인가되어 중앙은행의 기능을 담당했다. 미국제2은행의 설립이 합헌이라는 연방대법원의 결정(1819)에도 불구하고, 주권주의자(州權主義者)와 지방은행의 반발로 미국제2은행을 둘러싼 위헌 논란

헌이라는 결정을 내렸음에도, 잭슨 장군이 미국대통령으로서 그 판결을 무시한 이유는 무엇입니까? 잭슨 장군은 모든 공직자는 "자신이 이해하는 바에 따라" 헌법을 지켜야 한다고 선언하면서, 그 나름대로 헌법에 기초하여 은행 재인가 법안을 거부했습니다. 일단 잭슨 장군 자신의 이야기를 들어봅시다. 그의 거부교서에서 발췌한 것입니다.

"미국제2은행의 지지자들은 선례와 연방대법원의 결정에 따라 그 합헌성이 명실공히 확립된 것으로 간주되어야 한다고 주장하고 있다. 그러나 본인은 이런 결론에 동의할 수 없다. 단순한 선례를 권위의 원천으로 삼는 것은 위험하다. 각 주와 그 인민의 충분한 동의를 획득하지 못한 경우, 선례는 합헌 여부를 결정하는 요인으로 간주될 수 없다. 사실 이 문제에 관한 한 미국제2은행에 반대하는 주장도 선례에 근거하고 있다고 볼 수 있다. 연방의회는 1791년에 미국제1은행의 설립을 인가했지만, 1811년에는 재인가를 거부했다. 또한 1815년에는 미국제2은행 설립에 반대했으나 1816년에는 찬성했다. 따라서 현재의 의회 이전에 이 기관의 선례는 2대 2로 팽팽히 맞서 있었다. 이 은행에 대한 주의 입법적·사법적·행정적 견해는 반대의견이 4대 1로 앞서 있는 것으로 알고 있다. 그러므로 설령 선례의 권위를 인정한다 하더라도, 선례가 본인에게 제출된 법에 유리하게 작용한다고 볼 수는 없는 것이다."

인용을 잠시 중단한 것은 드레드 스콧 판결이 그 재판에서 결정

은 수그러들지 않았다. 미국제2은행의 폐지를 선거공약으로 내걸었던 미국의 제7대 대통령 앤드루 잭슨은 1832년에 이 은행의 재인가를 결의한 연방의회의 법안이 위헌이라고 주장하면서 거부권을 행사하고 이 은행에 예치된 연방정부의 자금을 다른 은행으로 옮겼다. 그리하여 1836년 이후에는 중앙은행의 기능을 상실했고, 그후 5년 동안 시중은행으로 영업을 하다가 1841년에 파산했다.

된 쟁점에 관한 지금까지의 모든 판례를 번복했다는 점을 말씀드리기 위해서입니다. 아무튼 잭슨 장군의 말을 계속 들어봅시다.

"설사 연방대법원의 의견이 이 법의 충분한 근거가 된다 할지라도, 그것이 정부의 동등한 권한을 침해할 수는 없다. 입법부·행정부·사법부는 헌법에 대한 그 자체의 의견에 의해 지배되어야만 한다. 헌법을 준수하겠다고 선언하는 모든 공직자는 다른 사람이 이해하는 바가 아니라 자신이 이해하는 바에 따라 헌법을 지지하겠다고 선언하는 것이다."

저는 더글러스 판사가 국립은행에 대한 연방대법원의 결정을 비난하고 반대로 연방대법원의 결정을 무시한 잭슨 장군을 찬양하는 말을 여러 차례 들었습니다. 그가 자신의 최근 연설을 되돌아본다면, 연방대법원의 판결에 불복한다는 이유로 우리에게 퍼부은 맹공이 정확하게 자신의 머리 위로 떨어지는 흥미로운 사실을 발견하게 될 것입니다. 그는 이 나라에서 장기간의 치열한 정치적 전쟁이 벌어지고 있다는 것, 이 전쟁은 그 자신의 판단과 그 자신의 표현을 빌리자면 "헌법의 지지자와 반대자 사이의 분명하고 노골적인 논쟁"이라는 것, 그리고 자신은 이 전쟁에서 헌법의 반대자 편에서 싸우고 있다는 것을 깨닫게 될 것입니다.

드레드 스콧 판결이 부분적으로 진실이 아닌 가상의 역사적 사실에 근거하고 있다고 말한 만큼, 그 이유를 설명하지 않고 넘어갈 수는 없겠지요. 그래서 저는 저의 입장을 뒷받침해주는 한두 가지 사례를 제시할까 합니다. 토니 연방대법원장은 법정의 다수의견을 소개하면서 흑인은 독립선언서나 미국헌법을 만든 사람들의 일원이 아니었다고 장황하게 주장하고 있습니다. 달리 표현하자면 독립선언서나 미국 헌법은 흑인을 위해 만들어진 것이 아니었다는 것이지요.

그렇지만 커티스 판사가 제시한 소수의견에 의하면, 당시 열세 개였던 미국의 주 가운데 다섯 주, 즉 뉴햄프셔·매사추세츠·뉴욕·뉴저지·노스캐롤라이나에서 자유흑인은 유권자로서 그들의 인구수에 비례하여 백인과 다름없이 헌법을 만드는 데 참여했습니다. 그는 이 점을 세세하게 설명하고 있으므로, 그 진실성에는 의문의 여지가 없습니다. 그는 다음과 같은 결론을 내리고 있습니다.

"헌법은 미국의 인민에 의해, 다시 말해 각 주의 법률에 따라 자신과 주의 다른 모든 시민을 위해 결정권을 행사할 자격을 부여받은 사람들의 결의를 통해 제정되고 확정되었다. 이미 말한 것처럼 일부 주에서는 유색인도 법률에 따라 그 문제에 관해 결정권을 행사할 자격을 부여받았다. 이 유색인들은 헌법을 제정하고 확정한 '미국의 인민'에 속했던 것이다. 더욱이 적어도 다섯 개 주에서 그들은 헌법을 수용하는 문제에 관해 결정권을 갖고 있었고, 실제로 투표를 통해 자신들의 결정권을 행사했다."

토니 연방대법원장은 또한 다음과 같은 발언을 했습니다. "독립선언서가 작성되고 미국헌법이 제정되어 수용될 무렵에 지구상의 개화된 문명권에서 그 불행한 인종에 대해 어떤 여론이 형성되어 있었는지 현 시점에서 가늠하기는 어렵다." 그리고 독립선언서를 인용한 다음, "이상에서 인용한 일반적인 단어들은 모든 인류를 포괄하는 것으로 보인다. 만일 그 단어들이 오늘날 유사한 문서에서 사용된다면, 그렇게 이해될 것이라는 말이다."

이와 같이 연방대법원장은 흑인에 대한 세인의 평가가 혁명의 시대보다는 지금 좀 더 호의적이라고 직접적으로 주장하는 것이 아니라 단순히 가정하고 있습니다. 이 가정은 오류입니다. 몇 가지 사소한 부문에서 흑인의 상태는 향상되어왔습니다. 그러나 전반적으로 보자면, 이 나라에서 지금 그들이 처한 상황은 그때보다 분명히 나빠졌습니다. 지난 삼사 년 사이에 그들의 궁극적인 운명은 전혀 희망이 없어 보였습니다. 자유흑인에게 투표권을 부여했던 다섯 주 가운데, 뉴저지와 노스캐롤라이나에서는 그 권리가 박탈되었고, 뉴욕주에서는 그 권리가 크게 축소되었습니다. 주의 수는 두 배 이상 늘어났지만, 흑인에게 투표권을 부여하는 주는 단 한 주도 늘어나지 않았습니다. 제가 알고 있는 한 예전에는 주인이 마음만 먹으면 자신의 노예를 해방시킬 수 있었습니다. 그러나 그후 노예해방에는 거의 금지에 준하는 법률적 제약이 가해져왔습니다. 옛날에는 주의회가 각 주에서 노예제를 폐지할 수 있는 고유의 권한을 갖고 있었습니다. 그러나 지금은 주헌법에 의해 그 권한을 주의회에 허용하지 않는 것이 대세를 이루고 있습니다. 그 시절에는 공동합의에 의해 흑인노예를 새로운 고장으로 데리고 가는 것이 금지되었습니다. 그러나 현재는 연방의회가 그 금지조치를 중단하기로 결론을 내린 상태이고, 연방대법원은 의회가 금지조치를 지속하고 싶어해도 그럴 권한이 없다고 결정하고 있습니다. 그 시절에는 우리의 독립선언서가 모두에 의해 신성시되었고, 만인을 포괄하는 것으로 여겨졌습니다. 그러나 지금은 흑인의 굴레를 보편적이고 항구적인 제도로 만들려는 사람들에 의해 독립선언서가 논박되고 멸시되고 왜곡되고 매도되어 너덜너덜해져서, 그 기초자들이 무덤에서 일어난다면 독립선언서를 알아보지도 못할 지경입니다. 지상의 모든 세력이 빠른 속도로 단합하여 흑인노예를 압박하고 있습니다. 탐욕의 화신이 그를 추적하고 있습니다. 야심과 철학이 그 뒤를 따르고, 이 시대의 신학이 빠른 속도로 이 유행에 합류하고 있습니다. 그들은 흑인노예를 투옥하고, 그의 몸을 샅샅이 수색하여 탈출에 도움이 될 만한 도구를 모조리 압수합니다. 그들은 감옥에 육중한 철문을 달고, 흑인노예에게 100개의 열쇠구멍이 있는 자물쇠를 채웁니다. 이 자물쇠는 100개의 열쇠로 동시에 열지 않으면 절대 열리지 않습니다. 이 열쇠들은 서로 멀리 떨어진 100군데의 다른 지방에 흩어져 살고 있는 100명의 손에 들어가 있습니다. 그들은 모든 영적·물적 세계에서 이것보다 완벽하게 탈출을 불가능하게 만드는 발명품을 고안할 수는 없을 것이라고 생각하며 흐뭇해합니다.

흑인에 대한 세인의 평가가 연방정부를 세우던 시절보다 오늘날에 좀 더 호의적이라고 말하거나 가정하는 것은 잘못된 일입니다.

3년 반 전에 더글러스 판사는 유명한 네브래스카 법안을 제출했습니다. 이 나라는 즉각 논쟁의 열기로 뜨겁게 타올랐습니다. 그는 모든 반대를 비웃으며 의회에서 그 법안을 통과시켰습니다. 그후 그는 민주당 대선후보 경선에서, 그가 내세우는 대원칙에는 찬성하지만 국민의 신뢰를 송두리째 저버린 성급한 그의 법안이 야기한 혼란과 이에 따른 비난으로부터 자유로운 후보에게 패했습니다. 그리고 승리한 라이벌이 헌법에서 정한 절차에 따라 대통령이 되는 것을 지켜봐야 했지요. 그 후보는 적들보다 40만 표 가량 적은 표를 얻었으므로, 동지들의 세력에 의해서보다는 적들의 분열에 의해 당선된 셈입니다.[1] 그는 일리노이 지역구의 주요 조력자인 실즈와 리처드슨이

1. 링컨은 뷰캐넌과 그 라이벌들이 선거인단을 뽑는 유권자들의 직접투표에서 얻은 득표수에 대해 말하고 있다. 제임스 뷰캐넌은 캔자스-네브래스카 법을 둘러싼 논쟁이 한창일 때 영국공사로 재직하고 있었기 때문에, 상대적으로 적이 적은 편이었다. 이 덕분에 그는 전임 대통령 피어스와 상원의원 더글러스를 제치고 민주당 대통령 후보로 지명되었고, 1856년 대통령선거에서 공화당의 존 프리몬트(John C. Frémont)와 아메리카당의 밀러드 필모어(Millard Fillmore)를 물리치고 대통령에 당선되었다. 그는 약 180만 표를 얻었고, 두 경쟁자는 합쳐서 약 220만 표를 얻었다.

본인들의 잘못이 아니라 그의 잘못으로 인해 차례로 시련에 처하고 비난받고 심판받는 모습도 지켜봐야 했습니다.[1] 이제 그 자신이 심판을 받을 차례입니다.

백인종과 흑인종의 무분별한 혼혈에 대해서는 거의 모든 백인이 마음속으로 혐오스럽게 생각하고 있습니다. 그리고 더글러스 판사는 분명히 자신에게 유리한 쪽으로 이 혐오감을 이용할 기회를 노리고 있습니다. 그는 요란한 선전을 반복하면서 흑백의 무분별한 혼혈이라는 생각에 대한 혐오감을 그의 적들에게 향하게 할 수만 있다면, 곤경에서 벗어날 수 있다고 생각하고 있습니다. 그래서 물에 빠진 자가 지푸라기라도 잡듯이 이 희망에 매달리고 있습니다. 그는 드레드 스콧 판결에 대한 반대를 이용해서 이 희망의 불씨를 살리려고 합니다. 그는 독립선언서가 말하는 모든 사람에는 백인뿐 아니라 흑인도 포함된다는 공화당원들의 주장을 알고서는, 그 문서가 흑인도 포괄한다는 사실을 대담하게 부정하고, 나아가 그렇게 주장하는 자는 하나같이 흑인과 투표하고 식사하고 잠자고 결혼하고 싶기 때문에 그러는 것이라고 반박하고 있습니다. 만약 그렇지 않다면 공화당원들의 언행은 일치하지 않는다고 우기겠지요. 저는 제가 흑인여자를 노예로 삼으려 하지 않는 건 필시 그녀를 아내로 맞고 싶어하기 때문이라는 식으로 단정짓는 그의 그릇된 논리에 반대합니다. 저

1. 제임스 실즈(James Shields, 1810~1879)는 일리노이·미네소타·미주리의 상원의원을 지낸 특이한 경력의 민주당원이고(미국 역사상 세 주에서 상원의원으로 당선된 사람은 실즈뿐이다), 윌리엄 리처드슨(Willam A. Richardson, 1811~1875)은 더글러스의 심복이다. 이들은 북부 민주당원들의 수장인 더글러스의 뜻에 따라 리콤프턴 헌법(Lecompton Constitution, 1857년에 캔자스 준주가 연방에 가입하려 할 무렵, 노예제 지지파가 리콤프턴에서 주헌법제정회의를 열어 기초한 헌법)의 통과에 반대했다는 이유로 뷰캐넌 대통령의 노여움을 샀다. 하지만 이 일로 인해 이들이 정치적 불이익을 당하지는 않았기 때문에, 위와 같은 링컨의 표현은 다소 과장되었다고 볼 수 있다.

는 흑인여자를 노예나 아내로 삼을 생각이 없습니다. 다만 그녀를 가만히 내버려두고 싶을 뿐입니다. 몇 가지 점에서 그녀는 분명히 저와 평등하지 않습니다. 그러나 자기 손으로 구한 빵을 타인의 허가를 받지 않고도 먹을 수 있는 타고난 권리를 갖는다는 점에서 그녀는 저를 비롯한 다른 모든 사람과 평등합니다.

토니 연방대법원장은 드레드 스콧 소송에 대한 의견에서 독립선언서의 언어는 모든 인류를 포괄할 만큼 광범위한 것이라고 인정하고 있습니다. 그러나 그와 더글러스 판사는 독립선언서의 기초자들이 흑인을 당장 백인과 평등한 지위에 놓지 않았다는 사실로 미루어 볼 때 흑인을 포함시킬 의도 자체가 없었다고 주장합니다. 그런데 이 근엄한 주장은 그 문서의 기초자들이 그 당시뿐 아니라 그후로도 사실상 모든 백인을 서로 평등한 지위에 놓지 않았다는 또 다른 사실에 의해 완전히 무의미해지고 맙니다. 그리고 이것이 연방대법원장과 상원의원이 독립선언서의 명백하고 평이한 언어를 멋대로 왜곡하는 주된 논거인 것입니다. 저는 저 유명한 독립선언서의 기초자들이 모든 사람을 포괄하려는 의도를 갖고 있긴 했지만, 모든 사람이 모든 점에서 평등하다고 선언할 의도는 없었다고 생각합니다. 모든 사람이 피부색·키·지성·도덕성·사교성 면에서 똑같다고 말할 생각은 없었다는 뜻입니다. 그들은 어떤 면에서 모든 사람이 평등하게 창조되었다고 생각하는지를 상당히 명료하게 정의하고 있습니다. 즉 "생명과 자유, 행복의 추구를 비롯한 양도 불가능한 일정한 권리들"을 〔조물주로부터〕 부여받았다는 점에서 만인이 평등하다는 것입니다. 이것이 그들이 표현했고 의도했던 바입니다. 그들은 당시에 만인이 실제로 그런 평등을 누리고 있었다든가, 자기들이 당장 그런 평등을 만인에게 부여할 작정이었다는 식의 명백한 거짓말을 할 생각은 없었습니다. 사실 그들에게는 그런 은혜를 베풀 힘도 없었습니다. 그들은 단지 그 권리를 선언함으로써 여건이 허락되는 대로 그 권리가 신속하게 시행될 수 있기를 바랐던 것입니다. 그들은 자유로운 사회를 위한 표준원칙, 모든 이에게 친숙하고 존중받는 그런 원칙을 세우려고 했습니다. 끊임없이 표준원칙을 지향하고, 끊임없이 그것을 위해 노력하며, 그것을 완벽하게 달성하지는 못한다 할지라도 쉼 없이 그것에 근접함으로써, 계속해서 그 영향력을 확대·심화하여 궁극적으로 세상의 모든 유색인에게 행복하고 가치 있는 삶의 방식을 전파하려 했던 것입니다. "모든 사람은 평등하게 창조되었다"는 주장은 우리가 영국으로부터 분리하는 데 실질적 도움을 주지 않았습니다. 그 구절은 분리를 위해서가 아니라 미래의 용도를 위해 독립선언서에 포함되었던 것입니다. 독립선언서의 기초자들은 그것이 훗날 자유로운 사람들을 가증스러운 독재의 길로 되돌려놓으려 할지도 모를 자들을 방해하는 걸림돌이 되기를 원했고, 하느님의 가호로 지금 그 역할을 하고 있습니다. 그들은 번영이 폭군을 낳기 쉽다는 것을 알고 있었습니다. 그래서 이 공평한 땅에 다시 나타나 자신의 사명에 착수하려는 독재자들이 자기 앞에 무너뜨리기 힘든 장애물이 적어도 하나는 남아 있다는 사실을 깨닫게 되기를 바랐던 것입니다.

지금까지 "모든 사람은 평등하게 창조되었다"고 천명한 독립선언서의 의미와 목적에 대한 저의 소견을 피력했습니다.

이제 같은 주제에 대한 더글러스 판사의 견해를 들어봅시다. 활자화된 그의 최근 연설에서 그는 다음과 같이 말하고 있습니다.

"독립선언서에 서명한 분들의 성격·동기·행위를 옹호하려면, 그들이 모든 사람은 평등하게 창조되었다고 선언할 때 아프리카인이 아니라 백인종만을 가리켰다는 전제를 받아들여야 합니다. 그들이 말하고 있는 것은 이 대륙에 거주하고 있는 영국의 신민들이 영국에서 태어나 영국에서 살고 있는 영국의 신민들과 동등하다는 것, 따라서 그들은 영국 본토의 신민들과 마찬가지로 생명과 자유, 행복의 추구를 비롯한 양도 불가능한 권리들을 누릴 자격이 있다는 것입니다. 독립선언서는 영국 국왕에 대한 충성을 철회하고 모국과의 관계를 단절하려는 이민자들의 행동이 문명세계의 눈에 정당한 것으로 비치게 하기 위해 승인되었던 것입니다."

친애하는 동지 여러분. 한가할 때 그 문건을 꼼꼼하게 읽어보고 그 의미를 깊이 생각해보십시오. 그 연설문은 저 훌륭한 우리의 독립선언서를 단순한 잔해, 너덜너덜해진 유물로 만들어버리고 있습니다.

"그들은 이 대륙에 거주하고 있는 영국의 신민들이 영국에서 태어나 영국에서 살고 있는 영국의 신민들과 동등하다고 말했던 것입니다!" 이 주장에 따르면, 흑인들뿐 아니라 영국과 미국 이외의 지역에 살고 있는 백인들도 독립선언서에서 말하는 모든 사람에 포함되지 않는 셈이 됩니다. 영국인·아일랜드인·스코틀랜드인은 미국인과 함께 분명히 포함되지만, 프랑스인과 독일인을 비롯한 여타 백인들은 더글러스 판사가 말하는 열등한 인종과 똑같은 처지로 전락하고 맙니다.

저는 독립선언서가 영국 신민들의 상태보다는 조금이라도 나은 상태를 약속했다고 생각해왔습니다. 그런데 그게 아니라 독립선언서가 억압적이고 불평등한 상태에 있는 그들과 우리가 동등해야 한다고 선언했다니요. 그렇다면 독립선언서는 영국 국왕과 귀족들의 굴레에서 벗어난 우리가 우리 자신의 왕과 귀족에게 예속되어서는 안된다는 것을 약속하지 않았다는 말입니까?

저는 독립선언서가 이 세상 모든 사람의 상태가 점진적으로 개선되는 미래를 염두에 두고 쓰였다고 생각해왔습니다. 그런데 그게 아니랍니다. 단지 "영국 국왕에 대한 충성을 철회하고 모국과의 관계를 단절하려는 이민자들의 행동이 문명세계의 눈에 정당한 것으로 비치게 하기 위해 승인되었"다는 것입니다. 80여 년 전에는 그토록 대단한 효력을 발휘했던 독립선언서가 이제는, 승리한 뒤에 전장에 버려진 낡은 총포처럼 아무 쓸모도 없는 폐물에 불과하단 말입니까?

여러분은 여드레 뒤로 다가온 독립기념일을 경축하기 위한 준비를 하고 계실 겁니다. 무엇을 위해서입니까? 그날의 사건은 현재와 아무런 관련이 없습니다. 여러분 가운데 절반은 그날에 언급되었던 사람들의 후손도 아닙니다. 그래도 여러분은 그날을 기념할 것입니다. 독립선언서를 읽는 분들도 계시겠지요. 그것을 옛날식으로 일독한 다음, 더글러스 판사의 방식대로 다시 한번 읽어보십시오. 아마 이렇게 해석될 겁니다. "우리는 81년 전에 이 대륙에 거주하고 있던 영국의 모든 신민이 영국에서 태어나서 당시 영국에서 살고 있던 영국의 모든 신민과 동등하게 태어났다는 것을 자명한 진리로 받아들입니다."

저는 민주당원들을 비롯한 모든 사람에게 묻고 싶습니다. 여러분은 정말로 독립선언서가 그렇게 산산조각 나기를 원하십니까? 그래서 기껏해야 죽은 과거에 대한 흥미로운 기념물 정도로만 남아 있길 원하십니까? 그래서 그 생명력과 실용적 가치를 박탈당하길 바라십니까? 그리고 그 속에 언명된 개별적인 인권의 맹아 혹은 암시마저 없어져버렸으면 좋겠습니까?

그런데 더글러스 판사는 백인종과 흑인종의 혼혈을 특별히 소름 끼치는 일로 생각합니다. 충분히 이해가 갑니다. 현재 이 나라에는 모든 백인여성과 결혼할 만큼 충분한 수의 백인남성이 있고, 모든 흑인여성과 결혼할 만큼 충분한 수의 흑인남성이 있습니다. 따라서 그들끼리 결혼하게 하면 됩니다. 이 점에 관해 우리는 판사의 견해에 전적으로 동의합니다. 만일 그의 정책이 우리의 정책보다 혼혈을 방지하는 데 효과적이라면, 기꺼이 우리의 정책을 포기하고 그의 정책에 따르겠습니다. 한 번 따져볼까요? 1850년에 이 나라에는 40만 5,751명의 혼혈인이 있었습니다. 이들 가운데 백인과 자유흑인의 자손은 극소수에 불과합니다. 거의 대부분은 흑인노예와 백인주인 사이에서 태어났습니다. 혼혈을 방지하는 가장 완벽한 방책은 두 인종을 분리시키는 것입니다. 그러나 즉각적인 분리는 불가능하므로, 차선책은 두 인종이 아직 뒤섞이지 않은 곳에서 그들을 떼어놓는 것입니다. 백인과 흑인이 캔자스에서 함께 살지 않는다면, 그들이 캔자스에서 피를 섞지는 않을 것입니다. 이는 자명한 진리 가운데 하나입니다. 물론 소수의 자유 유색인이 자유주에 들어갈 수는 있겠지요. 그러나 그 수가 워낙 미미하기 때문에 혼혈을 우려할 정도는 아닙니다. 1850년에 자유주들에는 5만 6,649명의 혼혈인이 있었습니다. 그러나 대부분은 그곳에서 태어난 것이 아니라 이미 노예주가 되어 있던 다른 주에서 온 사람들이었습니다. 같은 해에 노예주들에는 그 주에서 태어난 혼혈인 34만 8,874명이 있었습니다. 자유흑인에 대한 자유혼혈인의 비율은 자유주에 비해 노예주에서 훨씬 높습니다. 자유주들 가운데 유색인을 백인과 거의 동등하게 대우하는 주에서 혼혈인의 비율이 가장 낮게 나타나는 현상은 주목할 만합니다. 혼혈이 가장 적게 이루어진다는 뜻이지요. 두 인종의 평등에 가장 근접해 있는 뉴햄프셔 주에는 혼혈인이 184명밖에 없지만, 버지니아에는 얼마나 많은 혼혈인이 있는지 아십니까? 모든 자유주의 혼혈인을 모두 합친 것보다 2만 3,126명이나 많은 7만 9,775명의 혼혈인이 있습니다.

이상의 통계는 노예제가 혼혈의 최대 원인임을 보여줍니다. 그 다음 원인은 자유흑인의 신분상승이 아닌 신분하락입니다. 그렇지만 더글러스 판사는 노예제 확대를 막을 최소한의 방지책이나 흑인에 대한 최소한의 인간적 배려가 혼혈을 부추길까 봐 두려워하고 있습니다.

친애하는 민주당은 연방을 구하겠다고 큰소리치지만, 드레드 스콧 소송은 혼혈을 조장하는 쪽이 공화당인지 아니면 민주당인지 분명하게 보여주고 있습니다. 이 소송에는 드레드 스콧 부부와 두 딸이 모두 관련되어 있습니다. 우리는 그들이 적어도 자유의 몸인지 아닌지에 관해서 발언할 권리가 있는 시민이었다는 사실을 법정이 인정해주기를 바랐습니다. 그리고 그들이 실제로나 법적으로 자유의 몸이었다고 결정해주기를 원했습니다. 우리의 바람대로 되었다면, 이 흑인소녀들이 자신의 피를 적어도 본인의 동의 없이 백인의 피와 섞을 가능성이 현저히 줄어들었을 것입니다. 그러나 더글러스 판사는 그들이 노예였고, 설령 자유의 몸이었다 하더라도 발언권을 갖는 시민이 아니었으며, 따라서 그들은 주인이 강요하는 첩살이에 예속될 수밖에 없고, 본의 아니게 혼혈인의 어머니가 될 수밖에 없다—모든 혼혈인의 10분의 9를 만들어낸 바로 그런 상태—는 판결을 받은 것에 기뻐하고 있습니다.

물론 저는 이 사건을 하나의 실례로 들었을 뿐이고, 드레드 스콧과 그 가족의 주인, 또는 일정 비율 이상의 주인들이 여성노예에 대해서 이 특별한 권한을 행사하고 싶어한다고 단정짓거나 암시할 의도는 없습니다.

이미 말씀드린 바와 같이 혼혈의 완벽한 예방책은 인종의 분리뿐입니다. 공화당의 모든 당원이 이 방안에 찬성한다거나 이 방안이 당론이라고 말할 권리는 저에게 없습니다. 공화당의 정강에 이 문제가 명시되어 있는 것도 아닙니다. 그러나 대다수의 당원이 그 방안을 지지한다는 것, 그리고 노예제 확대 반대라는 정강의 주요 조항이 분리를 지지한다는 것 정도는 말씀드릴 수 있습니다.

그런 분리는 입식(入植)을 통해 추진되어야만 실효를 거둘 수 있습니다. 현재 어떤 정당도 입식에 직결된 조치를 취하지 않고 있습니다. 다만 양당의 활동을 보면 간접적으로 입식을 촉진하거나 저지하는 정도입니다. 그것은 분명히 어려운 과제입니다. 그러나 "뜻이 있는 곳에 길이 있다"고 했습니다. 입식을 위해서는 무엇보다도 강인한 의지가 필요합니다. 의지는 도덕관념과 사적 이익이라는 두 가지 요인에서 비롯됩니다. 아프리카인을 그들의 고향땅으로 옮기는 것이 도덕적으로도 옳고 우리의 이익에도 도움이 된다고, 아니 적어도 방해가 되지는 않는다고 믿어봅시다. 이 일이 아무리 곤란하다 해도, 우리는 방법을 찾아낼 수 있을 것입니다. 40만 전사를 포함한 수많은 이스라엘의 자손들이 다 함께 이집트의 노예상태에서 벗어난 선례도 있지 않습니까?

민주당과 공화당의 정책이 입식을 위한 의지(여론)를 형성하는 데 간접적으로 어떤 영향을 미치고 있을까요? 공화당은 능력이 닿는 한도 내에서 흑인은 인간이고, 흑인이 노예상태에 있는 것은 대단히 잘못된 일이며, 흑인을 억압하는 지역이 확대되어서는 안된다고 주장합니다. 민주당은 흑인도 어엿한 인간임을 부정하고, 흑인의 노예상태가 잘못된 것임을 부정하거나 그 사안의 심각성을 축소하며, 흑인에 대한 동정심을 짓밟아버리고 오히려 증오심과 혐오감을 부채질하면서, 이런 일을 하는 자신을 연방의 구원자라고 자화자찬합니다. 그리고 노예제의 무한한 확대를 '신성한 자치권'이라고 부릅니다.

돈에 눈이 멀면 그 외에는 아무것도 보이지 않는 법입니다. 노예를 새로운 지방, 예컨대 캔자스로 보내서 1,500달러 이상을 받고 팔 수 있는데, 노예를 기꺼이 라이베리아로 보내면서 그의 배삯까지 지불할 사람은 거의 없을 것입니다.

나는 노예가 되고 싶지 않은 것처럼 주인도
되고 싶지 않다. 이것이 민주주의에 대한
나의 생각을 표현한 말이다.

"집이 분쟁하면" 연설
("House Divided" Speech)*
— 1858년 6월 16일, 스프링필드

* 링컨이 일리노이 주 스프링필드에서 열린 공화당 주대회 마지막 날 연방상원의원 후보로 지명되었을 때 행한 즉석연설이다. 이 연설에서 링컨은 "만일 집이 스스로 분쟁하면 그 집은 설 수 없다"라는 성서의 구절(「마가복음」 3장 25절)을 인용하여, 노예주와 자유주로 분열된 상태에서는 연방의 영속이 불가능하다고 지적한다. 즉 연방을 집에 비유하여 분열의 종식과 통일을 호소하고 있다.

이 연설을 하고 나서 약 두 달 뒤부터 링컨은 일리노이 주의 7개 선거구에서 현직 상원의원 더글러스와 치열한 논쟁을 벌였다(8월 21일~10월 15일). 이 논쟁에서 링컨은 노예제의 도덕적인 죄를 강조하면서 더글러스가 모든 인간은 평등하게 창조되었다고 선언한 독립선언서의 정신을 훼손하고 있다고 주장했고, 더글러스는 링컨을 연방대법원의 권위를 무시하는 급진적 노예제 폐지론자로 몰아붙였다.

8월 27일 일리노이 주 프리포트에서 열린 두 번째 토론회에서 링컨은 주민주권론과 드레드 스콧 판결의 모순을 문제 삼으며 더글러스를 공격했다. 이에 더글러스는 만약 준주의회가 노예재산을 보호하는 데 필요한 법률을 제정하지 않으면 노예제는 어떤 곳에서든 단 하루도 존재할 수 없다고 답했다. 이것이 이른바 '프리포트 선언'(Freeport Doctrine)이다. 이 선언 덕분에 더글러스는 상원의원에 다시 선출되었지만, 이 선언이 남부의 민주당원들을 격분시키면서 역풍을 맞는 바람에 결과적으로 민주당 내에서 그의 정치적 입지는 크게 약화되었다. 반면에 링컨은 선거에서 패하고도 공화당의 대의를 대표하는 정치인으로 주목받게 되었다.

대회의 의장님과 신사 여러분.

만일 우리가 현재 어디에 서 있고 어느 방향으로 나아가고 있는지를 알 수 있다면, 무엇을 해야 하고 그것을 어떻게 해야 할 것인가에 대해 좀 더 나은 판단을 내릴 수가 있을 것입니다.

우리가 노예제 지지자들의 선동에 종지부를 찍겠다는 목적을 공언하고 그 실현을 자신있게 약속하는 정책을 착수한 지 어언 5년이 되었습니다.

그 정책이 시행되고 있는 동안, 그들의 선동은 중단되기는커녕 오히려 점점 더 격화되어왔습니다.

제 생각에 선동은 장차 위기가 닥쳐 해소되기 전까지는 끝나지 않을 것입니다.

"만일 집이 스스로 분쟁하면 그 집은 설 수 없다."

저는 이 정부가 반(半)노예와 반(半)자유의 상태로 영속할 수는 없다고 믿습니다.

저는 연방이 해체되기를 바라지 않습니다. 집이 무너지기를 바라지도 않습니다. 제가 정말로 바라는 것은 연방이 분쟁을 중단하는 것입니다. 분쟁은 어느 일방의 완전한 승리로 끝날 것입니다.

노예제 반대자들이 노예제 확대를 저지하고 대중으로 하여금 그것이 궁극적으로 소멸될 운명에 처해 있다고 믿게 하든가, 아니면 노예제 옹호자들이 노예제를 계속 확대하여 마침내 신구(新舊)의 모든 주에서 즉 남부와 북부에서 노예제를 합법화하든가, 둘 중 하나로 막을 내릴 겁니다.

우리는 후자의 상태로 가는 경향을 보이는 것 아닐까요?

제 말이 의심스러우면 네브래스카 법과 드레드 스콧 판결이 혼합된 거의 완벽한 법률적 결합, 이를테면 하나의 기구를 주의 깊게 살펴보십시오. 이 기구가 무슨 일을 하는 데 적합한지, 그리고 얼마나 잘 적응하는지 생각해보시기 바랍니다. 또한 그 기구가 만들어진 연혁을 연구하여, 그것을 고안한 주요 보스들이 처음부터 어떤 의도를 갖고 어떻게 협력적으로 행동해왔는가를 추적해보시기 바랍니다. 만만치 않은 작업이므로 실패할 수도 있습니다.

1854년 새해가 밝았을 때 노예제는 반수 이상의 주에서는 주헌법에 의해, 그리고 대부분의 준주에서는 의회의 금지령(미주리 타협)에 의해 배제되고 있었습니다.

나흘 뒤에는 문제의 법안(네브래스카 법)이 상정되었고, 결국 의회의 금지령은 철회되었습니다.

이로써 전국의 모든 준주가 노예제에 문호를 개방하게 되었습니다. 그 기구의 첫 번째 목적이 달성되었던 셈이지요.

그러나 여기까지는 의회만의 행동이었습니다. 그리고 이미 획득한 발판을 굳히고 더 많은 걸 얻을 수 있는 기회를 잡기 위해, 인민의 지지(실제적인 것이든 형식적인 것이든)가 반드시 필요했습니다.

이 필요성은 간과되지 않았고, 이를 확보하기 위해 주민주권(住民主權) 또는 신성한 자치권이라는 유명한 주장이 대두되었습니다. 후자는 원래 모든 정부의 유일하고 합법적인 근거를 표현하는 말입니다만, 여기에서는 특별한 의도하에 심하게 왜곡되어 "한 사람이 다른 사람을 노예로 삼으려 할 때 제삼자는 그것에 반대할 수 없다"는 의미로 사용되고 있습니다.

이런 논지는 네브래스카 법 자체에서 다음과 같이 표현되고 있습니다. "이 법안이 진정으로 의도하고 의미하는 바는 준주 또는 주에서 노예제를 법제화하거나 배제하려는 것이 아니라, 미국의 헌법에 저촉되지 않는 범위 내에서 자체적으로 제도를 제정하고 규제할 수 있도록 그 주민들을 완벽하게 자유로운 상태로 내버려두는 것이다."

그후 '주민주권'과 '신성한 자치권'을 옹호하는 천박한 선언이 울려 퍼졌습니다.

반대파는 "그러나 이 법안을 수정해서 준주의 주민들은 노예제를 배제할 수도 있다는 점을 좀 더 명확히 해두도록 하자"고 응수했습니다. 이 법안의 지지자들은 "그럴 수 없다"고 답하며 이 수정안을 부결시켰습니다.

네브래스카 법안이 의회에서 통과되는 동안, 어떤 소송사건이 미주리 지원(支院)의 세인트루이스 순회법정을 거쳐 상급법원(미주리 주 대법원)에서 심리되고 있었습니다. 이 사건은 한 흑인의 자유에 관한 것으로, 이 흑인의 소유주가 자진해서 그를 처음에는 자유주로, 다음에는 의회의 금지령이 미치는 준주로 데리고 가서 오랫동안 노예로 소유하고 있었으므로, 이 흑인은 자유의 몸이라는 것이 변호인단의 주장이었습니다. 1854년 5월에 네브래스카 법안과 이 소송사건에 대한 결정이 내려졌습니다. 이 흑인의 이름은 드레드 스콧으로, 현재 이 사건의 최종판결은 그의 이름을 따서 드레드 스콧 판결로 불리고 있습니다.

이 사건은 차기 〔15대〕 대통령 선거 전에 연방대법원에 상고되어 심리되었지만, 판결은 선거 뒤로 연기되었습니다. 선거 전에 라이먼 트럼벌 상원의원[1]이 의회에서 네브래스카 법안의 주도적인 옹호

1. Lyman Trumbull, 1813~1896. 판사 출신의 정치가. 일리노이 주 선출 연방상원의원(1855~1873)을 지냈다.

자인 더글러스에게 준주의 주민이 노예제를 그들의 땅에서 배제하는 것이 헌법상 가능한지 여부에 대한 의견을 밝혀달라고 요구했을 때, 더글러스는 "그것은 연방대법원이 결정할 문제"라고 답했습니다.

선거 결과 뷰캐넌 후보가 〔15대 대통령에〕 당선됨으로써 사실상의 승인을 얻었습니다. 이로써 제2의 목적이 달성된 셈입니다. 하지만 그는 과반수 득표에 실패했기 때문에(그는 경쟁자들의 총득표수보다 40만 표 가량 적은 표를 얻었습니다), 이 승인은 전폭적인 신뢰와는 거리가 먼 불만족스러운 것이었습니다.

임기가 끝나가는 대통령〔피어스〕은 자신의 마지막 연례교서에서 사람들에게 대단히 인상적으로 그 승인의 중요성과 권위에 대해서 공감을 표했습니다.

연방대법원은 재판을 재개했지만, 판결은 내리지 않고 쟁점의 재론을 명했습니다.

대통령 취임식이 다가와도, 대법원은 여전히 판결을 내리지 않았습니다. 신임 대통령은 취임연설에서 임박한 판결이 어떤 식으로 내려지든 그것을 지지해줄 것을 사람들에게 간곡히 호소했습니다.

그리고 며칠 뒤에 판결이 내려졌습니다.

네브래스카 법안의 유명한 입안자는 일찌감치 이 의사당에서 연설할 기회를 얻어 드레드 스콧 판결을 지지한다고 선언하고 판결에 대한 모든 반대를 통렬히 비판했습니다.

새 대통령도 때를 놓칠세라 실리먼 서한[1]에서, 이 판결을 지지하

1. 예일 대학 화학교수 벤저민 실리먼을 비롯한 코네티컷의 유권자 43명이 보낸 서한에 대한 뷰캐넌 대통령의 답장을 말한다. 실리먼 교수 등은 행정부가 노예제에 반대하는 캔자스의 주민들을 진압하기 위해 군대를 파견하고 그들에게 자신들이 제정하지도 않은 법(리콤프턴 헌법)을 받아들이라고 강요하는 것은 헌법의 근본원리를 침해하는 것이라고 항의했는데, 이에 대해 뷰캐넌 대통령은 드레드 스콧 판결을 인용하면서 미

고 단호하게 해석한 다음 지금까지 상이한 견해가 있었다는 것 자체가 놀랍다는 소감을 밝혔습니다.

마침내 대통령과 네브래스카 법의 기초자 사이에 리콤프턴 헌법이 올바른 의미에서 캔자스 주민들에 의해 제정된 것이냐 아니냐 하는 단순한 사실의 문제를 놓고 사소한 언쟁이 벌어졌습니다. 이 언쟁에서 후자는 자신이 바라는 바는 오로지 주민에게 공정한 투표의 기회를 부여하는 것이므로, 노예제가 표결에 의해 부결되든 가결되든 조금도 상관없다고 공언하고 있습니다. 투표결과에 연연하지 않는다는 그의 공언은 자신이 대중에게 각인시키고 싶은 정책을 적당히 정의하려는 의도에서 비롯된 것이라고 저는 확신합니다. 그는 그 정책의 원칙을 지키기 위해 지금까지 고통당해왔고 끝까지 고통당할 각오가 되어 있다고 말하고 있습니다.

그가 그 원칙에 매달리는 것은 당연한 일입니다. 만일 그가 그 법안에 애정을 느낀다면, 당연히 그것에 매달리겠지요. 그 원칙이야말로 그가 애초에 제시한 네브래스카 선언에서 유일하게 남아 있는 파편입니다. 드레드 스콧 판결에 의해 '주민주권론'은 가건물처럼 허물어져 형체도 없이 사라져버렸습니다. 주물공장의 모래주형이 한 번 사용되고 나면 폐기되듯이, 그 원칙도 선거 승리에 일조한 뒤에는 버려지고 말았습니다. 그는 최근에 공화당과 연합하여 리콤프턴 헌법에 반대하는 투쟁을 하고 있습니다만, 이 투쟁은 원래의 네브래스카 선언과는 아무 상관이 없습니다. 그 투쟁은 주민들이 자신의 헌법을 제정할 권리를 갖는다는 논거에 입각한 것으로, 이 논거에 관해서는 그와 공화당원들이 의견을 달리한 적이 없습니다.

국의 헌법하에서 캔자스에는 노예제가 과거에도 존재했고 지금도 존재하므로 자신의 조치에는 아무런 문제가 없다고 주장했다.

드레드 스콧 판결의 몇 가지 논거는 "결과에 상관없다"는 더글러스 상원의원의 정책과 결합되어 현재상태로 발전한 기구를 만들어냈습니다. 이로써 제3의 목적이 달성된 셈입니다. 이 기구를 작동시키는 논거들은 다음과 같습니다.

첫째, 아프리카에서 노예로 수입된 흑인과 이런 노예의 후손은 그 어떤 주의 시민—미국헌법에서 사용되는 것과 같은 의미에서—도 될 수 없다.

이 주장은 "각 주의 시민들은 다른 주의 시민들에게 보장된 모든 특권과 면책권을 향유할 권리를 갖는다"고 선언한 미국헌법의 조항(4조 2절 1항)이 주는 편의를 흑인으로부터 완전히 박탈하려는 것입니다.

둘째, "미국헌법에 따르면" 연방의회도 준주의회도 미국의 준주에서 노예제를 배제할 수 없다.

이 주장은 개인이 노예라는 재산을 상실할 위험을 미리 없애고 준주들을 노예들로 가득 채울 수 있게 함으로써 장차 노예제를 영속화할 발판을 마련하려는 것입니다.

셋째, 자유주에서 흑인을 실질적인 노예상태로 보유할 경우 그 노예가 소유주의 의사에 상관없이 자유를 얻을 수 있는가 여부는 연방대법원에서 결정되는 것이 아니라, 그 노예가 주인에게 강제로 끌려갔던 노예주(奴隸州)의 법정에서 결정되어야 한다.

이 주장은 즉각적인 적용을 강요하기 위한 것은 아니지만, 만일 한동안 묵인되다가 선거에서 인민에 의해 명백하게 승인되고 나면, 드레드 스콧의 주인이 일리노이 자유주에서 드레드 스콧을 합법적으로 노예로 소유했던 것처럼 모든 노예 소유주가 일리노이를 비롯한 모든 자유주에서 노예를 한 명이든 천 명이든 합법적으로 소유할 수 있다는 논리적 결론을 뒷받침하는 근거가 될 것입니다.

이상의 논거에 발맞추어, 네브래스카 선언 또는 그 잔재는 노예제가 부결되든 가결되든 조금도 상관없다는 여론을, 적어도 북부에서 조성하려 하고 있습니다.

이는 우리가 어디에 서 있는지를 정확하게 말해주는 동시에 어느 방향으로 나아가고 있는지를 어느 정도 보여주는 것이기도 합니다.

이미 말씀드린 일련의 역사적 사실을 돌이켜 생각해보면, 우리가 어느 방향으로 나아가고 있는지가 좀 더 분명해질 것입니다. 처음에 발생했을 때는 애매모호하고 신비롭기만 하던 일들 가운데 이제는 그 의미가 명백해진 것이 적지 않습니다. 인민은 "헌법에 복종하는 한 완전히 자유롭다"는 주장을 예로 들어봅니다. 도대체 헌법이 인민의 자유와 무슨 관련이 있다는 것인지 당시에 국외자들은 알 수 없었습니다. 이제는 명백하게 밝혀진 일이지만, 헌법은 인민의 완전한 자유란 실은 완전한 부자유라고 선언하는 드레드 스콧 판결이 사후에 끼워 맞춰지게 될 안성맞춤의 적소(適所)였던 것입니다.

왜 노예제를 배제할 수 있는 인민의 권리를 명시적으로 선언한 수정안이 부결되었을까요? 이제 그 이유가 명백해졌습니다. 그 수정안을 채택하면 드레드 스콧 판결을 위한 적소가 훼손되기 때문이었습니다.

왜 연방대법원의 판결이 연기되었을까요? 왜 상원의원의 개인적인 견해 표명조차 대통령 선거 이후로 미뤄졌을까요? 이제 아주 명백해진 일입니다만, 그 판결과 견해를 미리 공표했다면 선거 승리에 필요한 인민의 '완전한 자유'라는 주장이 손상될 수밖에 없었기 때문입니다.

왜 떠나가는 대통령이 그 승인에 대해서 축하했을까요? 왜 재판의 쟁점이 재론되었을까요? 왜 신임 대통령이 판결을 지지해달라고 미리 호소했을까요?

이런 일들은 기수가 사나운 말을 타기 전에 말이 자신을 떨어뜨리지 않을까 염려하여 조심스럽게 말을 토닥거리며 쓰다듬는 것과 비슷해 보입니다.

왜 대통령과 그 밖의 인사들은 판결에 대한 사후승인을 서둘렀을까요?

이 모든 일이 사전합의의 결과인지는 절대로 알 수 없습니다. 우리는 용도가 다른 다수의 건축용 목재가 서로 다른 시간, 다른 장소에서 상이한 일꾼들, 이를테면 스티븐 더글러스, 프랭클린 피어스, 로저 토니, 제임스 뷰캐넌에 의해 입수된 것이라는 사실을 알고 있습니다. 그러나 이런 목재들이 조립되어 집이나 공장의 뼈대를 이룰 때, 문장부와 문둔테구멍이 정확하게 맞고, 용도가 다른 목재들의 치수가 각각의 자리에 딱딱 들어맞으며, 단 한조각의 목재도 모자라거나 남는 일이 없다면, 또는 목재 하나가 부족한데 뼈대 쪽에 그 하나를 넣을 자리가 마련되어 있다면, 스티븐·프랭클린·로저·제임스가 처음부터 서로를 이해하고 있었고, 최초의 공격이 가해지기 전에 이미 마련되어 있던 공동의 계획이나 설계에 따라 함께 작업하고 있었다고 믿지 않을 수 없습니다.

네브래스카 법에 의해 준주와 주의 인민은 "헌법에 복종하는 한 완전히 자유로운" 상태였다는 사실을 간과해서는 안됩니다.

왜 주를 거론하는 것일까요? 그들은 주가 아니라 준주에 관한 법률을 제정하고 있었습니다. 분명히 주(州)의 인민은 연방헌법에 복종하고 있고 또 당연히 복종해야 합니다. 하지만 무엇 때문에 이 점을 단순한 준주의 법에 끼워 맞추려는 것일까요? 왜 준주의 인민과 주의 인민이 그 법에서는 똑같이 다루어지고, 헌법에 대한 그들의 관계도 그 법에서는 완전히 똑같은 것으로 취급되는 것일까요?

드레드 스콧 사건에서 재판장 토니가 밝힌 연방대법원의 판결이유와 이에 동조한 판사들의 개별의견은 연방헌법이 연방의회나 준주의회가 미국의 모든 준주로부터 노예제를 배제하는 것을 허용하지 않는다고 명시적으로 선언하고 있습니다. 그러나 그들은 같은 헌법이 주 또는 그 인민에게 노예제 배제를 허용하고 있는지에 대해서는 선언을 생략하고 있습니다.

어쩌면 이것은 단순한 생략이었을지도 모릅니다. 그러나 만약 매클레인이나 커티스[1]가 주의 인민은 그 영내로부터 노예제를 배제할 수 있는 무제한의 권력을 갖는다는 선언을 판결내용에 포함시키려 했다면, 부결되지 않을 것이라고 누가 장담할 수 있겠습니까? 체이스와 메이시[2]가 준주의 인민을 위해 네브래스카 법안에 그와 같은 선언을 집어넣으려고 노력하다가 실패하지 않았습니까?

넬슨 판사[3]는 노예제에 대한 주의 권한을 선언하기 직전까지 갔습니다. 그는 네브래스카 법안과 조금도 다름없는 발상과 거의 동일한 용어를 사용해서 몇 번이나 그 일을 하려고 했습니다. 그는 언젠가 다음과 같이 말했습니다. "연방헌법에 의해 권한이 제한되지 않는 한 주법(州法)은 그 영내에서 노예제 문제에 대해 최고의 권한을 갖는다."

1. 이 두 사람은 드레드 스콧 판결에서 다수의견에 반대한 판사이다.
2. Salmon P. Chase(1808~1873)는 오하이오 주 상원의원이고, Daniel Macy(1811~1867)는 인디애나 주 하원의원으로, 둘 다 네브래스카 법안에 반대했다. 체이스는 링컨이 대통령이 된 뒤 재무장관과 연방대법원장을 지냈다.
3. Samuel Nelson, 1792~1873. 드레드 스콧 판결에서 판결 자체에는 동의했지만 판결이유에 대해서는 이견을 보인 판사.

그러나 어떤 경우에 주의 권한이 연방헌법에 의해 제한되는가 하는 문제는, 준주의 권한이 어떻게 제한되느냐 하는 문제가 네브래스카 법에서 해결되지 않았던 것과 마찬가지로 미해결문제로 남았습니다. 이 두 가지 사실을 종합하면, 머지않아 연방대법원의 또 다른 판결, 즉 연방헌법은 주가 그 영내로부터 노예제를 배제하는 것을 허용하지 않는다고 선언하는 판결이 또 하나의 멋진 적소에 끼워 맞춰지는 것을 보게 될 것입니다.

그런 일이 벌어질 가능성은 다분합니다. "노예제가 부결되든 가결되든 조금도 상관없다"는 주의가 대중의 호응을 얻어서 그런 판결이 내려진다 해도 반드시 지지될 것이라는 전망이 유력해진다면 말입니다.

그런 판결만 있으면 노예제가 모든 주에서 합법화될 수 있는 길이 열리게 됩니다.

좋든 싫든 그런 판결은 아마도 가까운 시일 안에 이루어질 것이고, 현재 정권을 잡고 있는 왕조[민주당]가 도전에 직면하여 전복되지 않는 한 조만간 우리를 압박할 것입니다.

우리는 미주리의 인민이 자기네 주를 자유롭게 만들 날이 얼마 남지 않았다고 상상하며 기분 좋게 잠자리에 들었다가, 연방대법원이 일리노이를 노예주로 만들어버렸다는 청천벽력 같은 소식에 놀라 잠에서 깨어나게 될 것입니다.

그 왕조의 권력과 싸워서 그 정권을 타도하는 일이 그런 판결을 원치 않는 모든 사람 앞에 놓인 과제입니다.

그것이 우리의 의무입니다.

그런데 어떻게 하면 그 의무를 가장 잘 이행할 수 있을까요?

친구들끼리는 우리를 공공연히 비난해놓고, 우리에게 다가와서는 더글러스 상원의원이야말로 그 목적을 달성하는 데 필요한 최적의 도구라고 부드럽게 속삭이는 사람들이 있습니다. 하지만 그들도 그가 과연 그런 목적을 달성하고 싶어하는지에 대해서는 아무 말이 없습니다. 그들은 그가 왕조의 수장과 다소 사이가 좋지 않다는 사실, 그리고 그와 우리가 종전부터 의견의 일치를 보고 있던 하나의 문제에 관해 그가 요즘 우리 편에 서서 투표하고 있다는 사실을 상기시키면서, 우리보고 알아서 판단하라고 말합니다.

그들은 그가 위인이고, 우리들 가운데 가장 걸출한 인물도 그에 비하면 초라하기 짝이 없다고 말합니다. 이 점은 인정하기로 하지요. 그러나 "산 개가 죽은 사자보다 낫습니다."〔「전도서」 9장 4절〕 우리의 목적을 놓고 생각할 때, 더글러스 판사는 죽은 사자는 아니라 하더라도, 적어도 우리에 갇힌 이빨 빠진 사자에 불과합니다. 어떻게 그가 노예제 확대에 반대할 수 있겠습니까? 그는 그런 일에 아무런 관심도 없습니다. 그가 공언하는 사명은 노예제에 대해 무관심해지라고 '대중의 마음'을 흔드는 것입니다.

민주당의 더글러스파를 지지하는 한 유력 신문은 아프리카 노예무역의 부활을 막기 위해서는 더글러스의 탁월한 재능이 필요하다는 논조를 펴고 있습니다.

더글러스는 그런 무역을 부활시키려는 노력이 시작될 걸로 믿고 있을까요? 그가 그렇다고 말한 적은 없습니다. 그렇지만 그가 정말로 그렇게 생각하고 있다고 해도, 그가 어떻게 반대할 수 있겠습니까? 그는 수년에 걸쳐 흑인노예를 새로운 준주로 데려가는 것이 백인의 신성한 권리임을 입증하려고 노력해왔습니다. 노예를 가장 싸게 살 수 있는 곳에서 노예를 사는 것이 덜 신성한 특권이라는 것을 그가 무슨 수로 입증하겠습니까? 물론 버지니아보다는 아프리카에서 노예를 싸게 살 수 있다는 것은 두말하면 잔소리지요.

그는 노예제에 관한 모든 문제를 단순한 재산권의 문제로 축소시키려고 전력을 기울여왔습니다. 그런 그가 어떻게 외국과의 노예무역에 반대할 수 있겠습니까? 어떻게 그 '재산'의 거래가 '완전히 자유로워야 한다'는 것을 부정할 수 있겠습니까? 국내산 노예를 보호한다는 구실로 노예무역을 거부하지 않는 한 그가 할 수 있는 일은 아무것도 없습니다. 그리고 국내의 노예 생산자들은 그런 보호를 요구하지도 않을 게 뻔하므로, 그에게는 반대할 근거가 전혀 없는 셈입니다.

인간은 어제보다 오늘 더 현명한 법이고, 스스로의 잘못을 깨달으면 당연히 고치려 한다는 것이 더글러스 상원의원의 지론입니다.

그러나 그의 지론이 그렇다는 이유로 그가 아무런 언질도 주지 않는 상황에서, 그가 특정한 문제에 관해 생각을 바꿀 것이라고 우리가 앞질러 추론할 수가 있을까요? 우리의 행동이 그런 막연한 추론을 근거로 해도 괜찮을까요?

저는 여태까지 그래왔듯이 지금도 더글러스 판사의 입장을 잘못 전하거나 그의 동기를 의심하거나 그를 개인적으로 공격할 생각은 없습니다.

언제가 될지는 모르지만 만약 우리의 대의가 그의 큰 능력으로부터 도움을 얻기 위해 그와 우리가 원칙적으로 화해를 할 수 있다면 어떤 방해도 없었으면 좋겠습니다.

그러나 분명한 점은 현재로서는 그가 우리 편이 아니라는 것입니다. 그는 우리 편인 척한 적도 없었거니와 우리 편이 되겠다고 약속하지도 않습니다.

따라서 우리의 운동은 헌신적인 동지들, 즉 자유롭게 이 과업에 전념하며 그 결과에 관심을 기울이는 동지들이 맡아서 추진해야 합니다.

2년 전에 전국의 공화당원은 그 수가 130만을 넘어섰습니다.

우리는 모든 외적인 상황이 우리에게 불리한 가운데, 공동의 위험에 저항한다는 일념 하나로 이런 당원수에 이르게 되었습니다.

우리는 서로 알지도 못하고 이질적이며 적의까지 갖고 있는 사람들을 사방팔방에서 모아 조직을 만들었고, 잘 훈련되고 자신만만하고 방자한 적의 끊임없는 집중공세를 받으면서도 끝까지 싸워왔습니다.

그때는 용감히 싸우다가 지금, 즉 그 적이 혼란과 분열에 흔들리고 있는 지금 뒷걸음질친다면 말이 되겠습니까?

결과는 의심의 여지가 없습니다. 우리는 지지 않습니다. 우리가 꿋꿋이 서 있는다면 우리는 절대로 지지 않을 것입니다.

현명한 회의는 승리를 앞당길 것이고, 실수는 승리를 지연시키기도 하겠지만, 머지않아 승리의 그날이 반드시 올 것입니다.

쿠퍼 인스티튜트 연설*

— 1860년 2월 27일, 뉴욕

* 쿠퍼 인스티튜트는 뉴욕 맨해튼에 위치한 사립대학으로 오늘날 쿠퍼 유니언의 전신(前身)이다. 입학생 전원에게 전액 장학금을 지급하는 것으로 유명한 이 대학은 미국 최초의 증기기관차 엔진을 발명한 사업가 피터 쿠퍼가 1859년에 설립했다. 이 대학의 대강당은 미국사를 빛낸 유명인들의 강연장으로 자주 이용되었다.

1858년 일리노이 주 상원의원 선거에서 더글러스에게 패한 뒤, 링컨은 정치적 재기를 노리고 있었다. 그래서 1859년부터 다망한 변호사 활동 중에도 틈날 때마다 위스콘신·인디애나·오하이오·아이오와·캔자스의 여러 도시에서 연설을 했다. 연설의 주제는 노예제였다. 그는 노예제를 필요악으로 규정하고, 노예제가 미국의 새 준주들로 확대되는 것을 막아야 한다고 역설했다. 그리고 그해 10월 뉴욕의 공화당원들로부터 강연초청장을 받았는데, 이것은 그에게 이 대도시에 자신의 존재를 알릴 수 있는 좋은 기회였다. 링컨은 열과 성을 다해 원고를 준비했다. 연방의회가 준주에서 노예제를 규제할 권한이 없다는 연방대법원의 드레드 스콧 판결에 결함이 있다고 확신한 링컨은 자신의 논지를 입증하기 위해 연방의회에서 활동한 헌법의 기초자들이 노예제 문제에 관해 어떤 의사표시를 했는지 관련 문헌들을 꼼꼼하게 조사했다.

링컨은 사흘 동안 다섯 번 기차를 갈아타고 뉴욕에 도착했고, 2월 27일 저녁에 쿠퍼 인스티튜트 대강당의 연단에 올랐다. 1,500명의 청중 대부분은 열성적인 공화당원들이었다. 그 중에는 『뉴욕트리뷴』지의 편집인인 호러스 그릴리(Horace Greeley) 같은 유명인사도 다수 포함되어 있었다. 이 연설에서 링컨은 연방헌법에 서명한 인사들 가운데 훗날 의회에서 노예제 규제에 찬성표를 던진 인사들의 이름을 거명하면서, 미국의 기틀을 마련한 선조들이 의회의 노예제 규제를 승인했다는 사실을 역설했다. 청중은 일리노이에서 온 정치인의 말에 귀를 기울였고, 그의 논리 정연한 연설에 완전히 매료되었다.

링컨의 연설들 가운데 가장 긴 편에 속하는 「쿠퍼 인스티튜트 연설」은 그의 세심한 준비와 설득력 있는 주장 덕분에 상당한 반향을 불러일으켰다. 한 시간 이상 계속된 연설은 열광적인 환호 때문에 자주 중단되었다고 한다. 뉴욕의 일간지들은 이튿날 링컨의 연설문을 게재했고, 특히 『뉴욕타임스』지는 그의 연설 소식을 대서특필했다. 이 연설을 계기로 지명도를 한껏 높인 링컨은 그해 5월 시카고에서 열린 공화당 전당대회에서 쟁쟁한 라이벌들을 제치고 공화당 대통령 후보로 지명되었다.

의장님, 그리고 친애하는 뉴욕 시민 여러분.

오늘 저녁에 제가 다루고자 하는 사실들은 주로 오래되고 친숙한 것입니다. 또한 그 사실들을 이용하는 방법도 특별히 새로운 것은 아닙니다. 만약 새로운 것이 있다면, 사실들을 진술하는 방법, 그리고 그 진술에 이은 저의 추론과 소견 정도일 것입니다.

『뉴욕타임스』지가 전하는 바에 의하면, 더글러스 상원의원은 작년 가을 오하이오 주 콜럼버스에서 다음과 같이 말했습니다.

"우리의 선조들이 우리가 살고 있는 현재의 정체(政體)를 만들었을 때, 그들은 이 문제를 현재의 우리 못지않게, 아니 우리 이상으로 잘 이해하고 있었습니다."

저는 이 말을 전적으로 지지하며, 이 말을 오늘 강연의 인용구로 삼고자 합니다. 그도 그럴 것이 이 말은 공화당원과 더글러스 상원의원을 수장으로 떠받드는 민주당 내 일파와의 토론을 위한 명명백백한 공통의 출발점을 마련해주기 때문입니다. 우리의 탐구과제는 간단합니다. "우리의 선조들은 방금 언급한 문제를 어떻게 이해하고 있었을까?"입니다.

우리가 살고 있는 현재의 정체의 기틀은 무엇일까요?

그 답은 당연히 미국헌법입니다. 미국헌법은 1787년에 제정된 원본헌법(original Constitution)과 그후에 제정된 12개조의 수정헌법으로 이루어져 있으며, 이 원본헌법하에서 현재의 정부가 작동하기 시작했습니다. 수정헌법 첫 10개조는 1789년에 제정되었습니다.

헌법을 제정한 우리의 선조들이란 누구를 말하는 것일까요? 저는 원본헌법에 서명한 39인을 우리 정부의 뼈대를 만든 우리의 선조들이라 불러도 무방하다고 생각합니다. 그들이 헌법을 제정했다고 해도 과언은 아니고, 그들이 당시 전 국민의 여론을 충분히 반영했다고 해도 전혀 틀린 말이 아닙니다. 그들의 이름은 거의 모든 사람이 알고 있고, 설령 모른다 하더라도 쉽게 찾아볼 수 있으므로 여기서 되풀이할 필요는 없을 것입니다.

저는 일단 이 '39인'을 '우리가 살고 있는 현재의 정체를 만든 우리의 선조들'로 삼겠습니다.

예의 인용구에 따르면 이 선조들은 그 문제를 "현재의 우리 못지않게, 아니 우리 이상으로 잘" 이해하고 있었다는데, 도대체 그 문제란 무엇일까요?

그것은 다름이 아니라 연방과 지방의 적당한 분권이, 또는 헌법의 어떤 조문이 우리의 연방정부에 의해 연방의 영토 내에서 노예제가 규제되는 것을 금하고 있는가 아닌가 하는 문제입니다.

이에 대해 더글러스 상원의원은 금하고 있다고 하고, 공화당원은 아니라고 합니다. 이 긍정과 부정이 논쟁을 유발하게 된 것인데, 인용구는 바로 이 쟁점, 즉 이 문제를 우리의 선조들이 "우리 이상으로 잘" 이해하고 있었다고 선언하고 있습니다.

일단 39인, 또는 그들 가운데 누군가가 이 문제에 관해 의사표시를 한 적이 있는지 살펴보도록 합시다. 그런 사람이 있었다면, 어떤 의견을 표명했는지, 다시 말해서 우리보다 잘 이해하고 있는 바를 어떻게 표현했는지 살펴보도록 합시다.

헌법 제정 3년 전인 1784년에는 노스웨스트테리토리[1]가 미국의

1. Northwest Territory. 정식명칭은 Territory Northwest of the River Ohio(오하이오 강 북서부 영토). 1783년 파리조약에 의해 영국으로부터 양도받은 앨러게니 산맥 이서의 미시시피 강에 이르는 지역의 일부이며, 오하이오 강 북서쪽에 펼쳐진 광대한

유일한 영토(Territory)였는데, 연합회의[1]는 이 영토에서 노예제를 금지할 것인가 말 것인가 하는 문제에 직면했습니다. 훗날 헌법을 제정한 39인 가운데 4인이 그 회의에 참가하여 그 문제에 대해 투표를 했습니다. 그 중에서 로저 셔먼, 토머스 미플린, 휴 윌리엄슨은 금지에 찬성표를 던짐으로써, 연방과 지방의 분권을 명시한 연방정부에 의해 연방의 영토 내에서 노예제가 규제되는 것을 정식으로 금하고 있지는 않다는 생각을 나타냈습니다. 나머지 한 명인 제임스 맥헨리는 금지에 반대하는 투표를 했는데, 이것은 그가 몇 가지 이유 때문에 금지안에 찬성하는 것에 대해 부당하다고 생각했다는 것을 보여주고 있습니다.

헌법 제정 전인 1787년, 헌법제정회의[2]가 열리고 있고 노스웨스트테리토리가 미국의 유일한 영토였던 시절에, 이 영토에서 노예제를 금지하는 동일한 문제가 다시 연합회의의 의제로 올라왔습니다. 훗날 헌법에 서명한 39인 가운데 다른 의원 2인이 이 회의에서 그 문제에 대해 투표했습니다. 윌리엄 블런트와 윌리엄 퓨가 금지에 찬성

땅을 차지하고 있다. 이 지방은 1785년의 공유지조례(Land Ordinance)에 의해 공유지가 되었다. 그후 측량을 통해 사방6마일의 타운십으로 구획된 다음 각 타운십을 사방 1마일의 36구역(section)으로 나눈 상태에서 입식자에게 판매되었다. 1787년에 북서부 조례(Northwest Oridiance)가 제정되어 노스웨스트테리토리에 설립될 정체(政體)가 정해졌다. 이 조례에 따르면 우선 노스웨스트테리토리는 연합회의에서 임명한 총독(Governor)에 의해 통치되며, 자유성인남성이 5천 명에 이르면 준주의회가 설립되고, 다시 자유성인남성인구가 6만 명에 이르고, 공화주의에 입각한 주헌법이 제정되면 연방 가입 승인을 받아 주(州)가 된다. 이렇게 단계적인 연방가입방식을 확립함으로써 식민주의를 부정하고 독립을 쟁취한 미국은 항구적인 식민지를 만들지 않고도 영토를 확장하는 것이 가능해졌다. 노스웨스트테리토리는 오늘날의 오하이오 주, 일리노이 주, 미시건 주, 인디애나 주, 위스콘신 주를 이루게 되었다.

1. 1781년 3월 1일부터 1789년 3월 4일까지 미국의 통치기구로, 연방의회의 전신이다. 각 주 의회에서 임명된 대표들로 구성되어 있었다.
2. 1787년 5월 14일에서 9월 17일까지 필라델피아에서 열린 회의.

표를 던짐으로써, 연방과 지방의 분권을 명시한 어떤 법령도 그리고 그 밖의 어떤 것도 연방정부에 의해 연방의 영토 내에서 노예제가 규제되는 것을 정식으로 금하고 있지는 않다는 생각을 나타냈던 것입니다. 이때 노예제 금지는 오늘날 1787년 조례[1]라고 알려져 있는 법령의 일부가 되었습니다.

영내에서 노예제를 규제하는 연방의 권한이라는 문제는 헌법제정회의에서는 직접 거론되지 않았던 것으로 보입니다. 따라서 헌법제정에 관여하고 있던 39인 가운데 이 문제에 대해 개인적인 소신을 밝힌 사람이 있다는 기록은 없습니다.

1789년에 헌법이 제정된 뒤 개최된 첫 번째 의회에서는 노스웨스트테리토리의 노예제 금지를 포함한 1787년 조례의 시행을 위한 법령이 통과되었습니다. 이 법안은 39명 가운데 한 사람이자 당시 펜실베이니아 선출 연방하원의원이었던 토머스 피츠시먼스에 의해 발의되었습니다. 이 법안은 단 한 건의 반대도 없이 모든 절차를 거쳐 결국 상하 양원을 통과했으므로, 만장일치로 통과된 것이나 마찬가지입니다. 이 의회에는 헌법을 기초한 39인 가운데 16인이 의원으로 활동하고 있었습니다. 그들의 이름은 존 랭던, 니콜러스 길먼, 윌리엄 S. 존슨, 로저 셔먼, 로버트 모리스, 토머스 피츠시먼스, 윌리엄 퓨, 에이브러햄 볼드윈, 루퍼스 킹, 윌리엄 패터슨, 조지 클라이머, 리처드 배셋, 조지 리드, 피어스 버틀러, 대니얼 캐럴, 제임스 메디슨입니다.

이는 연방과 지방의 분권을 명시한 어떤 법령도 헌법의 어떤 조문도 연방의회에 의해 연방의 영토 내에서 노예제가 규제되는 것을

1. 북서부조례(Northwest Oridiance)를 말한다. 92~93쪽의 각주 참조.

정식으로 금하고 있지는 않다고 그들이 이해하고 있었다는 것을 보여줍니다. 그렇지 않았다면 올바른 원칙을 지키고 헌법을 수호하겠다고 맹세한 만큼 그들은 노예제 금지에 반대할 수밖에 없었을 것입니다.

또한 39인 가운데 한 사람인 조지 워싱턴도 당시 미국의 대통령으로서 그 법안에 동의하고 서명했습니다. 이런 식으로 그 법안에 법률적 효력을 부여함으로써, 그도 연방과 지방의 분권을 명시한 어떤 법령도 헌법의 어떤 조문도 연방정부에 의해 연방의 영토 내에서 노예제가 규제되는 것을 정식으로 금하고 있지는 않다는 자신의 의견을 표명했던 것입니다.

원본헌법이 채택되고 나서 얼마 뒤에 노스캐롤라이나는 현재의 테네시 주에 해당하는 지역을 연방정부에 이양했습니다(1790). 그리고 몇 년 뒤에는 조지아가 오늘날의 미시시피 주와 앨라배마 주에 해당하는 땅을 이양했습니다(1798). 이 두 이양에서 노스캐롤라이나와 조지아는 연방정부가 이양된 지역에서 노예제를 금지해서는 안된다는 조건을 달았습니다. 그리고 노예제는 이양된 지역에서 실제로 행해지고 있었습니다. 이런 사정 때문에, 의회는 그 지역을 관할하면서 그곳의 노예제를 완전히 금지하지는 않았습니다만, 그럼에도 그곳에서 노예제에 어느 정도 개입을 했습니다. 1798년에 의회는 미시시피 준주를 조직했습니다. 준주 조직법에서 의회는 미시시피 준주로 노예를 들여오는 것을 금하고, 이것을 어긴 자에게는 벌금을 부과하고 들여온 노예에게는 자유를 주게 했습니다. 이 법률은 별다른 이의 없이 양원을 통과했습니다. 이 의회에는 원본헌법을 제정한 39인 가운데 존 랭던, 조지 리드, 에이브러햄 볼드윈이 의원으로 활동하고 있었습니다. 그들은 모두 그 법안에 찬성투표를 했을 것으로 짐작됩니다. 만약에 그들이 연방과 지방의 분권이나 헌법의 어떤 조문에 의해 연방정부가 연방의 영토에서 노예제를 규제하는 것이 정식으로 금지되고 있다고 판단했다면, 그들의 반대가 당연히 기록에 남았을 것입니다.

1803년에 연방정부는 루이지애나 지방을 사들였습니다. 그때까지 우리가 획득한 영토는 우리의 주(州)에서 형성되었지만, 이 루이지애나 지방은 외국으로부터 획득한 것이었습니다. 1804년에 의회는 현재 루이지애나를 이루고 있는 지역에 준주를 설치했습니다. 그곳에는 오래된 대도시 뉴올리언스를 비롯하여 상당한 규모의 도시와 마을들이 있었고, 노예제는 주민들 사이에 넓고 깊게 침투해 있었습니다. 의회는 법으로 노예제를 금지하지는 않았지만, 미시시피의 경우에 비해서는 좀 더 확실하고 광범위하게 그것에 개입하고 그것을 규제했습니다. 루이지애나 준주법에서 노예에 관련된 조항의 요지는 다음과 같습니다.

첫째, 외국에서 루이지애나 준주로 노예를 수입해서는 안된다.

둘째, 1798년 5월 1일 이후 미국에 수입된 노예를 이 준주로 데려와서는 안된다.

셋째, 소유주가 정착민이며, 자신이 직접 사용하기 위한 경우를 제외하고는 노예를 이 준주로 데려와서는 안된다. 이상을 위배할 시 위반자에게는 벌금을 부과하고 그 노예에게는 자유를 준다.

이 법도 특별한 이의 없이 통과되었습니다. 이 법을 통과시킨 의회에서는 39인 가운데 두 사람, 즉 에이브러햄 볼드윈과 조너선 데이가 의원으로 활동하고 있었습니다. 미시시피 준주의 사례와 마찬가지로, 이 경우에도 십중팔구 두 사람은 찬성표를 던졌을 것입니다. 만일 그 법안이 연방과 지방의 분권을 명시한 헌법의 어떤 조항에 저촉된다고 해석했다면, 그들은 틀림없이 반대를 했을 테고 그들의 반대는 당연히 기록에 남았을 겁니다.

1819년과 1820년에 미주리 문제가 의회에 상정되어 통과되었습니다. 상하 양원에서는 이 일반적인 문제의 다양한 측면에 대해 여러 차례 찬반투표가 있었습니다. 39인 가운데 루퍼스 킹과 찰스 핑크니가 이 의회의 구성원이었습니다. 킹은 시종일관 노예제 금지에 찬성했고, 모든 타협안에 반대했습니다. 한편 핑크니는 시종일관 노예제 금지에 반대했고 모든 타협안에도 반대했습니다. 이런 의사표시에 의해 킹은 의회가 연방의 준주에서 노예제를 금하는 것이 연방과 지방의 분권과 헌법의 조문에 저촉되지 않는다는 해석을, 핑크니는 그런 금지에 반대할 만한 충분한 이유가 있다는 해석을 제시했던 셈입니다.

제가 지금까지 말씀드린 사례들은 우리의 주제에 직결된 사안에 관한 39인 또는 그들 가운데 일부의 의사표시로, 제가 직접 조사해서 얻은 결과입니다.

연합회의와 연방의회에서 예의 문제와 관련해 의사를 표시한 사람은 1784년에 4인, 1787년에 2인, 1789년에 17인, 1798년에 3인, 1804년에 2인, 1819~1820년에 2인으로 총 30인입니다. 그러나 이 총계는 존 랭던, 로저 셔먼, 윌리엄 퓨, 루퍼스 킹, 조지 리드가 각각 두 번, 에이브러햄 볼드윈이 세 번 중복되어 합산된 수치입니다. 예의 문제에 대해 "우리 이상으로 잘 이해하고" 의사표시를 한 사람의 진짜 숫자는 39인 가운데 23인이고, 나머지 16인은 그 문제에 대해 어떤 의사 표시를 했는지 알 수 없습니다.

그렇다면 "우리가 살고 있는 현재의 정체(政體)를 만든" 우리의 선조 39인 가운데 23인은 직무상의 책임과 개인적인 맹세에 입각해서 본인들이 "현재의 우리 못지않게, 아니 우리 이상으로 잘 이해하고 있었다"고 우리의 인용구가 단언하고 있는 바로 그 문제에 대해 의사표시를 했다는 것이 됩니다. 그리고 이 가운데 21인, 즉 39인의 확실한 과반수는 그 문제에 대해 연방과 지방의 분권, 또는 본인들이 작성했고 지지하기로 맹세했던 헌법의 조문이 연방정부에 의해 연방의 영토에서 노예제가 규제되는 것을 금하지 않고 있다고 해석했습니다. 만일 그들이 그 반대로 해석하고도 그런 식으로 투표했다면, 그들은 심각한 정치적 잘못과 고의적인 거짓맹세의 죄를 면할 수 없습니다. 행동은 말보다 중요한 법이지만, 그런 책임 아래 이루어진 그들의 행동은 더욱 중요할 수밖에 없습니다.

23인 가운데 2인은 예의 문제에 대해 의사표시를 할 때, 의회가 연방의 영토에서 노예제를 금지하는 것에 반대투표를 했습니다. 무슨 이유 때문에 반대했는지는 알 수 없습니다. 아마도 그것이 연방과 지방의 분권, 또는 헌법의 조문이나 원칙에 위배된다고 생각했기 때문에 반대했겠지요. 그런 이유 때문이 아니라면, 노예제 금지에 반대하는 것이 자신의 이익에 부합한다고 판단할 만한 충분한 근거가 있었을지도 모릅니다. 물론 헌법을 지지한다고 맹세한 사람은 위헌적 요소가 있는 법안이라고 간주되는 것에 대해서는 설사 자신에게 아무리 유리하다 하더라도 양심상 찬성투표를 해서는 안됩니다. 그러나 헌법상 옳다고 생각되는 법안이라 하더라도 자신에게 불리한 것이라고 판단되면 반대할 수도 있는 것이 인간입니다. 그러므로 노예제 금지에 반대한 두 사람이 연방과 지방의 분권, 또는 헌법의 조문이 연방정부에 의해 연방의 준주에서 노예제가 규제되는 것을 금지하고 있다고 해석했기 때문에 반대했다고 단언하기는 어렵습니다.

39인 가운데 나머지 16인이 연방정부가 연방의 영토에서 노예제를 규제하는 문제를 어떻게 해석했는지에 대한 기록은 제가 조사한 바로는 남아 있지 않습니다. 그러나 만일 이 문제에 관한 그들의 해석이 공표되었다면, 그것은 동료 23인의 해석과 다르지 않았을 것이라고 추정할 만한 충분한 이유가 있습니다.

논의를 오직 인용구로 한정하려 했기 때문에 헌법제정자 39인 이외의 사람들이 표명한 의견은 그것이 아무리 저명인사의 것이라 할지라도 굳이 언급하지 않았습니다. 그리고 같은 이유에서 39인 가운데 누군가가 노예제라는 일반적인 문제의 다른 측면에 대해 표명한 의견도 거론하지 않았습니다. 노예제의 다른 측면, 예컨대 노예무역, 노예제의 도덕성, 노예정책 전반에 관한 그들의 의사표시나 선언을 검토해본다면, 연방정부가 연방의 영토에서 노예제를 금하는 문제에 관해 이 16인이 의사표시를 했다면 그들도 23인과 똑같은 판단을 내렸을 것이라는 결론을 얻을 수 있을 것입니다. 이 16인 중에는 당대의 유명한 노예제 반대자가 여러 명 있습니다. 이를테면 벤저민 프랭클린, 알렉산더 해밀턴, 거버누 모리스 등입니다. 반면에 노예제 지지자로 알려진 사람은 한 명도 없는데, 굳이 꼽자면 사우스캐롤라이나의 존 러틀리지 정도일 것입니다.

이상을 종합해보면 원본헌법을 만든 39인의 선조 가운데 확실한 다수인 21인이 연방과 지방의 분권도 헌법의 어떤 조문도 연방정부에 의해 연방의 영토에서 노예제가 규제되는 것을 금하지 않고 있다고 분명하게 해석하고 있었다는 사실을 알 수 있습니다. 그리고 이 21인 이외의 사람들도 아마 똑같이 해석하고 있었을 것입니다. 이것이 바로 헌법을 만든 우리 선조들의 해석이었습니다. 그리고 인용구는 그들이 그 문제를 "우리보다 더 잘" 이해하고 있었다고 단정하고 있습니다.

지금까지는 헌법제정자들이 그 문제를 어떻게 해석했는가에 대해 고찰해왔습니다. 원본헌법에는 헌법을 수정하는 방법이 마련되어 있었습니다. 그리고 이미 말씀드린 바와 같이 "현 정부의 기틀"은 원본헌법과 그후에 제정되어 채택된 12개조의 수정헌법으로 이루어져 있습니다. 현재 연방정부가 연방의 영토에서 노예제를 규제하는 것은 위헌이라고 주장하는 사람들은 그런 규제가 어떤 조항들을 위반하고 있는지 지적합니다. 제가 아는 한 그들은 모두 원본헌법이 아니라 수정헌법의 조항을 자신들의 논거로 삼고 있습니다. 연방대법원은 드레드 스콧 사건에서 어느 누구도 "정당한 법적 절차에 의하지 않고서는 생명·자유·재산"을 박탈당하지 않는다고 규정하고 있는 수정헌법 제5조에 의거했습니다. 하지만 더글러스 상원의원과 그의 유별난 추종자들은 "헌법에 의해 연방에 위임되지 않는 권한은" "각 주 또는 그 인민에게 귀속된다"고 규정하고 있는 수정헌법 제10조에 집착합니다.

그런데 이런 수정헌법은 헌법이 제정된 이후에 열린 첫 번째 의회에서 만들어진 것으로, 이 의회는 이미 말씀드린 바와 같이 노스웨스트테리토리에서 노예제 금지를 시행하는 법을 통과시켰습니다. 다시 말해서 같은 의회에서 동일한 인물들이 같은 회기 중에 함께 예의 수정헌법과 당시 미국이 영유하고 있던 모든 영토에서 노예제를 금지하는 법안을 심의하고 완성시켰던 것입니다. 수정헌법은 1787년 조례를 시행하는 법령에 앞서 상정되어 동 법령에 뒤이어 통과되었습니다. 바꿔 말하면 북서부 조례가 아직 확정되지 않은 상태에 있는 동안, 수정헌법도 확정되지 않은 상태에 있었던 것입니다.

원본헌법의 제정자 16인을 포함한 그 의회의 의원 76인이 우리를 인도하고 있는 헌법의 일부인 수정헌법의 조항들을 제정했다는 것은 명백한 사실입니다. 그런데 그 조항들이 현재 연방정부가 준주에서 노예제를 규제하는 것을 금하는 근거로 제시되고 있습니다.

이제 와서 그 의회가 신중하게 제정하고 통과시킨 두 가지 법안이 서로 완전히 모순된다고 단언하는 것은 다소 생뚱맞은 일이 아닐까요? 그리고 이렇게 단언한 인물이, 서로 모순된다고 주장되는 두 가지 일을 한 분들이 본인들의 무정견을 우리보다, 아니 그들의 무정견을 확신하는 자신보다 더 잘 이해하고 있었다고 재차 단언하는 것은, 지나치게 경솔하고 어리석은 처사가 아닐까요?

원본헌법을 제정한 39인과 수정헌법을 추가한 76인의 의원을 합치면 "우리가 살고 있는 현재의 정체를 만든 우리의 선조들"이라고 불러도 전혀 손색이 없는 분들을 모두 포함한다고 볼 수 있습니다. 그리고 이런 전제하에, 저는 그분들 가운데 어느 누구도 연방과 지방의 분권이 또는 헌법의 어떤 조문이 연방정부에 의해 연방의 영토 내에서 노예제가 규제되는 것을 금하고 있다는 의견을 공표한 적이 없다고 생각합니다. 한 걸음 더 나아가, 저는 현재 살아 있는 세계인 가운데 금세기 초 이전에, 아니 금세기 중엽 이전에 연방과 지방의 분권이 또는 헌법의 어떤 조문이 연방정부에 의해 연방의 영토 내에서 노예제가 규제되는 것을 금하고 있다는 의견을 공표한 사람이 있었다는 것을 입증할 수 있는 사람은 한 명도 없다고 단언하는 바입니다. 지금 그런 의견을 표명한 사람이 있었다고 공언하는 자들에게는 "우리가 살고 있는 현재의 정체를 만든 우리의 선조들"과 헌법이 제정된 세기에 살았던 현존인물들의 발언을 모두 조사해보라고 권하고 싶습니다. 물론 그들은 자신들의 주장을 뒷받침하는 증거를 단 한 건도 찾아내지 못할 것입니다.

이쯤에서 오해를 피하기 위해 한마디 해두면 좋겠습니다. 저는 선조들이 한 일을 맹목적으로 따라야 한다고 주장할 생각은 전혀 없습니다. 그렇게 하는 것은 현재의 귀중한 경험을 모조리 경시하고 모든 진보 내지 개선을 거부하는 것이나 마찬가지입니다. 제가 말씀드리고자 하는 것은 우리 선조들의 견해와 정책을 바꾸고 싶을 때는 일단 그들의 위대한 권위를 충분히 존중하고 고려한 다음, 그 권위로도 도저히 무시할 수 없는 결정적인 증거와 확실한 논거에 입각하여 행동해야 한다는 것입니다. 그리고 그들이 우리보다 더 잘 이해하고 있었다고 우리 스스로 공언하는 문제일 경우에는 더더욱 그렇습니다.

만약 오늘날 연방정부가 연방의 영토 내에서 노예제를 규제하는 것이 연방과 지방의 적당한 분권, 또는 헌법의 어떤 조문에 의해 금지되고 있다고 진지하게 믿는 사람이 있다면, 그런 소신을 밝히고, 모든 진실한 증거와 공정한 논의로 자신의 입장을 뒷받침하고자 노력하는 것은 정당한 일입니다. 그러나 역사를 잘 모르거나 역사를 연구할 시간적 여유가 없는 사람들에게 "우리가 살고 있는 현재의 정체를 만든 우리의 선조들"도 같은 견해를 가지고 있었다는 그릇된 믿음을 주입해서는 안됩니다. 그런 행동은 진실한 증거와 공정한 논의를 허위와 기만으로 바꿔치기하는 것입니다. 만약에 "우리가 살고 있는 현재의 정체를 만든 우리의 선조들"이 다른 경우에 사용하고 적용했던 원리들을 살펴보니, 그들도 연방정부가 연방의 영토 내에서 노예제를 규제하는 것이 연방과 지방의 적당한 분권, 또는 헌법의 일부 조문에 위배되는 것으로 해석했다는 결론을 내릴 수밖에 없다고 진지하게 생각하는 사람이 있다면, 그렇다고 말해도 무방합니다. 그러나 그와 동시에 자신이 선조들의 원칙을 선조들 이상으로 잘 알고 있다고 책임지고 선언하지 않으면 안됩니다. 특히 선조들이

"이 문제를 현재의 우리 못지않게, 아니 우리 이상으로 잘 이해하고 있었다"고 주장함으로써 그 책임을 회피하려 해서는 안됩니다.

이 문제에 대해서는 이 정도로 마무리합시다. 우리가 살고 있는 현재의 정체를 만든 우리의 선조들이 이 문제를 우리 못지않게, 아니 우리 이상으로 잘 이해하고 있었다"고 믿는 사람이라면 모두 선조들이 말한 것처럼 말하고, 그들이 행동한 것처럼 행동해야 할 것입니다. 이것이 노예제에 관해 공화당원들이 요구하는 전부이고 희망하는 전부입니다. 우리의 선조들이 노예제를 확대되어서는 안되지만 용인되고 보호되어야 할 악으로 규정했다는 점을 잊지 말아야 합니다. 그 제도가 이미 우리 속에 실제로 존재하고 있는 한 용인하고 보호할 수밖에 없습니다. 선조들이 노예제에 대해 보장한 모든 내용은 굳이 인상 찌푸리지 말고 잘 지켜 나갑시다. 이런 상태를 이루기 위해 공화당원들은 싸우고 있고, 제가 아는 한 그런 상태만 유지되면 그들은 만족할 것입니다.

그런데 만약 남부사람들이 귀를 기울여주신다면(그러시지 않을 것 같습니다만), 그분들께 한 말씀 드릴까 합니다. 저는 다음과 같이 말하고 싶습니다.

여러분은 스스로를 합리적이고 의로운 국민이라고 생각하고 계십니다. 저도 여러분이 이성과 정의라는 일반적 자질 면에서 다른 국민에 뒤진다고는 생각하지 않습니다. 그런데 여러분이 우리 공화당원들에 대해 입을 여는 것은 오로지 우리를 벌레 같은 인간으로, 기껏해야 무법자로 비난하기 위해서입니다. 여러분은 해적이나 살인자의 말은 경청하겠지만, 블랙공화당[1]의 말은 들어볼 생각조차 없

1. 노예제에 반대하는 신생 공화당을 민주당에서 경멸적으로 부르던 이름.

습니다. 여러분끼리 토론할 때도 일단 블랙공화당을 무조건 규탄하고 나야 본격적인 이야기가 가능하다고 생각하고 있습니다. 실제로 우리에 대한 비방은 여러분이 발언권을 얻는 데 필수불가결한 조건인 모양입니다. 여러분, 그렇게 하는 것이 우리에게, 심지어 여러분 자신에게도 부당한 일은 아닌지 잠시만 시간을 내서 생각해보시겠습니까? 우선 여러분이 고발하고 싶은 내용을 상세하게 제시하십시오. 그런 다음 그것을 부정하거나 긍정하는 우리의 대답을 참을성 있게 들어주시기 바랍니다.

여러분은 우리가 지역적이라고 말씀하십니다. 우리는 이를 부정합니다. 이로 인해 논쟁이 유발됩니다만, 증거를 제시할 의무는 여러분에게 있습니다. 여러분이 제시한 증거는 무엇입니까? 우리 당은 여러분의 지역에는 존재하지 않고, 여러분의 지역에서는 지지표를 얻지 못하고 있다는 것입니다. 틀림없는 사실입니다. 그러나 이 사실이 여러분의 주장을 뒷받침하는 증거가 될까요? 만일 그렇다면 우리가 원칙을 바꾸지 않고 여러분의 지역에서 표를 얻기 시작하면 우리가 지역적이 아니라는 것이 됩니다. 여러분은 이 결론을 외면할 도리가 없습니다. 그런데 여러분은 이 결론에 승복하시겠습니까? 만일 그렇다면 우리는 올해 여러분의 지역에서 표를 얻게 될 테니까, 여러분은 우리가 지역적이 아니라는 것을 곧 인정하게 될 것입니다. 그제야 여러분은 여러분이 제시한 증거가 문제의 초점을 벗어난 것임을 깨닫겠지요. 우리가 여러분의 지역에서 표를 얻지 못하는 것은 여러분이 만들어낸 일이지 우리가 원해서 그런 게 아닙니다. 만일 그 사실에 결함이 있다면, 그 결함은 일차적으로 여러분의 몫이므로, 우리가 모종의 그릇된 원칙을 실천함으로써 여러분을 궁지로 몰아넣고 있다는 사실을 여러분이 입증하기 전까지는 계속 여러분의 결함으로 남아 있을 것입니다. 만일 우리가 모종의 그릇된 원칙을 실천함으로써 여러분을 궁지로 몰아넣고 있다면, 그 결함은 우리의 것이 됩니다. 그런데 이런 식으로 논하다 보면, 여러분이 애초에 출발점을 잘못 택했다는 것을 알 수 있습니다. 여러분은 우리의 원칙이 옳은가 그른가에 대한 토론에서 출발했어야 합니다. 만일 실행에 옮겨진 우리의 원칙이 우리 지역의 이익 내지 다른 목적 때문에 여러분의 지역에 해가 된다면, 우리의 원칙과 그 원칙을 고수하는 우리는 지역적이라는 말을 들어도, 지역적이라는 이유로 반대와 탄핵을 받아도 할 말이 없습니다. 따라서 여러분과 우리는 우리의 원칙이 실천되었을 경우에 여러분의 지역에 해가 되느냐 아니냐의 문제부터 따져보아야 합니다. 그래야만 여러분이 우리 당에 대해 무언가 할 말이 생긴다는 것을 명심하시기 바랍니다. 여러분은 이 도전을 받아들이시겠습니까? 아니, 받아들이시지 않겠지요. 그렇다면 여러분은 "우리가 살고 있는 현재의 정체를 만든 우리의 선조들"이 분명히 옳은 것이라고 생각하여 채택하고 공식적인 서약을 통해 몇 번이나 승인한 원칙이, 사실은 명백히 잘못된 것으로 비난밖에 받을 게 없다고 믿고 계신 것입니다.

여러분 중에는 우리 앞에서 워싱턴이 고별연설[1]에서 언급한 지역정당들에 대한 경고를 즐겨 들먹이는 분이 있습니다. 워싱턴은 이 경고를 하기 8년 전에 미국대통령으로서 노스웨스트테리토리에서 노예제 금지를 시행하는 의회의 법안에 승인서명을 한 바 있습니다. 이 법안은 워싱턴이 그 경고문을 작성하는 순간까지 노예제 문제에 관한 정부의 정책을 구현한 것이었습니다. 그리고 워싱턴은 그 경고

1. 두 번째 대통령 임기 만료를 앞둔 조지 워싱턴이 1796년 9월 19일자 『아메리칸 데일리 애드버타이저』지에 발표한 대국민연설.

가 담긴 최종연설문을 쓰고 나서 약 1년 뒤에 라파예트[1]에게 보낸 편지에서, 자신은 그 금지를 현명한 조치로 간주하고 있으며, 같은 맥락에서 언젠가는 자유주들의 연방이 이루어졌으면 좋겠다는 희망을 피력했습니다.

이런 사실을 염두에 둘 때, 그리고 노예제 문제를 둘러싼 지역주의는 그후에 생겨난 것임을 감안할 때, 워싱턴의 경고는 과연 여러분이 우리에게 휘두를 무기일까요, 아니면 우리가 여러분에게 휘두를 무기일까요? 만일 워싱턴에게 스스로 판단하게 한다면, 그 지역주의에 대한 비난을 그의 정책을 답습한 우리에게 돌릴까요, 아니면 그 정책을 거부한 여러분에게 돌릴까요? 우리는 워싱턴의 이 경고를 존중합니다. 그리고 이 경고와 함께 그것을 올바로 적용한 그의 모범적 태도를 본받으라고 여러분께 말씀드리고 싶습니다.

그러나 여러분은 자신들이 굉장히 보수적인 데 반해 우리는 혁명적이고 파괴적이라고 말합니다. 보수주의가 무엇입니까? 그것은 아직 시험되지 않은 새로운 것보다 이미 시험이 끝난 오래된 것을 고집하는 게 아닐까요? 우리는 "우리가 살고 있는 현재의 정체를 만든 우리의 선조들"이 채택한 정책, 즉 쟁점이 되고 있는 노예제 문제에 관한 옛날의 그 정책을 고수하기 위해 싸우고 있습니다. 반면에 여러분은 하나같이 그 옛 정책을 거부하고 비웃고 멸시하면서 그것을 어떤 새로운 것으로 대체해야 한다고 주장합니다. 물론 여러분은 그것을 무엇으로 대체할 것인지 아직 의견의 일치를 보지 못하고 있습니다. 여러분은 새로운 제안과 계획에 관해서는 뜻을 하나로 모으지

1. Lafayette, 1757~1834. 미국독립전쟁 당시 독립군측에 가담하여 용맹을 떨치면서 독립군 총사령관 워싱턴의 신임을 얻은 프랑스 귀족. 프랑스로 돌아간 뒤 프랑스 혁명 초기에는 입헌군주제를 주장하여 공화파와 대립했다.

도 못하면서 선조들의 오래된 정책을 한목소리로 거부하고 비난하고 있습니다. 여러분 중에는 외국과의 노예무역을 부활시키려는 사람, 의회에서 준주에 대한 노예법규를 제정하려는 사람, 의회의 권한으로 준주가 노예제를 금지하지 못하도록 하려는 사람, 사법권으로 준주에서 노예제를 유지하려는 사람, 심지어 "갑이 을을 노예로 삼을 경우 제3자는 반대할 수 없다"는 대원칙, 기이하게도 '주민주권'이라 일컬어지는 원칙을 위해 싸우는 사람도 있습니다. 그렇지만 "우리가 살고 있는 현재의 정체를 만든 우리의 선조들"의 예를 본받아 연방정부가 연방의 영토에서 노예제를 금지하는 것에 찬성하는 사람은 한 사람도 없습니다. 여러분의 다양한 계획 가운데 우리의 정부가 창설된 세기에서 그 선례나 주창자를 찾아볼 수 있는 것은 하나도 없습니다. 그렇다면 스스로를 보수주의자라고 자처하는 여러분의 주장과 우리를 파괴주의자라고 몰아붙이는 여러분의 비난이 정말로 명확하고 굳건한 토대에 바탕을 두고 있는 것인지 한 번 생각해보셔야 하지 않을까요?

또한 여러분은 우리가 노예제 문제를 예전보다 두드러지게 만들었다고 말합니다. 우리는 이를 부정합니다. 그 문제가 예전보다 두드러지게 된 것은 인정합니다만, 우리가 그렇게 만들었다는 것은 부정합니다. 선조들의 옛 정책을 방기한 것은 우리가 아니라 여러분이었습니다. 우리는 여러분의 새 방침에 반대했고 지금도 반대합니다. 그래서 그 문제가 예전보다 두드러지게 된 것입니다. 여러분은 그 문제를 예전의 상태로 되돌려놓고 싶습니까? 그렇다면 그 옛날의 정책으로 돌아가십시오. 같은 조건하에서라면 과거의 상태가 회복될 것입니다. 만일 여러분이 옛날의 평화를 원하신다면, 옛날의 교훈과 정책을 다시 채택하십시오.

여러분은 우리가 여러분의 노예들을 선동하여 폭동을 일으키게 했다고 우리를 고발했습니다. 우리는 이를 부정합니다. 여러분은 증거로 무엇을 제시할 것입니까? 하퍼스페리 사건[1]입니까? 존 브라운입니까? 존 브라운은 공화당원이 아니었습니다. 여러분은 존 브라운의 하퍼스페리 계획에 단 한 명의 공화당원도 연루시킬 수 없었습니다. 우리 당원 중 그 사건과 관련해 잘못을 저지른 사람이 있는지에 대해, 여러분은 알 수도 있고 모를 수도 있습니다. 만일 알고 있다면, 혐의자를 지명하지도 않고 사실을 입증하려 들지도 않는 여러분의 행동을 아무도 이해하지 못할 것입니다. 만일 모르고 있다면, 공화당이 연루된 증거를 제시하려고 애쓰다가 실패한 뒤에도 같은 주장을 굽히지 않는 여러분의 행동은 용서받을 수 없을 것입니다. 사실인지 아닌지도 모르면서 끈질기게 상대를 성토하는 것은 악의적인 비방에 지나지 않는다는 것을 여러분이 모를 리는 없겠지요.

여러분 가운데 일부는 단 한 명의 공화당원도 하퍼스페리 사건을 계획적으로 지원하거나 사주한 사실이 없다는 점을 인정하면서도, 우리의 원칙과 선언이 필연적으로 그런 결과를 초래한다고 주장하고 있습니다. 우리는 그렇게 생각하지 않습니다. 우리는 "우리가 살고 있는 현재의 정체를 만든 우리의 선조들"이 신봉하거나 작성한 것이 아닌 다른 원칙이나 선언을 고수한 적이 없습니다. 그 사건에 관한 한 여러분은 결코 우리를 공정하게 대하지 않았습니다. 그 사

1. Harper's Ferry Affair. 오늘날에는 보통 Raid on Harpers Ferry(하퍼스페리 습격사건)라고 한다. 1859년 10월 16~18일에 존 브라운(John Brown)이 이끄는 16명의 백인과 5명의 흑인으로 이루어진 급진적 노예제폐지론자들이 버지니아 주 하퍼스페리에 있는 연방무기고를 습격한 사건이다. 존 브라운은 여기서 무기를 빼앗아 남부로 진격하고, 흑인노예에게 무기를 넘겨 노예 스스로 해방을 위해 봉기하길 기대했다. 그러나 순식간에 민병대에 포위되고, 미군해병대의 출동으로 이틀 만에 진압되었다.

건이 발생한 시점은 어떤 중요한 주(州)선거가 있기 직전이었습니다. 그래서 여러분은 우리에게 잘못을 전가하면 선거에서 우리를 이길 수 있을 것이라고 기대하며 분명히 기뻐하고 있었습니다. 하지만 선거결과는 여러분의 기대에 미치지 못했습니다. 공화당을 지지하는 모든 사람은 적어도 마음속으로는 여러분의 고발이 비방임을 알고 있었습니다. 그래서 여러분에게 유리하게 투표할 생각이 들지 않았던 것입니다. 공화당의 원칙과 선언에 상응하는 우리의 일관된 정강은 여러분의 노예에 대해, 또는 여러분의 노예에 관한 여러분의 권한에 대해 일체 간섭하지 않는 것입니다. 분명히 이것은 노예반란을 선동하는 것과는 거리가 멉니다. 물론 우리는 "우리가 살고 있는 현재의 정체를 만든 우리의 선조들"과 더불어 노예제가 옳지 못한 제도라는 신념을 선언하고 있습니다만, 노예들은 우리의 이 선언조차 듣지 못하고 있습니다. 우리가 무슨 말을 하든 무슨 일을 하든, 노예들은 공화당이 존재한다는 것조차 거의 모르고 있습니다. 여러분이 그 노예들에게 우리를 비방하는 말을 하지 않는다면, 사실 그들은 공화당에 대해 아무것도 모르고 있을 것입니다. 여러분끼리 벌이는 정쟁에서, 각 정파는 상대편이 블랙공화당에 동정을 표하고 있다며 서로를 비난하고 있습니다. 그리고 그 비난을 정당화하기 위해 블랙공화당을 노예반란·유혈사태·소동을 부채질하는 당이라고 규정하고 있습니다.

노예반란이 공화당 창당 이전보다 지금 더 자주 일어나는 것도 아닙니다. 28년 전에 하퍼스페리 사건보다 적어도 3배나 많은 사망자를 낸 사우샘프턴 반란[1]이 일어난 이유는 무엇이었습니까? 여러

1. Southampton Insurrection. 흔히 냇 터너의 반란(Nat Turner's Rebellion)이라고 한다. 미국 역사상 최대 규모의 흑인노예반란으로, 1831년 버지니아 주 사우샘프턴에서

분이 풍부한 상상력을 최대한 발휘한다 해도, 사우샘프턴 반란이 "블랙공화당에 의해 촉발되었다"는 결론은 내리지 못할 것입니다. 미국의 현 상황에서는 전국적인 노예반란은 말할 것도 없고 광범위한 지역에 걸친 노예반란도 일어날 수가 없다고 봅니다. 반란의 필수요소라 할 수 있는 사전모의가 불가능하기 때문입니다. 노예들은 신속한 의사소통 수단을 갖고 있지 않을뿐더러 흑인이건 백인이건 자유인인 선동자가 그 수단을 제공할 수도 없습니다. 폭발물은 여기저기 대량으로 널려 있지만, 이것들을 연결할 방법도 없거니와 도화선에 불을 붙일 사람도 없습니다.

남부사람들은 노예가 주인과 마님에게 애정을 품고 있다고 즐겨 이야기하곤 합니다. 적어도 그런 이야기의 일부는 진실이겠지요. 폭동 음모를 꾸며도 채 20명에게 전달되기도 전에, 그 중의 한 명이 사랑하는 주인과 마님의 생명을 구하기 위해 반란음모를 누설해버린다는 것입니다. 이런 일은 흔히 일어납니다. 아이티의 노예혁명[1]도 단지 특수한 상황하에서 발생한 사건이었을 뿐, 예외는 아니었습니다. 영국의 화약음모사건[2]도 노예와는 무관하지만 더욱 적절한 사례입니다. 이 사건의 경우 약 20명이 음모에 가담했는데, 그 중 한 명

일어났다. 31세의 신비주의자 냇 터너가 8월 21일에 하늘의 계시를 받았다며 노예제에 반기를 들었다. 터너와 6명의 흑인노예는 터너의 주인과 그 가족을 죽이고, 무기를 모아 봉기 참가를 호소했다. 75명의 노예가 여기에 응하여 약 60명의 백인을 살해했다. 그러나 8월 23일 반란노예들은 버지니아 민병대에게 진압당했고, 도망친 터너도 결국 10월 30일에 체포되어 11월 11일에 교수형에 처해졌다. 남부의 백인사회를 충격과 공포로 몰아넣은 이 사건은 노예의 교육과 집회를 금지하는 억압적인 법률이 제정되는 계기가 되었다.

1. 프랑스 식민지 아이티에서 투생 루베르튀르와 장자크 드살린 등의 주도하에 일어난, 인류역사상 최초의 성공한 노예혁명이다. 이 혁명으로 아이티는 독립국이 되었다.
2. Gunpowder Plot. 1605년 11월에 제임스 1세의 종교정책에 불만을 품은 구교도(가톨릭)가 웨스트민스터 의사당을 폭파하여 왕과 의원들을 몰살시키려다 실패한 사건.

이 친구를 구하기 위해 그 친구에게 계획을 알려줌으로써 결과적으로 참사를 미연에 방지했던 것입니다. 부엌에서 음식에 독극물을 타는 일, 야외에서의 공공연하거나 은밀한 살해, 20명가량이 일으키는 국지적인 반란은 노예제의 당연한 결과로 계속 발생하겠지요. 그러나 노예의 전국적인 반란은 우리나라에서는 앞으로도 오랫동안 일어나지 못할 것이라고 생각합니다. 그런 사건이 일어날까 봐 두려워하는 사람이나 일어나기를 기대하는 사람은 하나같이 실망할 것입니다.

제퍼슨 선생이 오래 전에 이런 말을 한 적이 있습니다. "노예해방과 노예의 국외추방을 평화리에 추진할 수 있는 힘이 아직 우리 손에 있다. 이 나쁜 제도는 서서히 사라질 것이다. 그리고 그들의 자리는 자유로운 백인노동자들에 의해 채워질 것이다. 만일 반대로 이 나쁜 제도가 계속 강행된다면, 인간의 본성은 그 암담한 전망에 전율을 금치 못할 것이다."[1]

제퍼슨 선생이나 저나 노예해방의 권한이 연방정부에 있다고 말하려 하는 것은 아닙니다. 그는 버지니아에 대해 말하고 있고, 저는 노예해방 권한과 관련해서 오직 노예제를 시행되고 있는 주에 대해서만 말하고 있습니다. 하지만 우리가 항상 주장하는 것처럼 연방정부는 노예제 확대를 억제할 수 있는 힘을 가지고 있습니다. 현재 노예제가 퍼져 있지 않은 미국 땅에서는 노예반란이 절대로 일어나지 않도록 보증하는 힘 말입니다.

존 브라운의 시도는 특수한 것이었습니다. 그것은 노예반란이 아니었습니다. 노예 스스로 반란을 일으키게 하려는 백인의 시도였지

1. 1821년에 출간된 토머스 제퍼슨의 『자서전』에 나오는 말이다.

만, 노예들이 가담하기를 거부했습니다. 사실 몹시 무모한 행동이었기 때문에 무지한 노예들도 그것이 실패로 끝나리라는 것을 분명히 알 수 있었습니다. 이 사건의 본질은 왕이나 황제를 암살하려는 역사상의 여러 시도와 일맥상통하는 바가 있습니다. 한 광신자가 한 민족의 억압을 안타까워하다가 마침내 자신이 그들을 해방시키라는 하늘의 명을 받았다는 착각에 빠지게 됩니다. 그는 계획을 감행하지만, 그 시도는 본인이 처형을 당함으로써 끝납니다. 오르시니의 루이 나폴레옹 암살기도[1]와 존 브라운의 하퍼스페리 습격은 그 근본취지 면에서는 똑같습니다. 전자의 경우 〔프랑스에서〕 올드잉글랜드에 대한 비난여론이 들끓는 결과를,[2] 후자의 경우 〔미국 남부에서〕 뉴잉글랜드[3]에 대한 비난여론이 들끓는 결과를 낳았다는 차이는 있지만, 그렇다고 해서 두 사건의 동일성이 부정되는 것은 아닙니다.

존 브라운이나 헬퍼의 저서[4] 등을 이용해서 공화당 조직을 파괴할 수 있다 할지라도, 그것이 여러분에게 무슨 득이 되겠습니까? 인간의 행동은 어느 정도 바뀔 수 있지만 인간의 본성은 바뀔 수 없습

1. 이탈리아의 혁명가 펠리체 오르시니는 프랑스 황제 나폴레옹 3세(1852~1871년 재위)가 이탈리아 독립의 가장 큰 장애물이라고 확신하고 그를 암살하기로 결심했다. 그는 1858년 1월 14일 밤에 파리에서 오페라를 보러 가던 황제 일행의 마차에 폭탄을 던져 여러 명을 살해했으나, 정작 황제 부부는 해치지 못했다. 오르시니는 체포되어 처형당했다.
2. 오르시니의 나폴레옹 암살기도가 실패한 이후 프랑스에서 영국을 성토하는 분위기가 조성된 것은 오르시니가 투척한 폭탄들이 영국에서 제작·실험되었기 때문이다.
3. 메인·뉴햄프셔·버몬트·매사추세츠·로드아일랜드·코네티컷 주를 포함하는 미국의 북동부 지방. 독립혁명과 노예제 폐지운동의 중심지였다.
4. 노스캐롤라이나 출신의 힌턴 R. 헬퍼(Hinton R. Helper)가 1857년에 펴낸 『남부의 임박한 위기』(*The Impending Crisis of the South*)를 말한다. 헬퍼는 이 책에서 노예제가 노예를 소유한 소수의 백인에게만 득이 될 뿐 노예를 소유하지 않은 대다수 백인에게는 유해한 제도이며, 남부의 경제발전을 가로막는 주된 요인이라고 주장함으로써 남부인들을 격분시켰다.

니다. 이 나라에는 노예제를 반대하는 견해와 정서가 존재하며, 이것을 표로 환산하면 적어도 150만 표는 됩니다. 그 표를 결집시키는 정치조직을 무너뜨린다 해도, 그런 견해와 정서를 파괴할 수는 없습니다. 여러분이 퍼붓는 맹공에 굴하지 않고 대열을 정비해온 군대를 굴복시키기란 거의 불가능할 겁니다. 설령 그런 일이 가능하다고 쳐도, 그런 군대를 규합시킨 정서를 투표함이라는 평화로운 길에서 다른 길로 억지로 옮겨본들 여러분에게 무슨 이득이 있겠습니까? 그 다른 길이란 도대체 무엇일까요? 그런 계획을 실행한다면, 존 브라운과 같은 인물의 수가 줄어들까요, 늘어날까요?

그러나 여러분은 여러분의 헌법상의 권리를 거부당하느니 차라리 연방을 해체하겠다고 말하고 있습니다.

그것은 다소 무모한 발언처럼 들립니다. 그러나 만일 우리가 단지 수의 힘으로 명백히 헌법에 명시되어 있는 권리를 여러분으로부터 빼앗는 일을 기도하고 있다면, 그런 발언이 충분히 정당화되지는 않는다 하더라도 어느 정도 용인될 여지는 있겠지요. 그렇지만 우리는 그런 일을 꾀하고 있지 않습니다.

여러분의 그런 선언은 노예를 연방의 영토로 데리고 가서 그곳에서 그들을 재산으로 소유할 수 있는 권리가 헌법상 명확하게 보장되어 있다는 여러분 나름의 해석을 전제로 하고 있습니다. 그러나 헌법에는 그런 권리가 명시되어 있지 않습니다. 헌법은 그런 권리에 대해 침묵하고 있습니다. 우리는 헌법에 그런 권리가 존재한 적이 있다는 사실 자체를 부정합니다. 나아가 헌법에 그런 권리가 암시되어 있다는 것조차 부정하는 바입니다.

그렇다면 여러분의 목적은 쉽게 말해서 여러분과 우리 사이에 다툼이 있는 모든 쟁점에 대해 여러분의 마음대로 헌법을 해석하고 강행하게 해주지 않으면 연방정부를 파괴하겠다는 것입니다. 여러분은 만사를 지배하지 않으면 멸망이 있을 뿐이라고 생각하는 모양입니다.

이것이 쉽게 풀이한 여러분의 주장입니다. 아마 여러분은 연방대법원이 논쟁의 대상인 헌법상의 문제를 여러분에게 유리하게 결정했다고 말하겠지요. 꼭 그렇지는 않습니다. 그러나 판사의 부수적 의견과 판결 사이에 큰 괴리가 있었음에도 그것을 무시하고 연방대법원은 모종의 방식으로 그 문제를 여러분에게 유리하게 결정했습니다. 아시다시피 연방대법원은 노예를 연방의 영토로 데리고 가서 재산으로 소유하는 것은 여러분의 헌법적 권리라는 요지의 판결을 했습니다. 그런데 이 판결은 판사들의 의견이 서로 엇갈린 가운데 간신히 다수의견에 의해 결정되었고, 판사들은 판결이유에 대해서도 합의를 보지 못했으며, 이 판결의 지지자들도 판결의 의미에 대해서 서로 의견이 달랐습니다. 더욱이 이 판결은 사실에 대한 잘못된 발언, 즉 "노예를 재산으로 소유하는 권리가 헌법에 명확하고 명료하게 단정되어 있다"는 발언에 주된 근거를 두고 있었습니다.

헌법을 살펴보면 노예를 재산으로 소유하는 권리가 "명확하고 명료하게 단정되어" 있지 않다는 것을 알 수 있습니다. 여기서 명심해야 할 것은 판사들은 그런 권리가 헌법에 암시적으로 단정되어 있다는 자신들의 사법적 의견을 개진한 것이 아니라, 그것이 헌법에 "명확하고 명료하게" 단정되어 있다는 자신들의 판단이 진실임을 맹세하고 있다는 점입니다. 여기에서 "명확하게"란 다른 어떤 것과 혼동될 여지가 없다는 뜻이고, "명료하게"란 의미가 분명한 단어들로 표현되어 있어서 추론의 필요나 오독의 염려가 없다는 뜻입니다.

만일 판사들이 그런 권리가 헌법에 암시적으로 단정되어 있다고 보는 사법적 의견을 밝혔을 뿐이라면, 다른 사람들이 다음과 같은 점들을 지적할 여지를 남긴 셈입니다. 즉 '노예'라는 단어도 '노예제'란 단어도 헌법에는 없으며, 노예 또는 노예제에 관련된 '재산'이라는 단어도 없다는 점, 그리고 헌법에서 노예가 암시되고 있는 경우에 그는 언제나 '사람'으로 불리고 있다는 점, 또한 노예에 대한 주인의 법률적 권리가 암시되고 있는 경우에 그것은 언제나 용역이나 노역으로 지불될 수 있는 채무를 진 사람의 "용역이나 노역"에 대한 권리라는 식으로 표현되고 있다는 점을 지적할 수 있을 것입니다. 또한 당시의 역사적 상황에 비추어 노예나 노예제에 대해 직접 언급하지 않고 간접적으로 언급하는 이런 방식을 취한 것은 인간을 재산권의 대상으로 삼을 수 있다는 관념을 헌법에서 의도적으로 배제하기 위해서였다는 점도 지적할 수 있을 것입니다.[1] 이 모든 점은 쉽게 또 확실하게 밝힐 수 있습니다.

판사들이 이 명백한 잘못을 깨닫는 날이 온다면, 그들이 그릇된 발언을 철회하고 그것에 입각한 결론을 재심리할 것이라고 기대해도 무방하지 않을까요?

그리고 헌법을 제정하여 "우리가 살고 있는 현재의 정체를 만든 우리의 선조들"은 이와 똑같은 헌법상의 문제를 오래전에 우리에게

1. 링컨은 "한 주에서 그 주법(州法)에 의해 용역이나 노역의 의무를 지고 있는 자가 다른 주로 도피한 경우, 그 자는 다른 주의 어떤 법규에 의해서도 용역이나 노역의 의무를 면제받을 수 없고, 그에게 용역이나 노역을 요구할 권리를 가진 당사자의 청구에 따라 인도되어야 한다"고 규정하고 있는 미국 헌법 제4조 2절 3항에 대해 언급하고 있다. 이 조항은 사실상 도망노예에 대한 규정인데, 링컨이 주장하는 요지는 헌법 제정자들이 노예제가 실제로 존재하는 미국의 현실을 감안하여 이런 조항을 만들기는 했지만, 노예나 노예제라는 단어를 쓰지도 않았거니와 노예를 재산으로 보지도 않았다는 것이다. 이 조항은 노예제 폐지를 규정한 수정헌법 제13조에 의해 1865년에 무효화되었다.

유리하게 결정했다는 사실을 상기해야 합니다. 그런 결정을 할 때 그들 사이에는 의견의 분열이 없었고, 결정을 내린 다음 그 의미를 해석할 때도 다툼이 없었습니다. 또한 남아 있는 증거에 의하면, 그 결정은 사실에 대한 잘못된 발언에 바탕을 둔 것도 아니었습니다.

여러분은 이 모든 사정을 알고 나서도 여러분을 편든 연방대법원의 판결이 정치활동의 결정적이고도 최종적인 법칙으로 간주되지 않는다면 이 정부를 무너뜨려도 좋다고 생각하십니까? 물론 여러분은 공화당 대통령 후보가 당선되는 것을 용인하지 않을 것입니다. 그런 일이 벌어지면 연방을 파괴하겠다고 여러분은 말합니다. 그러고 나서 연방 파괴의 죄를 우리에게 떠넘기겠지요. 너무 냉혹합니다. 노상강도가 제 귀에 권총을 들이대고 "가진 돈을 몽땅 내놓지 않으면 죽여버리겠다. 네가 죽으면 살인자는 너다"라고 나지막이 말하는 것과 같습니다.

강도가 제게 요구한 돈은 틀림없이 제 돈이었습니다. 그리고 제게는 그 돈을 지킬 명백한 권리가 있었습니다. 그러나 제 표가 제 것이 아니듯이, 제 돈도 제 것이 아니었습니다. 제 돈을 빼앗으려고 죽이겠다고 위협하는 것과 제 표를 빼앗기 위해 연방을 파괴하겠다고 위협하는 것은 원칙상 거의 같습니다.

이쯤에서 공화당원들에게 한 말씀드릴까 합니다. 이 위대한 연방을 구성하고 있는 모든 부분이 서로 평화롭게 화합하는 것만큼 바람직한 일이 어디 있겠습니까? 우리 공화당원은 그런 상태를 만들기 위해 자신의 몫을 다해야 합니다. 아무리 분통이 터져도 격렬한 감정이나 악감정으로 일을 처리해서는 안됩니다. 설령 남부 사람들이 우리의 말에 귀를 기울이려고 하지 않더라도, 우리는 침착하게 그들의 요구를 검토하고 신중하게 우리의 의무를 생각한 다음, 되도록 그들에게 양보하도록 합시다. 그들의 언행, 그리고 그들과 우리의 마찰을 낳는 문제의 성격을 감안하여 판단하되, 가급적 그들을 만족시킬 수 있는 결정을 내리도록 합시다.

그런데 준주에서의 노예제 문제를 무조건 그들에게 양보한다고 해서 과연 그들이 만족할까요? 우리는 그들이 만족하지 않으리라는 것을 잘 알고 있습니다. 현재 그들이 우리에게 제기한 불만 가운데 준주에 대한 것은 거의 없습니다. 지금 그들을 격분시키고 있는 것은 권리침해와 노예반란입니다. 만일 장래에 우리가 권리침해나 노예반란에 관련된 일을 전혀 하지 않는다고 해서 그들이 만족할까요? 우리는 그렇지 않으리라는 것을 잘 알고 있습니다. 우리는 과거에도 그들의 권리를 침해하거나 노예반란을 사주하는 일에는 연루된 적이 전혀 없었기 때문이지요. 그렇지만 우리가 완전히 결백하다고 해도 그들의 비난과 고발을 피할 수는 없습니다.

그렇다면 어떻게 해야 그들을 만족시킬 수 있을까요? 답은 간단합니다. 우리는 그들에게 간섭하지 말아야 할뿐더러 우리가 간섭하지 않고 있다는 것을 어떻게든 납득시켜야 합니다. 경험상 이것은 매우 어려운 일입니다. 우리는 창당 이래 그들에게 우리의 진의를 납득시키려고 무진장 노력해왔습니다만, 성공하지 못했습니다. 우리의 모든 정강과 연설은 불간섭원칙을 끊임없이 천명해왔지만, 그들을 납득시키지는 못했습니다. 그들이 자신들을 방해하려는 계획에 관여한 우리 당원을 단 한 명도 찾아내지 못했다는 사실도 그들을 납득시키는 데는 아무 소용이 없었습니다.

이상과 같은 자연스럽고 온당한 방법이 모두 실패한 마당에, 무슨 수로 그들을 납득시켜야 할까요? 방법은 단 한 가지뿐입니다. 노예제가 잘못된 제도라고 말하지 말고, 그들과 함께 노예제는 옳은 제도라고 말하는 것입니다. 이 일은 말뿐만 아니라 철저히 행동으로 옮겨져야 합니다. 침묵도 용납되지 않습니다. 우리는 공공연하게 그들의 편에 서야만 합니다. 더글러스 상원의원의 새로운 치안유지법이 반드시 법제화되고 시행되어, 노예제가 부당하다는 모든 발언이 정계·언론·강단·사석에서 금지되어야 합니다.[1] 우리는 기쁜 마음으로 그들의 도망노예를 체포해서 돌려보내야만 합니다. 우리의 자유주 헌법들을 파기해야 합니다. 노예제 반대로 더러워진 대기를 말끔하게 소독해야만 합니다. 그렇게 하지 않으면, 그들은 자신의 모든 재앙이 우리로부터 시작되었다는 믿음을 버리지 않을 것입니다.

그들은 자신의 입장을 위와 같이 분명하게 말하고 있지는 않습니다. 그들의 대다수는 아마 우리에게 "제발 우리에게 간섭하지도 말고, 우리를 방해하지도 말되, 노예제에 대해서는 마음대로 말하라"고 할 것입니다. 그러나 우리는 그들에게 간섭하지 않았고, 그들을 방해한 적도 없습니다. 그렇다면 결국 우리가 한 말이 그들의 불만을 사고 있는 것입니다. 우리가 완전히 입을 다물지 않는 한 그들은 우리가 간섭한다고 끊임없이 비난할 것입니다.

그들이 아직까지는 자유주 헌법의 폐기를 내놓고 요구하고 있지는 않다는 것도 저는 알고 있습니다. 그렇지만 각 자유주 헌법은 노예제에 반대하는 그 어떤 발언보다 단호하게 노예제의 부당성을 명시하고 있습니다. 그런 말들이 완전히 봉쇄되는 날, 그들은 그 헌법들의 파기를 요구할 것입니다. 그때쯤이면 이 요구에 반대할 세력이 전혀 남아 있지 않겠지요. 그들이 당장 이 모든 것을 요구하지 않는

1. 더글러스는 노예제에 대한 공개적인 비판이 노예의 도주나 반란을 부추기므로 노예제를 비난하는 자들을 처벌하는 규정을 노예법안에 포함시켜야 한다고 주장했고, 링컨은 그런 법안을 비꼬는 뜻에서 치안유지법이라고 표현했다.

다고 해서, 앞으로도 요구하지 않을 것이라고 생각하면 오산입니다. 그들이 요구하고 있는 것과 그들이 내세우는 이유를 감안할 때, 그들이 목적을 달성하기 전에 자발적으로 중도에 포기하는 일은 없을 것입니다. 노예제가 도덕적으로 옳고 사회적으로 유익하다고 생각하는 이상, 그들이 노예제의 전국적 승인을 법적 권리이자 사회적 축복으로 요구하는 행위를 중단할 리가 없습니다.

우리는 노예제가 옳지 않다고 하는 신념 이외의 다른 근거에 입각해서는 이 제도를 정당하게 억제할 수 없습니다. 만일 노예제가 옳은 것이라면 이를 반대하는 말·행동·법률·주(州)헌법은 옳지 못하므로 당연히 금지되고 없어져야 할 것입니다. 만일 노예제가 옳은 것이라면, 우리는 그것의 전국화 내지 보편화에 반대할 수 없습니다. 하지만 노예제가 옳지 못한 것이라면, 그들은 노예제 확대를 주장할 수 없습니다. 만일 우리가 노예제를 옳은 것이라고 생각한다면, 우리는 그들의 모든 요구를 기꺼이 받아들여야 할 것입니다. 마찬가지 논리로 만일 그들이 노예제를 옳지 못한 것이라고 생각한다면, 그들은 우리의 모든 요구를 기꺼이 받아들여야 할 것입니다. 그들은 그것을 옳다고 생각하고 우리는 그것을 옳지 못하다고 생각한다는 사실, 바로 이 사실이 모든 논쟁의 발단입니다. 그들이 그것을 옳다고 생각하고 있는 이상, 그것을 옳은 것으로 승인해달라고 요구한다고 해서 그들을 비난할 수는 없습니다. 그러나 그것을 옳지 못하다고 생각하는 우리가 그들에게 양보할 수가 있을까요? 우리는 우리 자신의 시각에 반하여 그들의 시각으로 투표할 수 있을까요? 우리의 도덕적·사회적·정치적 책임을 외면하고 그렇게 할 수 있을까요?

우리는 노예제를 옳지 못한 것이라고 생각하면서도, 그것을 현재의 상태로 내버려둘 수는 있습니다. 이 나라에 노예제가 실제로 존재하고 있다는 사실에서 생겨나는 필요성 때문에, 그 정도의 양보는 부득이합니다. 그러나 우리가 투표를 통해 노예제를 막아낼 수 있음에도 불구하고, 그것이 국내의 여러 준주로 확대되는 것을 방치하여 결국에는 자유주에 있는 우리까지 압박하게 해야 할까요? 만일 우리의 의무감이 이를 용납하지 않는다면, 두려워하지 말고 효과적으로 의무를 수행합시다. 끊임없이 우리를 공격하고 괴롭히는 저 궤변과 같은 책략들에 현혹되지 맙시다. 옳은 것과 옳지 못한 것 사이의 중간적인 입장을 모색하는 그 책략들은, 살아 있지도 않고 죽지도 않은 사람을 찾는 것만큼이나 쓸모없는 짓입니다. 예컨대 진실한 사람이라면 걱정할 수밖에 없는 문제에 대해 '무관심' 정책을 펴는 것, 연방의 이름으로 참된 연방주의자한테 연방분리주의자에게 굴복하라고 요구하는 것, 하느님의 뜻과는 반대로 죄인이 아닌 의인을 불러 회개시키려는 것,[1] 워싱턴에게 호소하는 척하면서 워싱턴이 한 말, 워싱턴이 한 일을 무효화하자고 사람들을 선동하는 것은 모두 그런 책략의 일환입니다.

우리에 대한 그릇된 비난을 듣더라도 우리의 의무를 저버리지 맙시다. 그리고 연방정부를 파괴하겠다거나 우리를 감옥에 보내겠다는 위협에 겁먹지 맙시다. **정의가 곧 힘이라는 신념을 가지고, 이 신념에 입각해서 우리가 알고 있는 우리의 의무를 끝까지 과감하게 수행합시다.**

1. "나는 의인이 아니라 죄인을 불러 회개시키러 왔다."(「누가복음」 5장 32절)

불행한 사람들의 특징은
그것이 불행한 것인 줄 알면서도
그쪽으로 간다는 데 있다.

선거운동을 위해 쓴 자서전 *

— 1860년 6월경

* 링컨은 1858년과 1860년 사이에 세 편의 자서전을 썼다. 1858년 6월과 1859년 12월 20일에 쓴 자서전, 그리고 여기에 소개하는 1860년 6월에 쓴 자서전이 그것이다. 그러나 앞의 두 편은 사실상 간단한 약력 정도의 내용이기 때문에 자서전이라고 부를 만한 것은 아니다. 반면에 세 번째 자서전은 비록 선거운동용으로 집필되긴 했지만, 링컨의 어린시절과 청년기를 아는 데 없어서는 안될 귀중한 정보를 담고 있다. 오늘날 널리 알려져 있는 링컨의 젊은 시절 이야기들은 모두 이 자서전에 근거한 것이다. 이 자서전은 링컨이 1860년 5월에 공화당 대통령 후보로 지명된 후 오늘날 『시카고 트리뷴』지의 전신인 『시카고 프레스 앤드 트리뷴』지의 편집인 존 L. 스크립스가 링컨의 선거운동용 전기를 쓰기 위해 링컨에게 자서전 집필을 요청했을 때 쓴 것이다. 그래서 링컨은 스크립스의 취지를 십분 고려하여 이 자서전을 일인칭이 아닌 삼인칭 관점으로 서술했다.

에이브러햄 링컨은 1809년 2월 12일, 켄터키 주 하딘 카운티에서 태어났다. 그의 아버지 토머스와 할아버지 에이브러햄은 버지니아 주 로킹햄 카운티에서 태어났는데, 그들의 조상은 펜실베이니아 주 버크스 카운티에 살다가 버지니아로 이주했다고 한다. 이 이상 거슬러 올라가는 그의 가계에 대한 추적이 이루어진 적은 없다. 이 집안은 원래 퀘이커파였으나, 후대로 내려올수록 퀘이커파의 독특한 관습에서 멀어지게 되었다. 할아버지 에이브러햄에게는 아이작, 제이콥, 존, 토머스라는 네 형제가 있었다. 알려진 바에 의하면, 제이콥과 존의 자손들은 지금도 버지니아에 살고 있다. 아이작은 버지니아·노스캐롤라이나·테네시의 접경지대 근처로 이주해갔고, 그의 자손들은 지금도 그 지방에 살고 있다. 토머스는 켄터키에 와서 오랫동안 살았으나, 그가 죽고 나서 자손들은 미주리로 이주했다. 본 주인공의 할아버지 에이브러햄은 1784년경에 인디언에게 살해되었다. 할아버지의 유족으로는 3남2녀가 있었다. 장남 모디카이는 늘그막까지 켄터키에서 살다가 일리노이의 핸콕 카운티로 이주하자마자 세상을 떠났는데, 그의 자손 몇 명은 아직도 그곳에 살고 있다. 차남 조사이아는 오늘날의 인디애나 주 해리슨 카운티에 있는 블루 강 근처로 일찍이 이주했는데, 그나 그의 가족에 관한 근황은 알 수 없다. 장녀 메리는 랠프 크룸과 결혼했으며, 그 자손들 가운데 몇몇은 현재 켄터키 주 브레켄리지 카운티에 거주하고 있는 것으로 알려져 있다. 차녀 낸시는 윌리엄 브럼필드에게 출가했는데, 그 가족이 켄터키를 떠났다는 말을 들은 적은 없지만, 그들의 근황 역시 알 수 없다. 삼남 토머스가 본 주인공의 아버지이다. 토머스는 일찍 아버지를 여의고 어머니와 함께 몹시 가난하게 살았는데, 어릴 적부터 이곳저곳 떠돌아다니며 일을 했기 때문에 전혀 교육을 받지 못했다. 그는 겨우 자기 이름자 쓰는 것말고는 까막눈이나 마찬가지였다. 아직 미성년이었을 때 홀스턴 강[1]의 지류인 와토가 강 기슭에서 숙부 아이작과 함께 임시노동자로 일했다. 그후 켄터키로 돌아와 살다가 스물여덟 살이 되던 해인 1806년에 장차 본 주인공의 어머니가 될 낸시 행크스와 결혼했다. 그녀 역시 버지니아에서 태어났는데, 행크스란 성(姓)을 가진 그녀의 친인척은 현재 일리노이 주의 콜스·메이컨·애덤스 카운티와 아이오와 주 등지에 흩어져 살고 있다. 본 주인공은 현재 친형제는 물론이고 이복형제도 없다. 장성하여 출가한 누나가 한 명 있었지만, 자식 하나 없이 오래전에 세상을 떠났다. 남동생 한 명은 아주 어릴 때 사망했다. 켄터키를 떠나기 전에 본 주인공과 누나는 처음에는 재커라이아 라이니 선생이, 두 번째는 케일러브 헤이즐 선생이 가르치던 에이비시 학교[2]에 잠시 다녔다.

이 당시 본 주인공 에이브러햄의 아버지는 켄터키 주 바즈타운에서 테네시 주 내슈빌로 통하는 길 근처에 있는 노브크리크라는 곳에 살고 있었다. 롤링포크 강의 애서턴 나루에서 남서쪽으로 3~3.5마일 떨어진 곳이다. 1816년 가을, 그가 이곳에서 오늘날의 인디애나 주 스펜서 카운티로 이주했을 당시 에이브러햄은 여덟 살이었다. 이 이주는 어느 정도는 노예제 때문이었으나,[3] 주된 이유는 켄터키에서

1. 버지니아 주 남서부와 테네시 주 동부의 주요 수로를 이루는 강.
2. A.B.C. school. 통나무로 지은 허름한 교사에서 순회교사가 다양한 연령층의 아이들에게 간단한 읽기·쓰기·산수를 가르치던 19세기 미국의 초등학교.
3. 링컨의 아버지 토머스는 노예제에 반대하는 입장이었다.

는 토지소유권을 등기하기가 쉽지 않았기 때문이다.[1] 그는 개간되지 않은 삼림 속에 정주했으므로, 숲의 잉여목재를 제거하는 작업이 최대 과제였다. 에이브러햄은 비록 어렸지만 나이에 비해 키가 컸기 때문에 곧 도끼를 잡게 되었다. 이때부터 스물세 살이 될 때까지 그는 이 유용한 연장을 거의 손에서 놓은 적이 없었다. 물론 쟁기질을 할 때나 추수 때에는 도끼를 드는 횟수가 줄어들었다. 이곳에서 에이브러햄은 어린 나이에 사냥을 시작했으나, 이후에도 줄곧 초보사냥꾼 신세를 면치 못했다.(그가 만 아홉 살이 되기 이삼일 전에 아버지가 출타 중일 때 야생 칠면조들이 새로 지은 통나무집에 다가왔다. 에이브러햄은 집안에서 라이플총을 들고 서서 통나무 틈새로 한 마리를 쏘아 죽였다. 이후 그는 그것보다 큰 사냥감을 향해 방아쇠를 당겨본 적이 없다.) 1818년 가을, 그의 어머니가 돌아가셨다. 1년 뒤에 그의 아버지는 켄터키 주 엘리자베스타운에서 샐리 존스턴 부인과 재혼했다. 그녀는 세 아이를 둔 과부였다. 그녀는 에이브러햄에게 아주 다정하고 좋은 어머니였는데, 지금은 일리노이 주 콜스 카운티에 살고 있다. 재혼한 두 사람 사이에서는 아이가 생기지 않았다. 에이브러햄의 아버지는 1830년까지 인디애나 주 스펜서 카운티에 살았다. 그곳에서 에이브러햄은 앤드루 크로퍼드, ○○○ 스위니, 에이즐 W. 도시 선생이 가르치는 에이비시 학교에 잠깐씩 다녔다. 그는 다른 사람에 대해서는 기억하지 못한다. 도시 선생의 가족은 현재 일리노이 주 스카일러 카운티에 거주하고 있다. 에이브러햄은 자신이 학교를 다닌 기간이 다 합쳐도 1년이 채 안되었을 것으로 생각하고 있다. 그는 중고등학교나 대학에 학생으로서 적을 둔 적이 한 번도 없고, 변

1. 실제로 링컨의 아버지는 1816년에 부동산 등기상의 오류로 인해 재판에서 패하여 켄터키에서 자신이 개간한 토지를 전부 잃었다.

호사 자격증을 따기 전까지 중고등학교나 대학교의 건물 안에 들어가 본 적도 없다. 그의 지식은 모두 독학으로 얻은 것이다. 그는 스물세 살이 넘어서(이때 이미 아버지의 집에서 나와 있는 상태였다) 영문법을 공부했다. 그 덕분에 불완전하나마 지금만큼 말하고 글을 쓸 수 있게 되었다. 그는 하원의원이 된 뒤에 유클리드의 〔『원론』 중〕 여섯 권을 공부하여 그 내용을 거의 소화했다. 그는 교육을 제대로 받지 못한 것을 유감으로 생각하고, 부족한 부분을 채우기 위해 최선을 다했다. 열 살 때는 말의 뒷발에 차여 한동안 기절한 적도 있다. 여전히 인디애나에 살고 있던 열아홉 살 때는 처음으로 평저선을 타고 뉴올리언스까지 갔다. 그는 단지 임시노동자였고, 고용주의 아들 한 명과 함께 타인의 도움을 받지 않고 이 여행을 했다. 화물선을 타고 갔던 만큼, 그들은 사탕수수 농장이 인접한 강변을 따라 천천히 나아가며 장사를 해야 했다. 어느 날 밤 그들은 흑인 7명한테 습격을 당했다. 강도들은 그들을 죽이고 물건을 강탈하려 했다. 난투극을 벌이는 와중에 약간의 부상을 입긴 했으나, 그들은 흑인들을 배에서 몰아내고 "밧줄을 끊어" "닻을 올리고" 그곳을 벗어났다.

1830년 3월 1일, 만 스물한 살이 된 에이브러햄은 아버지와 가족, 새어머니의 두 딸과 사위의 가족과 함께 정든 고장 인디애나를 떠나 일리노이로 이사 왔다. 그들의 운송수단은 황소가 끄는 짐수레였는데, 수레 하나는 에이브러햄이 몰았다. 그들은 메이컨 카운티에 도착해서 3월의 한동안을 그곳에 머물렀다. 그의 아버지와 가족은 디케이터에서 서쪽으로 약 10마일 떨어져 있는 생거먼 강의 북안, 삼림지대와 초원이 만나는 지점에 새 거주지를 정했다. 여기서 그들은 통나무집을 지어 이사하고, 가로대를 넉넉히 만들어 10에이커의 땅에 울타리를 쳐서 땅을 일구고 씨를 뿌려 곡식을 재배했다. 이 모든 일을 그해에 다해냈다. 이때 만든 가로대들이 이제는 인구에 회자되고 있지만, 에이브러햄은 그 전에도 가로대를 무수히 만들었다.[1]

새어머니의 사위들은 일단 같은 카운티의 다른 지점에 정착했다. 가을에 그들 모두는 몸살과 고열로 고생했다. 이런 고통을 처음 접한 그들은 크게 낙담하여 그 카운티를 떠나려고 마음먹었다. 하지만 겨우내 그곳에 머물렀다. 그해 겨울은 일리노이 주의 저 유명한 심설(深雪)의 겨울이었다. 겨울 동안 에이브러햄은 새어머니의 아들 존 D. 존스턴 그리고 아직 메이컨 카운티에 살고 있던 존 행크스와 함께 덴턴 오펏에게 고용되어, 일리노이 주 비어즈타운에서 뉴올리언스로 평저선을 인도하는 일을 하게 했다. 이 일을 위해 그들은 눈이 녹는 대로 오펏과 일리노이 주 스프링필드에서 만나기로 했다. 1831년 3월 초순에 눈이 녹자 카운티 일대가 온통 물바다로 변했기 때문에 육로로 여행하는 것은 거의 불가능했다. 위험을 피하기 위해 그들은 커다란 카누 한 척을 구입하여, 그것을 타고 생거먼 강을 따라 내려갔다. 에이브러햄은 이렇게 해서 난생 처음으로 생거먼 카운티에 발을 들여놓았다. 그들은 스프링필드에서 오펏을 만나고 나서야 오펏이 비어즈타운에서 배를 구하지 못했다는 것을 알게 되었다. 그들은 오펏한테 한 달에 12달러씩 받기로 하고, 스프링필드 북서쪽 7마일 지점에 있는 생거먼 강변의 옛 생거먼 타운에서 직접 나무를 베어 배를 건조했다. 그들은 최초의 계약대로 그 배를 인도하기

1. 1860년 5월 9일에 링컨의 육촌인 존 행크스는 공화당 일리노이 주 당대회가 열리고 있던 디케이터에 링컨이 직접 만들었다는 울타리용 가로대 2개를 들고 나타났다. 이 일은 리처드 오글스비라는 디케이터의 유력 정치인이 링컨의 서민적 이미지를 강조하기 위해 기획한 일이었는데, 이를 계기로 1860년 대통령선거에서 울타리용 가로대를 만드는 사람이라는 뜻의 'rail splitter'(링컨의 별명이기도 하다)가 사람들의 입에 자주 오르내렸다.

위해 그것을 타고 뉴올리언스까지 갔다. 돼지의 눈을 꿰매는 우스꽝스러운 소동이 벌어진 것도 이 배와 관련이 있다. 오펏은 30여 마리의 살찐 돼지를 구입했는데, 이놈들을 배에 몰아넣는 것이 상당히 어려운 일임을 곧 알게 되었다. 문득 그는 돼지의 눈을 꿰매면 돼지를 원하는 방향으로 이동시킬 수 있겠다는 생각이 들었다고 한다. 그는 마음을 먹자마자 에이브러햄과 일꾼 전원을(항해사는 제외) 그 작업에 투입시켰고, 이윽고 일을 완료했다. 그러나 앞을 볼 수 없게 된 돼지들은 제자리에서 꼼짝도 하지 않았다. 이 기발한 방법은 실패로 돌아갔고, 그들은 돼지들을 묶어서 수레에 싣고 배로 옮겼다. 지금은 메나드 카운티에 속하는 생거먼 강변에서 일어난 해프닝이다.

이 무모한 작업을 통해 일면식도 없던 오펏과 친분을 나누게 되면서, 에이브러햄은 오펏의 호감을 얻었다. 오펏은 믿고 일을 맡길 만큼 에이브러햄을 전적으로 신뢰했다. 에이브러햄이 뉴올리언스에서 돌아오자마자, 오펏은 에이브러햄과 계약을 맺고 뉴세일럼(지금은 메나드 카운티에 속해 있지만 당시에는 생거먼 카운티에 속했다)에 있던 자신의 점포와 공장을 관리하는 점원으로 고용했다. 부양가족이 있는 행크스는 당초 예상했던 것보다 집을 떠나 있는 기간이 길어지자 뉴올리언스까지 가지 않고 세인트루이스에서 되돌아갔다. 그는 근자에 가로대를 들고 디케이터에 나타났던 존 행크스와 동일인물이고, 에이브러햄의 어머니의 사촌이다. 에이브러햄의 아버지는 자신의 가족과 앞서 말한 다른 식구들을 데리고 본인의 계획에 따라 메이컨에서 콜스 카운티로 이사했다. 새어머니의 아들 존 존스턴도 그들에게 갔고, 에이브러햄은 무작정 뉴세일럼에서 난생 처음 혼자 머무르게 되었다. 이것이 1831년 7월의 일이었다. 여기서 그는 곧 많은 지인과 친구를 사귀었다. 1년도 채 안되어 오펏의 사업은 사양길을 걸었고, 1832년에 블랙호크 전쟁[1]이 일어났을 무렵에는 거의 파산 직전이었다. 에이브러햄은 의용군에 들어갔는데, 놀랍게도 의용군 중대장에 뽑혔다. 그는 이후 일생을 통해 이토록 커다란 만족을 준 성공은 없었다고 말한다. 그는 석 달 가까이 복무하면서 군사원정에 수반되는 온갖 고생을 했지만 실전을 경험하지는 못했다. 그는 현재 아이오와 주에 자기 소유의 땅이 있는데, 이 땅은 군복무 대가로 정부로부터 받은 것이다. 전쟁에서 돌아온 그는 이웃사람들 사이에 자신의 인기가 높다는 것에 고무되어, 그해에 주의회 의원 선거에 입후보했다가 낙선했다. 하지만 그 자신의 투표구는 그에게 찬성 277표, 반대 7표라는 압도적 지지를 보여주었다. 그가 헨리 클레이의 지지자임을 공언했다는 점을 감안하면 상당히 많은 표를 얻었던 셈이다. 참고로 가을에 치러진 대통령선거에서 뉴세일럼 선거구는 잭슨 장군에게 클레이 선생보다 115표나 더 많은 표를 주었다. 에이브러햄이 직접선거에서 패한 것은 이것이 유일하다. 그는 일도 없고 모아놓은 돈도 없었지만, 그를 물심양면으로 도와준 친구들 곁에 머물고 싶었다. 그렇다고 달리 갈 곳도 없었다. 그는 자신이 무엇을 해야 할지 고민했다. 대장장이 일을 배워볼 생각도 했고, 법률공부를 해볼 생각도 했다. 하지만 그는 제대로 교육을 받지 못하면 변호사가 되기는 힘들 것이라고 생각했다. 얼마 뒤에 어떤 사람이 에이브러햄과 그만큼 가난한 또 한 명에게 재고품을 외상으로 넘겨주겠다고 제안했다. 그들은 허름한 가게를 열고 장사꾼이 되었으나 점점 빚만 늘어났다. 그는 뉴세일럼의 우체국장에 임명되었는데, 워낙

1. Black Hawk War. 소크족 지도자 블랙호크가 이끄는 아메리카 원주민과 미군(일리노이와 위스콘신의 민병대) 사이에 벌어진 일련의 전투. 19세기 초에 미국 정부에 양도한 토지를 되찾으려던 인디언 부족들은 이 전쟁에서 패함으로써 더 많은 토지를 빼앗기고 서쪽으로 이동해야 했다.

작은 우체국이어서 그의 정치활동에 지장을 주지는 않았다. 가게는 그만두었다. 생거먼 카운티의 측량기사가 자신의 일감 일부를 그에게 맡기겠다고 제의했다. 그는 제안을 받아들였다. 그래서 나침반과 측쇄(測鎖)를 구하고, 플린트와 깁슨[1]의 측량술을 웬만큼 공부한 다음 측량작업에 착수했다. 이 일을 통해 빵을 얻은 그는 정신과 육체의 조화를 유지할 수 있었다. 1834년의 선거일이 다가왔다. 그는 입후보자들 가운데 최고득표자가 되어 주의회에 입성했다. 당시 변호사로 왕성하게 활동하고 있던 존 T. 스튜어트 소령도 당선되었다. 선거운동기간에 사적인 대화를 나눌 때 스튜어트가 에이브러햄에게 법률을 공부해보라고 권했다. 선거 후 그는 스튜어트의 책을 가득 빌려서 그와 함께 집으로 왔다. 그리고 열심히 책과 씨름했다. 완전히 독학이었다. 의식주를 해결하기 위해 측량도 병행했다. 개원하면 법률책을 손에서 내려놓았지만, 회기가 끝나면 다시 책을 집어 들었다. 그는 1836년, 1838년, 1840년에 연이어 의원에 당선되었다. 1836년 가을에는 그는 변호사 자격증을 땄고, 1837년 4월 15일에 스프링필드로 옮겨가서 변호사일을 시작했다. 그의 옛 친구 스튜어트가 그를 동업자로 맞아주었던 것이다. 1837년 3월 3일, 이 날짜의 일리노이 주 의회의사록 817쪽과 818쪽에 실린 항의문을 통해 에이브러햄은 댄 스톤이라는 또 한 명의 생거먼 대표와 함께 노예제 문제에 관한 자신의 입장을 간단히 밝혔다. 그리고 그 문제에 관한 한 그의 입장에는 지금도 변함이 없다. 항의문의 내용은 다음과 같다.

국내의 노예제 문제에 관한 결의가 이번 회기에 주의회의 양원

1. 에이블 플린트와 로버트 깁슨은 측량술의 교본을 쓴 사람들이다.

(兩院)을 통과했다. 이에 아래에 서명한 사람들은 상기 결의안의 가결에 대해 항의하는 바이다.

서명자 일동은 노예제가 부정(不正)과 악정(惡政)에 근거한 것임을 알고 있지만, 노예제 폐지원칙의 공표는 그 해악을 줄이기는커녕 오히려 증대시킬 것이라고 생각한다.

서명자 일동은 연방의회가 각 주의 노예제에 간섭할 헌법적 권한을 갖지 않는다고 믿는다.

서명자 일동은 연방의회가 컬럼비아 특별구에서 노예제를 폐지할 헌법적 권한을 갖는다고 믿지만, 이 권한은 특별구 인민의 요청 없이 행사되어서는 안된다고 생각한다.

서명자 일동은 이런 의견과 전술한 결의에 포함된 의견 사이의 차이를 밝히고자 이 항의문을 제출하는 바이다.[1]

댄 스톤, A. 링컨,
생거먼 카운티 선출 하원의원

1838년과 1840년에 링컨 씨의 당은 그를 주의회 하원의장으로 추천했으나, 소수당 소속이어서 선출되지 않았다. 1840년 이후 그

1. 일리노이 주의회는 1837년 1월에 노예제 폐지운동을 벌이는 단체들의 결성을 규탄하고, 노예에 대한 소유권은 헌법에 보장된 노예주(奴隸州)들의 신성한 권리이므로 그들의 동의 없이 박탈될 수 없으며, 연방의회는 컬럼비아 특별구에서 노예제를 폐지할 권한이 없다는 내용의 결의안을 통과시켰다. 이에 링컨은 노예제에 대한 자신의 입장을 처음으로 공표한 이 글을 통해 항의했다. 노예제에 반대하지만 급진적인 노예제 폐지운동에도 반대한다는 취지의 이 항의문은 지나치게 온건해 보일지 몰라도, 당시에는 상당한 논란을 불러일으켰다. 일리노이에는 19세기 초에 노예주인 켄터키와 테네시에서 이주해온 주민들이 많았고, 노예소유자도 많았다. 이 때문에 자유주였음에도 불구하고, 이 주에서 공개적으로 노예제에 반대하기는 어려운 실정이었다.(실제로 같은 해에 러브조이라는 목사는 노예제 폐지를 주장하는 문서를 출판했다가 성난 군중에게 죽임을 당했다.)

는 주의회 의원선거에 더 이상 입후보하지 않았다. 1840년에는 윌리엄 해리슨[1]의 선거인단 명부에, 1844년에는 헨리 클레이의 선거인단 명부에 올라 이 두 선거전에 많은 시간과 노력을 기울였다. 1842년 11월, 그는 켄터키 주 렉싱턴에 사는 로버트 S. 토드의 딸 메리와 결혼했다. 그들은 슬하에 세 아이를 두고 있다. 모두 아들이며, 첫째는 1843년에, 둘째는 1850년에, 셋째는 1853년에 태어났다. 1846년에 태어난 또 한 명의 아이는 일찍 죽었다. 1846년에 그는 연방 하원의원에 당선되어, 1847년 12월부터 테일러 장군이 취임한 1849년 3월까지 한 번의 임기만을 채우고 물러났다. 멕시코 전쟁의 모든 전투는 그가 연방의회에서 활동하기 전에 사실상 종료된 상태였다. 그러나 미군은 여전히 멕시코에 있었고, 강화조약은 1848년 6월이 되어서야 정식으로 비준을 받았다. 이 전쟁과 관련해서 그의 의정활동에 대해 말들이 많다. 『연방의회 의사록』[2]과 의회일지들을 상세히 검토해보면, 그는 의회에 상정된 모든 군비지출 관련 법안에 대해서뿐만 아니라, 전쟁을 수행한 장교와 병사 및 그 가족들한테 유리한 법안에 대해서도 찬성했음을 알 수 있다. 단 이 법안들 중에는 표결 없이 통과된 것도 몇 건 있었기 때문에, 누가 어떻게 투표했는가에 대한 기록이 없는 경우도 있다. 또한 『의사록』과 의회일지에는 그가 "멕시코와의 전쟁은 시작할 필요가 없었던 전쟁이며, 미국 대통령이 이 전쟁을 시작한 것은 헌법에 위배된다"라는 의견을 지지한 사실도 나와 있다. 이 의견은 애슈먼 씨의 수정안에 나오는 것으로, 링컨씨를 비롯한 하원의 휘그당원은 대부분 그 수정안에 찬성표

1. 미국의 제9대 대통령. 취임 1개월 만에 사망함으로써 미국 역사상 재임기간이 가장 짧았던 대통령이 되었다.
2. *Congressional Globe*. 1833년부터 1873까지의 의회의사록을 모아둔 연방정부의 공식문서철. 1873년 이후에는 *Congressional Record* 라는 이름으로 발간되고 있다.

를 던졌다.

링컨 씨가 그 수정안에 찬성한 이유를 간단하게 설명하면 다음과 같다. 포크 대통령은 테일러 장군을 미국이 아니라 멕시코에 속한, 사람이 살고 있는 지역에 보냄으로써 최초의 적대행위 즉 사실상의 전쟁을 도발했다. 리오그란데 강 동안에 있는 그 지점은 멕시코 정부하에서 태어난 멕시코의 원주민들이 사는 고장으로, 텍사스나 미국에 항복한 적도 정복된 적도 없고, 조약에 의해 텍사스나 미국에 양도된 적도 없다. 텍사스는 리오그란데 강이 경계라고 주장했지만, 멕시코 정부와 그 땅에 살고 있는 사람들은 그 주장을 인정한 적이 없고, 텍사스나 미국이 그 주장을 강제로 관철한 적도 없다. 또한 그 강과 텍사스가 실제로 지배하고 있던 땅 사이에는 광대한 사막이 존재했다. 적대행위가 시작된 그 땅은 이전에 멕시코에 속해 있었고, 어쨌든 법적 조치에 의해 소유권이 이전되기 전까지는 멕시코의 땅으로 남아 있어야 맞다. 게다가 그런 조치가 이루어진 적도 없다.

링컨 씨는 멕시코인이 살고 있는 곳에 군대를 파견한 행위는 멕시코가 미국 또는 미국인들을 괴롭히거나 위협하고 있지 않았기 때문에 불필요한 일이었고, 선전포고의 권한은 대통령이 아니라 의회에 있다는 점에서 위헌적인 조치였다고 생각했다. 그는 그 행위의 주된 동기가 영국을 겨냥한 "북위 54도 40분까지, 그렇지 않으면 전쟁"이라는 슬로건을 포기한 것에 대한 대중의 관심을 딴 데로 돌리려는 데 있었다고 보았다.[1]

링컨 씨는 재선에 도전하지 않았다. 이는 휘그당 동지들 사이의

1. 북아메리카 대륙 북서부 태평양 연안의 북위 42도와 54도 40분 사이의 지역, 즉 지금의 미국 워싱턴 주. 오리건 주와 캐나다의 브리티시컬럼비아 주를 포함하는 지역은 18세기 말부터 19세기 전반까지 그 영유권을 놓고 영국·미국·스페인·러시아가 각축을 벌인 분쟁지역이었다. 결국 여러 차례 조약을 통해 스페인과 러시아가 영유권 분

합의에 따른 것으로, 그가 워싱턴에 가기 전에 이미 결정되고 선언된 것이었다. 이전에도 존 하딘 대령과 에드워드 베이커 대령이 그 합의에 따라 같은 지역구에서 단 한 번의 임기 동안만 의원직을 수행한 적이 있었다.

그는 연방의회 회기 중인 1848년에 다른 후보들을 제쳐놓고 테일러 장군의 대통령 후보 지명을 제창했고, 테일러 장군이 후보로 지명된 뒤에는 그의 당선을 위해 열심히 선거운동을 했다. 워싱턴 근처의 메릴랜드 주에서 두세 번, 매사추세츠 주에서 여러 차례 연설을 했다. 그리고 자신의 지역인 일리노이에서 활발히 유세해, 이 선거구에서 테일러 후보가 경쟁상대보다 1,500표 이상을 얻었다.

의회에서 돌아온 뒤 그는 변호사로서 예전보다 더 성실하게 일했다. 1852년에 그는 윈필드 스콧의 선거인단 명부에 올랐다. 선거운동을 약간 하긴 했지만, 그의 선거공약이 일리노이에서는 지지를 얻기 어려울 것으로 판단했기 때문에, 예전처럼 열심히 하지는 않았다.

그의 직업에 대한 열정은 그의 마음속에서 정치활동에 대한 생각을 거의 지워버렸으나, 1854년에 있은 미주리 타협의 폐기는 전에 없이 그를 자극했다.

그해 가을 그는 가능하다면 리처드 예이츠[1]를 재선시켜야겠다는

쟁에서 손을 떼고, 마지막에는 미국과 영국 두 나라가 영유권을 놓고 대립하게 되었다. 두 나라는 1818년 회의에서 미국-캐나다 국경선을 북위 49도선을 따라 로키산맥까지 늘이는 한편 오리건 지방을 영미공동점령지로 하기로 결정했다. 그런데 이 오리건 영유가 1844년 미국 대통령 선거의 쟁점 중 하나가 되면서, "북위 54도 40분까지, 그렇지 않으면 전쟁"을 호소한 제임스 K. 포크 후보가 대통령에 당선되었다. 이 일련의 과정을 오리건 경계선 분쟁이라고 한다. 그리고 포크 대통령 임기중인 1846년에 오리건 조약이 체결되어, 1818년에 정해진 북위 49도선을 서쪽으로 연장하여 경계선이 최종적으로 확정되었다.

1. Richard Yates, 1815~1873. 일리노이 주 하원의원(1851~1855)과 주지사(1861~1865), 상원의원(1865~1871)을 지낸 정치인.

것 외에는 별다른 구체적인 목표 없이 선거유세를 시작했다. 그의 연설들은 순식간에 과거 그 어느 때보다도 많은 관심을 끌게 되었다. 유세가 진행되면서, 그는 에이츠 씨의 선거구가 아닌 일리노이 주의 다른 지방까지 불려 다녔다. 그는 변호사일도 포기하지 않았고, 변호사일과 정치활동에 번갈아가면서 관심을 기울였다. 그해에 일리노이 주 농업박람회가 스프링필드에서 개최되었고, 더글러스가 그곳에서 연설한다는 소식이 발표되었다.

1856년의 유세에서 링컨 씨는 50회 이상 연설을 했으나, 그가 기억하는 한 인쇄된 것은 하나도 없다. 그는 걸리나[1]에서도 연설을 했는데, 그 연설의 일부가 인쇄되었는지에 대한 기억도 없다. 또한 그 연설에서 자신이 연방대법원의 결정에 대해 어떤 발언을 했는지 안 했는지에 대한 기억도 없다. 그는 어쩌면 그 문제에 관해 뭔가 말을 했을지도 모르고, 일부 신문이 오늘날 그가 한 말이라고 알려져 있는 말을, 그가 진짜로 한 것처럼 보도했는지도 모른다. 그러나 그는 그 당시에 자신이 그런 발언을 했을 리가 없다고 생각한다.[2]

1. Galena. 일리노이 주 북서단의 도시.
2. 링컨은 1856년 7월 23일에 걸리나에서 연설을 했고, 그의 연설은 사흘 뒤에 현지 신문에 보도되었다. 이 보도에 의하면, 링컨은 준주에서 노예제를 금지하는 것이 위헌이라고 믿는 남부사람들은 연방을 해체할 생각을 할 게 아니라 사법적 절차를 밟아 법원의 판결에 복종해야 할 것이라고 주장했다고 한다. 이 신문은 링컨이 다음과 같이 말했다고 전하고 있다. "위헌적 법령은 법이 아니라는 것은 저도 인정하는 바입니다. 그러나 저는 여러분(남부사람들)에게 헌법에 대한 해석을 요구하지도 않겠거니와, 그 해석을 받아들이지도 않을 것입니다. 연방대법원은 그런 문제를 판단하는 법정이므로, 우리는 연방대법원의 결정에 따라야 합니다. 여러분이 그렇게 하신다면, 그 문제는 해결됩니다. 그렇게 하시겠습니까? 그럴 의향이 없으시다면, 여러분과 우리 가운데 누가 연방분리주의자인지 묻고 싶습니다."

조지 C. 래섬에게 보낸 편지*

— 1860년 7월 22일, 스프링필드

* 조지 래섬은 링컨의 맏아들 로버트의 고향친구로, 두 사람은 뉴햄프셔의 필립스 엑서터 아카데미에서 하버드 대학 진학을 준비하고 있었다. 링컨은 유명한 쿠퍼 인스티튜트 연설을 한 직후에 필립스 엑서터 아카데미를 직접 찾아가 아들 및 래섬과 며칠 동안 시간을 보낼 정도로 이들의 교육에 각별한 관심을 가졌다. 1860년 말에 로버트는 하버드 대학 입학시험에 합격했지만, 래섬은 떨어졌다. 아들의 편지를 받고 래섬의 낙방을 알게 된 링컨은 선거운동으로 눈코 뜰 새 없이 바쁜 와중에도 짬을 내어 래섬에게 목표를 달성하기 위해 마음을 추스리고 다시 노력하라는 격려편지를 보냈다. 이 편지에서 링컨이 래섬의 낙방을 그답지 않게 과장 섞인 표현을 써가며 안타까워한 것은 래섬이 몇 년 전 아버지를 여의었기 때문이었는지도 모른다. 어쨌든 노력과 인내가 성공의 지름길이라는 링컨의 인생관이 잘 드러나 있는 이 편지를 받은 래섬이 하버드 대학에 재도전했는지 여부는 알려져 있지 않다. 다만 그는 한때 예일 대학을 다니다가 고향으로 돌아가 사업을 한 것으로 전해진다.

사랑하는 조지에게

어제 보브[1]의 편지를 읽다가 네가 하버드 대학 진학에 실패했다는 것을 알게 된 순간, 내 인생에서 이때보다 더 마음 아팠던 적은 없었다. 그렇지만 네가 실망에 빠져 좌절하지만 않는다면, 그런 일은 아무것도 아니다. 분명한 사실은 네가 하버드에 입학할 수 있고 하버드를 졸업할 수 있다는 것이다. 일단 어떤 일에 도전한 이상, 너는 그 일에 반드시 성공해야 한다. '반드시'라는 말을 명심하거라.

너를 어떻게 도와주어야 할지 모르겠다만, 산전수전 다 겪은 나이 지긋한 사람으로서 장담할 수 있는 것은, 네가 단단히 마음만 먹는다면 결코 실패할 리가 없다는 것이다.

하버드 대학 총장은 분명 친절한 분일 테니까, 틀림없이 너에게 면담을 허락하고 너의 입학에 걸림돌이 되었던 문제들을 해결할 수 있는 길을 알려주실 게다.

너의 일시적인 실패가, 네가 너보다 쉽게 대학에 들어간 다른 학생들보다 훌륭한 학자가 될 수 없다거나 험난한 인생에서 성공할 수 없다는 증거는 아니다.

거듭 말하거니와 절대로 낙담하지 말거라. 너는 결국에는 분명히 성공할 것이다. 네가 잘되기를 진심으로 바라고, 너를 응원하마.

A. 링컨

1. 링컨의 맏아들 로버트의 애칭.

그레이스 베델에게 보낸 편지*

— 1860년 10월 19일, 스프링필드

* 대통령 선거운동이 한창이던 1860년 10월, 링컨은 뉴욕 주에 사는 11세 소녀가 보내온 다음과 같은 편지 한 통을 받았다.

> 존경하는 링컨 아저씨께
>
> 아빠가 장에 갔다 방금 돌아오셨는데, 아저씨의 사진과 햄린(링컨의 러닝메이트)씨의 사진을 갖고 오셨어요. 저는 겨우 열한 살짜리 소녀지만, 아저씨가 꼭 미국대통령이 되시기를 바라고 있어요. 아저씨처럼 위대한 분께 편지를 쓴다고 해서 저를 너무 당돌한 아이라고 생각하지는 말아주세요. 아저씨께도 제 또래의 딸이 있다면 그 애한테도 안부를 전해주세요. 그리고 아저씨께서 바쁘셔서 제 편지에 답장을 하실 수 없다면 대신 그 애한테 답장하라고 말씀해주세요. 제게는 오빠가 넷 있는데, 그 중 한두 명은 무조건 아저씨께 투표할 거예요. 만일 아저씨가 제 충고를 받아들여 구레나룻을 기르신다면 나머지 오빠들도 꼭 아저씨께 투표하게 만들겠어요. 아저씨는 얼굴이 너무 갸름해서 수염을 기르면 지금보다 훨씬 멋져 보이실 거예요. 모든 여성은 수염 기른 남자를 좋아한답니다. 아저씨께서 수염을 기르신다면 부인들이 남편들을 졸라 아저씨께 투표하게 할 거예요. 그렇게 되면 아저씨는 틀림없이 대통령이 되실 거예요. 아빠도 아저씨께 투표할 거예요. 저는 남자가 아니라서 투표할 수 없지만, 모든 남자가 아저씨께 투표하게 만들 거예요. 사진의 배경인 가로대 울타리가 정말로 아름답네요. 제게는 태어난 지 9주 된 아주 귀여운 여동생이 있답니다. 답장은 뉴욕 주 셔토쿼 카운티 웨스트필드에 사는 그레이스 베델에게 보내주세요. 그럼 이만 줄이겠어요. 빠른 답장 부탁드려요.
>
> 안녕히 계세요.
>
> 그레이스 베델 올림

링컨은 답장에서 베델의 조언대로 수염을 기르겠다고 약속하지는 않았지만, 이때부터 구레나룻을 기르기 시작했다. 몇 주 뒤 대통령에 당선된 링컨은 이듬해 워싱턴 상경길에 웨스트필드에 잠시 들러 역사(驛舍)에서 베델을 만나보았다고 한다. 참고로 미국에서 여성참정권이 인정된 것은 1920년부터이다.

사랑스러운 꼬마숙녀 베델 양에게

네가 10월 15일에 보내준 기분 좋은 편지는 잘 받았다.

아쉽게도 내겐 딸이 없고 열일곱 살, 아홉 살, 일곱 살 된 아들만 셋이 있단다. 이 아이들과 내 아내가 나의 전 가족이란다.

네가 구레나룻에 대해 얘기했는데, 여태껏 수염을 기르지 않던 내가 이제 와서 새삼 수염을 기르면 사람들이 바보 같다고 흉보지 않을까?

진심으로 너의 행복을 빌며.

A. 링컨

스프링필드 고별연설*

— 1861년 2월 11일

* 쉰두 번째 생일을 하루 앞둔 1861년 2월 11일, 대통령 당선자 링컨이 전용열차를 타고 워싱턴으로 떠나기 직전에, 환송 나온 친구들과 이웃들에게 남긴 연설이다. 연설은 즉석에서 이루어졌기 때문에 애당초 원고가 없었다. 고별연설로 불리는 이 연설문은 열차가 스프링필드역을 출발한 후 링컨이 열차 안에서 방금 전의 기억을 되살려 기록한 것이다. 복기하는 과정에서 약간의 수정이 이루어졌기 때문에 실제 연설과 똑같다고 할 수는 없지만, 역 앞에 운집한 군중들의 심금을 울린 그때의 비장감 어린 연설의 감동을 느끼기에는 부족함이 없다.

여러분,

저와 같은 입장에 처해본 적이 없는 분들은 이 작별의 시간에 제가 느끼고 있는 슬픔을 이해하지 못하실 것입니다. 지금까지 저는 이곳과 이곳 분들의 친절에 큰 신세를 졌습니다. 이곳에서 사반세기를 살아오는 동안, 한 청년이 어느덧 중늙은이가 되었습니다. 저의 아이들이 이곳에서 태어났고, 그 가운데 한 명은 이곳에 묻혔습니다. 이제 저는 이 고장을 떠납니다. 언제 돌아올지, 과연 다시 돌아올 수 있을는지 기약도 못한 채, [조지] 워싱턴에게 지워졌던 것보다 더 막중한 과업을 안고 떠납니다. 저를 항상 굽어 살피시는 저 거룩하신 하느님의 가호 없이는 저는 절대로 성공할 수 없습니다. 하지만 하느님의 가호가 있다면 절대 실패할 리 없습니다. 저와 함께 동행하시고 여러분 곁에 머무시며 모든 곳에 영원히 계시는 하느님을 믿으면서, 모든 일이 잘 될 것이라는 확신을 가져봅시다. 여러분을 하느님의 보살핌에 맡기고, 부디 여러분도 기도를 통해 저를 하느님께 맡겨주시기를 바라며, 진심 어린 작별인사를 드립니다.

독립기념관 연설*

— 1861년 2월 22일, 필라델피아

* 2월 11일에 스프링필드를 출발한 대통령 당선자 링컨은 인디애나폴리스·신시내티·클리블랜드 등을 경유하여 2월 21일 오후에 필라델피아에 도착했고, 이튿날 아침 독립기념관을 방문했다. 필라델피아 시 특별위원회 의장 시어도어 카일러는 시민들을 대표하여 링컨에게 독립선언서의 기본원칙을 제외한 모든 것을 양보하더라도 연방은 유지되어야 한다는 취지의 환영인사를 했고, 링컨은 이 즉석연설로 화답했다. 연설 직후에 링컨은 독립기념관 밖으로 나가 별 하나가 추가된 새로운 성조기를 게양했다. 이 행사는 같은 해 1월 29일에 캔자스가 미국의 서른네 번째 주가 된 것을 기념하는 것이었다.

카일러 선생께

지혜와 애국심, 원칙에 대한 헌신이 한데 어우러졌던 장소, 우리가 살고 있는 이 체제의 산실인 이곳에 서니, 감개가 무량합니다. 귀하는 혼란에 빠진 우리나라의 평화를 회복시키는 과제가 제 손에 달려 있다는 사실을 친절하게 지적해주셨습니다. 저는 귀하에게 제가 품고 있는 모든 정치적 사상은, 지금 우리가 서 있는 이 기념관에서 비롯되어 세상에 부여되었던 바로 그 사상을 제 능력이 닿는 대로 끌어온 것이라고 화답하고 싶습니다. 정치적으로 저는 독립선언서에 구현되어 있는 견해로부터 비롯되지 않은 의견을 단 한 번도 가져본 적이 없습니다.(열렬한 환호) 저는 이곳에 모여 독립선언서를 채택했던 분들이 감수해야 했던 위험에 대해 종종 생각해보곤 합니다. 또한 독립을 성취한 장교들과 사병들이 감수해야 했던 노고에 대해서도 생각해보곤 합니다.(박수) 저는 이 연방을 그토록 오랫동안 유지시켰던 대원칙이나 사상이 도대체 무엇이었는가에 대해 자문해보곤 합니다. 식민지가 모국에서 떨어져 나왔다는 단순한 사실 때문에 연방이 오랫동안 유지되었을 리는 없습니다. 그런 일이 가능했던 것은 이 땅의 인민에게 자유를 부여했을 뿐 아니라 전 세계의 미래 세대에게 자유를 부여하고자 했던 독립선언서의 정신 덕분이었습니다.(박수갈채) 머지않아 모든 사람의 어깨를 짓누르고 있는 무거운 부담이 사라질 것이라고, 또 모두에게 동등한 기회가 부여될 것이라고 약속했던 것도 독립선언서였습니다.(환호) 바로 이런 견해가 독립선언서에 구현된 것입니다.

동포 여러분, 이 토대 위에서 우리나라를 구할 수 있을까요? 그럴 수 있다면, 그리고 제가 그 일에 일조할 수 있다면, 저는 이 세상에서 가장 행복한 사람일 것입니다. 만일 그 원칙에 입각하여 이 나라를 구할 수 없다면, 참으로 끔찍한 일이 아닐 수 없습니다. 그 원칙을 포기하지 않는 한 이 나라를 구할 수 없다 할지라도, 저는 그 원칙을 포기하느니 차라리 이 자리에서 암살당하는 쪽을 택하겠습니다. (박수)

저는 현재의 정국이 유혈사태나 전쟁을 필요로 한다고 생각하지는 않습니다. 폭력은 불필요하다는 말씀입니다. 저는 그런 방식을 좋아하지 않습니다. 그리고 미리 말씀드리건대 정부의 자위권 발동을 불가피하게 만드는 상황이 발생하지 않는 한 유혈사태는 없을 것입니다. 정부를 상대로 폭력이 사용되지 않는 한 정부는 무력을 사용하지 않을 것입니다. (그치지 않는 박수와 "옳소"라는 함성.)

동포 여러분, 아무런 준비도 없이 연설을 하고 말았습니다. 저는 이곳에 올 때 여러분 앞에서 이렇게 한 말씀 드리게 되리라고는 예상하지 못했습니다. 그저 국기만 게양하면 되는 줄 알았습니다. 제가 본의 아니게 경솔한 발언을 했는지도 모르겠습니다만("아니오, 아니오"라는 함성), 저는 제가 살아 있는 한 지키고 싶은 것, 전능하신 하느님의 뜻에 따라 죽는 그 순간까지 지키고 싶은 것만 말씀 드렸습니다.

일단 어떤 일에 도전한 이상,
너는 그 일에 반드시 성공해야 한다.
'반드시'라는 말을 명심하거라.
……네가 단단히 마음만 먹는다면
결코 실패할 리는 없다.

제1차 대통령 취임사*

— 1861년 3월 4일

* 링컨은 남부의 7개 주가 연방에서 탈퇴하여 남부연합을 결성한 암울한 상황 속에서 미국의 제16대 대통령에 취임했다. 미국인들은 그가 남부에 대해 어떤 정책을 펼칠지 궁금해하고 있었다. 이 취임사는 그런 궁금증에 대한 답변이자, 불만을 품은 남부사람들을 달래서 갈등을 해소해보려는 노력을 보여주고 있다.

링컨은 자신에게는 남부의 노예제에 간섭할 의도도 없으며 그럴만한 헌법적 권한도 없다는 말로 남부인들을 안심시키면서 취임사를 시작했다. 하지만 연방을 향해 무력이 행사된다면, 국가권력으로 단호히 대처하겠다는 다짐도 잊지 않았다. 그는 연방은 해체될 수 없으므로 탈퇴는 불가능하다고 주장하면서, 분리주의는 무정부주의의 또 다른 이름이라고 비난하고, 다수결의 원칙과 연방헌법을 존중해야 한다고 역설했다. 링컨은 진리와 정의의 최종적인 승리에 대한 믿음과, 북부와 남부가 화합하게 될 그날에 대한 기대감을 표명하며 연설을 마무리했다.

북부의 언론은 링컨의 취임사에 찬사를 보냈지만, 남부의 언론은 아무런 반응도 보이지 않았다. 링컨의 호소와 설득이 소기의 성과를 거두지 못한 것이다. 링컨이 대통령에 취임하고서 불과 한 달 만에 United States of America(미국)와 Confederate States of America(남부연합) 사이에 내전, 즉 남북전쟁이 발발했다.

친애하는 미국 시민 여러분,

저는 건국 이래 전해져오는 우리의 오랜 관행에 따라 여러분께 간단히 취임연설을 하고, 대통령의 "직무를 수행하기에 앞서" 미국헌법에 규정된 대로 선서를 하기 위해 여러분 앞에 나왔습니다.

행정부가 별다른 불안이나 동요를 보이고 있지 않은 상황에 대해서 제가 여기에서 왈가왈부할 필요는 없다고 생각합니다.

남부 여러 주의 인민들 사이에는 공화당이 정권을 잡았기 때문에 자신들의 재산과 평화와 개인적 안전이 위협받을 것이라는 두려움이 퍼져 있는 듯합니다. 이런 두려움에는 그럴만한 이유가 전혀 없습니다. 실제로는 그들이 안심해도 좋을 충분한 증거가 상존해왔으므로, 그들이 마음만 먹으면 얼마든지 그 증거를 확인할 수 있었을 것입니다. 그런 증거는 지금 여러분 앞에 서 있는 제가 한 거의 모든 공개연설에서도 찾아볼 수 있습니다. 그 가운데 한 가지만 인용한다면, 저는 "노예제가 존재하고 있는 주에 대해서는 그 제도에 직접적이든 간접적이든 개입할 의도가 없습니다. 내게는 그렇게 할 법적 권한도 없거니와 그렇게 할 의향도 없습니다"[1]라고 공언한 바 있습니다. 저를 대통령 후보로 지명하고 대통령으로 뽑아준 사람들은 제가 그와 같은 발언을 수없이 했을 뿐 아니라 그것을 취소한 적이 결코 없다는 사실을 잘 알기에 저를 지지해준 것입니다. 더욱이 그들은 자신들과 제가 지켜야 할 규정을 명백하고 단호한 결의형식으로

1. 1858년 8월 21일에 일리노이 주 오타와에서 벌어진 제1차 링컨-더글러스 논쟁에서 링컨이 한 말이다.

정강에 포함시켰고, 저는 그것을 받아들였습니다. 그것을 여기에서 낭독하겠습니다.

"우리는 각 주의 권리들, 특히 각 주가 오로지 주 자체의 판단에 따라 그 주의 각종 제도를 정하고 규제하는 권리를 침해하지 않고 유지하는 것이 우리의 정치조직을 완성하고 지속시키는 데 필요한 권력균형에 불가결한 요소임을 결의한다. 또한 우리는 어떤 이유에서든 군대가 주 또는 준주의 땅에 불법적으로 침입하는 것을 가장 중대한 범죄의 하나로 규탄한다."[1]

저는 지금 위와 같은 의견을 말씀드리고 싶습니다. 이 새로운 행정부에 의해 어떤 지방의 재산·평화·안전이 조금이라도 위협받는 일은 절대로 없을 것이라는 결정적인 증거가 있다는 점을 여러분께 환기시켜드리기 위해서입니다. 아울러 헌법과 법률에 위배되지 않는 한 합법적으로 요구되는 모든 보호는 이유 여하를 막론하고 모든 주, 모든 지방에 기꺼이 부여될 것이라는 점도 덧붙여 말씀드리겠습니다.

용역 또는 노역의 의무에서 도망친 자를 인도하는 문제에 대해서는 많은 논쟁이 있습니다. 지금 읽어드리는 조항은 헌법의 다른 조항과 마찬가지로 명료하게 규정되어 있습니다.

"한 주에서 그 주의 법률에 의해 용역이나 노역의 의무를 지고 있는 자가 다른 주로 도피한 경우, 그 자는 다른 주의 어떤 법률이나 규정에 의해서도 용역이나 노역의 의무를 면제받을 수 없고, 그에게 용역이나 노역을 요구할 권리를 가진 당사자의 청구에 따라 인도(引渡)되어야 한다."

1. 1860년 5월 17일 시카고에서 열린 공화당 전당대회에서 채택된 정강의 일부이다.

이 조항에 의해 헌법 제정자들이 우리가 도망노예라고 부르는 자에 대한 반환요구를 의도하고 있었다는 데는 이론의 여지가 없습니다. 입법자의 의도는 곧 법률입니다. 의회의 모든 구성원은 헌법의 다른 조항들과 마찬가지로 이 조항도 지지한다고 맹세하고 있습니다. 따라서 이 조항의 적용대상인 노예가 "인도되어야 한다"는 명제에 대한 그들의 서약은 전원일치로 이루어진 것입니다. 그들이 선의의 노력을 기울인다면, 그 전원일치의 서약을 지키기 위한 법률을 거의 만장일치로 제정하고 통과시킬 수 있지 않을까요?

이 조항이 국가의 권위에 의해 시행될 것인지, 아니면 주의 권위에 의해 시행되어야 할 것인지에 대해서는 약간의 의견차이가 있습니다. 그러나 그 차이는 결코 중대한 것이 아닙니다. 도망노예가 인도되어야 한다면, 그가 어떤 권위에 의해 인도되느냐는 노예에게나 다른 사람들에게나 그리 중요한 문제가 아닙니다. 서약이 어떻게 지켜질 것인가에 대한 사소한 논쟁 때문에 그 서약이 아예 지켜지지도 않는 사태를 방관해야 할까요?

또한 이 문제에 관한 모든 법률에는 문명화된 인도주의적 법체계에서 으레 발견되는, 자유에 대한 모든 안전장치가 도입되어야 합니다. 그래야 어떤 경우에든 자유인이 노예로 인도되는 일을 막을 수 있습니다. 이와 동시에 "각 주의 시민들은 다른 주의 시민들이 누리는 모든 특권과 면책권을 향유할 권리를 갖는다"고 보장하고 있는 헌법조항(4조 2절 1항)을 시행할 것을 법률로 규정하는 것도 좋을 것입니다.

오늘 취임선서에 임하면서 저는 마음속에 아무것도 감추는 바가 없고, 헌법 및 법률을 비판적으로 해석하려는 의도도 없습니다. 또한 반드시 시행되어야 할 의회의 특정 법령을 꼭 집어서 논할 생각도 없습니다. 다만 공석에서든 사석에서든 모든 이에게 말씀드리고 싶은 점은 현재 폐지되지 않고 남아 있는 모든 법령을 준수하는 편이, 그 법령들을 어기고는 나중에 그 법령들이 위헌으로 판결되면 형벌을 면할 수 있다고 기대하는 것보다 훨씬 안전하다는 것입니다.

우리의 헌법하에서 초대 대통령이 취임한 지 올해로 72년째가 됩니다. 그동안 15인의 저명한 시민이 연이어 정부의 행정을 담당해 왔습니다. 그들은 수많은 위기를 극복하고 대체로 우리 정부를 매우 성공적으로 이끌었습니다. 그런데 이런 선례를 감안하더라도, 저는 지금 헌법에 규정된 4년이라는 짧은 임기를 시작하면서 예사롭지 않은 특수한 어려움 속에서 전임자들과 똑같은 업무를 수행해야 한다는 부담을 안고 있습니다. 연방의 분열이 지금까지는 그저 위협으로 느껴지는 정도였습니다만, 지금은 가공할 정도로 기도되고 있습니다.

저는 보편적인 법리와 헌법에 비추어볼 때 여러 주로 이루어진 연방은 항구적인 것이라고 생각합니다. 항구성은 모든 국가의 기본법에 명시되어 있지는 않더라도 함축되어 있습니다. 정상적인 정부가 그 기본법 속에 그 자체의 종언에 관한 규정을 둔 예는 일찍이 없었다고 단언해도 좋을 것입니다. 우리 헌법에 명시된 모든 조항을 계속해서 시행해나가면, 연방은 영원히 지속될 것입니다. 헌법 자체에 마련되어 있지 않은 행위에 의하지 않고서는, 연방을 해체하기란 불가능하기 때문입니다.

설령 미국이 정상적인 국가가 아니라 단지 계약에 의한 여러 주의 연합이라 하더라도, 이 계약을 맺은 당사자들 전부가 아닌 일부에 의해 이 연합이 평화리에 해체될 수 있을까요? 계약의 일방이 약속을 어기고 계약을 깰 수는 있겠지만, 계약을 합법적으로 폐기하려면 모든 당사자의 동의가 필요하지 않을까요?

이런 일반적 원칙으로부터 각론으로 나아가면, 법률적인 견지에서 연방은 연방 자체의 역사에 의해 확증되는 영속적인 존재라는 명제에 도달하게 됩니다. 연방은 헌법보다 훨씬 오래된 것입니다. 연방은 사실상 1774년의 동맹규약[1]에 의해 성립되었고, 1776년의 독립선언서에 의해 성숙된 형태로 존속되었습니다. 그후 연방은 발전을 거듭하여 1778년에는 당시의 13개 주 모두가 연합규약[2]에 의해 연방은 영원해야 한다는 신념을 명시적으로 서약했습니다. 그리고 마지막으로 1787년에는 "더욱 완전한 연방을 형성하는" 것이 헌법을 제정하는 목적들 가운데 하나로 선언되었습니다.

그러나 만일 연방이 연방을 구성하는 여러 주 가운데 한 주 또는 몇 개 주에 의해 합법적으로 해체되는 것이 가능하다면, 영속성이라는 불가결한 요소를 상실한 연방은 헌법 제정 이전보다 불완전한 것이 되고 맙니다.

1. Articles of Association. 링컨은 이렇게 썼지만 보통 Continental Assciation(대륙동맹)이라고 한다. 1774년에 열린 제1차 대륙회의에서 채택된 경제적 저항방침으로, 같은 해 영국정부가 제정한 강제제법(Coercive Acts) 이른바 '참을 수 없는 법'의 철회를 요구하는 뜻에서 영국상품 수입중단과 아메리카 식민지상품 수출중단을 결의한 것이다.
2. Articles of Confederation. 미국 최초의 국가기본법으로, 1776년 6월에 대륙회의에서 아메리카 독립선언기초위원회와 동시에 임명된 연합규약기초위원회에서 기초되었으며, 1777년 11월 15일에 대륙회의에서 승인되고, 1781년 3월 1일에 모든 주의 비준을 얻어 확정되었다. 연합규약에는 13개주 사이의 항구적 연합체로서 United States of America라는 명칭이 사용되고, 각 주는 주권을 가진 독립국가라는 것이 명시되었다. 즉 13개 식민지가 각각 독립해서 13개의 주권국가가 되고, 13개의 주권국가가 연합해서 United States of America를 형성한다는 구성원리인 것이다. 그러나 중앙정부를 이루는 연합회의에 과세권, 통상규제권, 징병권 등이 주어지지 않아 그 실효성이 떨어졌다. 그후 1887년에 개최된 헌법제정회의에서 연합규약과 차별화된 원리에 기초하여 연방헌법이 제정되고, 그것이 이듬해인 1888년에 발효되면서 연합규약은 무효가 되었다.

이상의 견해로부터 도출되는 결론은, 어떤 주도 그 주 자체의 의사만으로는 연방에서 합법적으로 탈퇴할 수 없고, 연방 탈퇴를 위한 결의나 법령은 무효이며, 한 주 또는 여러 주가 미합중국의 권위에 도전하는 폭력행위는 정황에 따라 반란 내지 혁명이 된다는 것입니다.

그러므로 저는 헌법과 법률에 비추어볼 때 연방은 깨어지지 않는다고 생각합니다. 저는 헌법이 저에게 분명하게 명령하는 바에 따라, 연방의 여러 법규가 모든 주에서 충실하게 시행되도록 전력을 기울일 것입니다. 이 일을 수행하는 것은 저의 기본적인 의무입니다. 저는 저의 합법적인 주인인 미국의 인민이 그 일을 하는 데 필요한 수단을 억제하거나, 모종의 권위 있는 방식으로 그와 반대되는 일을 명하지 않는 한, 힘닿는 대로 저의 의무를 수행해나갈 것입니다. 이 일이 위협으로 받아들여지지는 않을 것이라고 믿습니다. 헌법에 의거하여 연방 자체를 수호하고 유지하려는 것은 연방의 목적을 실현하려는 노력으로 간주되어야 할 것입니다.

이 일을 수행하는 데 유혈사태나 폭력이 수반될 필요는 없습니다. 국가의 권위를 강요하게 만드는 사건이 일어나지 않는 한 그런 사태는 없을 것입니다. 저에게 위임된 권력은 정부 소유의 재산과 토지를 보호하고 점유하고 소유하며, 관세 및 각종 세금을 징수하는 데 사용될 것입니다. 이런 목적을 달성하는 데 필요한 경우가 아니라면, 어떤 침략도 없을 것이고, 어느 곳에서든 인민을 상대로 무력을 행사하는 일도 없을 것입니다. 설령 국내의 한 지방에서 유능한 시민들의 공직 임용을 방해할 정도로 연방에 대한 적대감이 극도로 만연해 있다 할지라도, 그 지방에 혐오스러운 외부인들을 보내 강제로 공직에 앉히려는 식의 시도는 하지 않을 것입니다. 정부는 이런 공무 집행을 강제할 수 있는 엄연한 법적 권리를 갖고 있지만, 그런 시도는 지나치게 자극적일 뿐 아니라 거의 실행이 불가능하기 때문에, 저는 당분간 그런 식의 공무집행은 유보하고자 합니다.

우편물은 거부되지 않는 한 연방 전역에 계속 배달될 것입니다. 전국의 인민이 안전을 확신하며 조용히 사색하고 성찰할 수 있는 분위기를 조성하기 위해 최선을 다하겠습니다. 새로운 사건이나 경험에 의해 수정이나 변화의 필요성이 대두되지 않는 한, 저는 이상과 같은 방침에 따를 생각입니다. 저는 그 어떤 사건이나 비상사태가 발생하든 실질적인 상황을 감안하여 최선의 분별력으로 대처해나가겠습니다. 국내분쟁을 평화적으로 해결하고, 형제로서의 연민과 애정을 회복할 수 있다는 전망과 희망을 가지고 국정에 임하겠습니다.

이런저런 구실을 대며 틈만 나면 연방을 무너뜨리려는 사람들이 어디에나 있다는 점에 대해서는 긍정도 부정도 하지 않겠습니다. 만일 그런 사람들이 있다면, 저는 그들에게는 별로 할 말이 없습니다. 하지만 진정으로 연방을 사랑하는 사람들[1]에게는 한마디 하지 않을 수 없습니다.

그 모든 혜택과 기억과 희망을 간직한 우리 국가조직(연방)의 파괴라는 중대한 문제를 본격적으로 논하기 전에, 우리가 이 문제를 다루려는 이유가 무엇인지 확인해두는 편이 현명할 것입니다. 여러분이 피하려는 재난이 실제로는 전혀 존재하지 않는데도, 여러분은 군이 섶을 지고 불속으로 뛰어드시겠습니까? 현실의 재난을 피한답시고 뛰어든 곳에 더 큰 재난이 기다리고 있다고 해도, 그런 치명적인 실수를 범하시겠습니까?

여러분은 너나없이 헌법상의 권리만 모두 보장된다면 연방에 만

1. 연방 탈퇴에 대해 입장을 확실하게 정하지 못한 남부사람들을 말한다.

족한다고 말합니다. 그렇다면 제가 묻겠습니다. 헌법에 명시되어 있는 권리 가운데 지금껏 거부된 것이 있었습니까? 저는 없었다고 생각합니다. 다행히 인간의 마음은 어느 한쪽이 상대편의 헌법적 권리를 부정하는 대담한 짓을 용납하지 않게끔 만들어져 있습니다. 헌법에 명시된 규정이 부정된 사례가 지금까지 단 한 건이라도 있었는지 생각해보십시오. 만일 단순히 수의 힘으로 다수가 소수로부터 헌법에 명시된 권리를 빼앗을 수 있다면, 이는 도덕적인 견지에서 혁명을 정당화하는 것이나 마찬가지입니다. 그 권리가 중대한 것이라면, 그것은 틀림없이 혁명을 정당화하는 것입니다. 그러나 이런 일은 우리의 상황과는 거리가 멉니다. 소수와 개인의 중대한 권리는 모두 헌법 조문상의 확인과 부정, 보장과 금지에 의해 확실히 보장되고 있기 때문에, 이런 권리에 대한 논쟁은 생겨나지 않고 있습니다. 그러나 어떤 기본법도 실질적인 운용과정에서 발생할 수 있는 모든 문제에 특별히 적용시킬 수 있는 법규를 완벽하게 갖출 수는 없습니다. 아무리 앞날을 내다보고 미리미리 대비한다고 해도 모든 문제를 예견할 수는 없는 노릇이고, 아무리 긴 문서라 하더라도 발생 가능한 모든 문제에 대한 특별한 법규를 포함할 수는 없는 법입니다. 노역의 의무를 저버리고 도망친 자(노예)는 국가의 권한에 의해 인도되어야 할까요, 아니면 주의 권한에 의해 인도되어야 할까요? 헌법에는 특별한 규정이 없습니다. 의회는 준주의 노예제를 반드시 보호해야 할까요? 헌법에는 특별한 규정이 없습니다.

이런 종류의 문제에서 헌법에 관한 모든 논쟁이 발생하고, 우리는 다수파와 소수파로 갈라집니다. 만일 소수파가 상대의 의견을 수용하지 않으면, 다수파가 상대의 의견을 수용해야 합니다. 그렇지 않으면 정부의 기능은 멈춰버립니다. 다른 길은 없습니다. 정부가 존속하기 위해서는 어느 한쪽의 수용이 필요합니다. 만일 이런 경우에 소수파가 수용 대신에 분리를 고집한다면, 그들은 그 분리파 내에서 또 분리파가 나와 결국 자멸하는 전례를 만드는 셈입니다. 그들 내의 다수파가 소수파의 의견을 무시할 때마다, 소수파가 그들로부터 떨어져나갈 것이기 때문입니다. 현재 연방의 일부가 연방으로부터의 분리를 주장하고 있는 것처럼, 새로운 남부연합의 일부가 1~2년이 지난 뒤에 다시 분리를 주장할지도 모릅니다. 연방의 해체를 마음속으로 바라는 사람들은 모두 분리를 실행하는 데 알맞은 성정을 교육받고 있습니다. 그렇다고 새로운 동맹을 결성한 주들 사이에서는 이해가 완벽하게 일치될까요? 그래서 오직 화합만 있고 새로운 분리의 싹은 전혀 없을까요?

분리의 중심이념은 무정부주의의 본질과 일맥상통합니다. 헌법상의 제한과 제약에 의해 억제되고, 여론의 신중한 변화에 언제나 유연하게 발맞추어 나가는 다수파야말로 자유로운 인민의 유일하고 진정한 주권자입니다. 다수의 의견을 배격하면 무정부상태나 독재에 빠져들게 마련입니다. 만장일치는 불가능합니다. 소수파의 지배를 영구적인 장치로 마련하는 것은 절대로 용인해서는 안되는 일입니다. 다시 말해 다수결의 원칙을 배격하면, 남는 것은 일종의 무정부상태 아니면 독재뿐입니다.

헌법상의 문제는 연방대법원에 위해 결정되어야 하는 것이라는 일부의 의견도 저는 유념하고 있습니다. 연방대법원의 판결이 특정 사건에서 그 소송의 목적과 관련하여 소송 당사자들에게 당연히 구속력을 가진다는 점도 부정하지 않습니다. 또한 그 판결은 유사한 사건들을 처리할 때 정부의 각 부처에 의해 상당히 존중되고 참작되어야 마땅하다는 점도 부인하지 않습니다. 물론 대법원의 판결이 어떤 특정 사건에서 잘못될 가능성도 분명히 있지만, 그로 인한 폐해는 그 사건에 한정되어 있을 뿐 아니라, 이 판결이 번복되어 다른 사건의 판례가 되지 않을 가능성도 배제할 수 없으므로, 다른 수단을 사용하는 데서 생기는 폐해보다는 훨씬 작다고 볼 수 있습니다. 이와 동시에 솔직한 시민이라면, 모든 인민에게 영향을 미치는 중대한 문제에 대한 정부의 정책이 연방대법원의 판결에 의해 변경불가능하게 확정되어버릴 경우, 이와 관련된 개인적인 소송에서 당사자 간의 다툼에 대한 판결이 내려지는 순간 인민은 곧 스스로의 지배자가 아니게 되고, 사실상 자신의 정부를 그 고명한 법정의 손에 맡기게 되는 격이라는 점을 인정할 수밖에 없을 것입니다. 이런 견해를 법원이나 판사에 대한 비난과 혼동해서는 안됩니다. 판사들은 자기 앞에 정식으로 제출된 사건에 대해 판결을 내릴 의무가 있습니다. 그리고 다른 사람들이 그들의 판결을 정치적인 목적에 이용한다 해도, 이는 그들의 잘못이 아닙니다.

우리나라의 어떤 지방에서는 노예제가 정당하므로 당연히 확대되어야 한다고 믿고 있지만, 다른 지방에서는 그것이 옳지 못하므로 확대되어서는 안된다고 믿고 있습니다. 이것이 본질적인 쟁점입니다. 도망노예에 대한 헌법조항과 노예무역 금지에 대한 법률은 인민의 도덕관념이 법 자체를 충분히 뒷받침하지 못하는 사회에서 여타 법률이 시행되는 것과 같은 수준으로 시행되고 있습니다. 두 법의 경우 대부분의 인민은 형식적으로 법률상의 의무만 지키고 있고, 소수는 그 법들을 유린하고 있습니다. 이런 상황을 완벽하게 바로잡을 수 없습니다. 게다가 두 지방이 분리되고 나면 상황은 이전보다 더욱 악화될 것입니다. 현재 불완전하게나마 억제되고 있는 노예무역은 한쪽 지방에서는 결국 온전히 되살아날 테고, 현재 일부만이 인도되고 있는 도망노예들은 다른 지방에서는 아예 인도되지 않을 것입니다.

물리적으로도 우리는 분리될 수 없습니다. 우리는 각 지방을 상대방으로부터 떼어낼 수도 없을뿐더러 양 지방 사이에 뛰어넘을 수 없는 장벽을 세울 수도 없습니다. 부부는 이혼할 수도 있고, 상대방의 눈에 띄지 않는 먼 곳으로 가서 살 수도 있습니다. 그러나 우리나라의 각 지방은 그렇게 할 수가 없습니다. 서로 얼굴을 맞대고 지낼 수밖에 없고, 우호적이든 적대적이든 계속 서로 교류할 수밖에 없습니다. 분리되고 나면 이 상호교류가 이전보다 더욱 원활하고 만족스럽게 이루어질 수 있을까요? 친구들끼리 법률을 만드는 것보다 외국인들끼리 조약을 맺는 것이 쉬울까요? 법률이 친구들 사이에서 준수되는 것 이상으로 조약이 외국인들 사이에서 충실하게 이행될 수 있을까요? 가령 전쟁이 발발하는 경우를 생각해보십시오. 전쟁을 무한정 계속할 수는 없습니다. 쌍방이 아무 이득도 얻지 못하고 많은 손실만 입고 나면 전쟁을 중단하고 강화를 해야 합니다. 전쟁의 발단이 된 케케묵은 문제를 놓고 상대와 다시 협상해야 됩니다.

이 나라와 이 체제는 이 나라에 거주하는 인민의 것입니다. 그들이 현재의 정부에 싫증이 났을 경우에는 언제든지 헌법상의 권리를 행사하여 정부를 바로잡을 수도 있고, 혁명권을 행사하여 정부를 파괴하거나 전복시킬 수도 있습니다. 훌륭하고 애국적인 다수의 시민이 우리 헌법의 개정을 원하고 있다는 것은 저도 알고 있습니다. 저는 딱히 개헌을 권장하는 쪽은 아닙니다만, 인민이 이 문제에 대해 헌법에 규정되어 있는 방식으로 자신들의 정당한 권리를 행사할 수 있다는 것은 충분히 인정합니다. 그리고 현재의 상황하에서 저는 인민에게 자신의 권리를 행사할 수 있는 공정한 기회를 부여하는 것에 대해 반대하기는커녕 찬성하는 편입니다.

한 말씀 덧붙이자면 저는 헌법회의에 의한 방법이 좋다고 생각합니다. 헌법 수정을 위해 특별히 선출되지도 않은 사람들에 의해 만들어진 수정안을 가지고 인민에게 단순히 그것의 채택 여부만을 결정하게 할 것이 아니라, 인민에게 수정안을 발의할 기회를 주자는 것입니다. 그리고 의원들이 만든 수정안에 대해서 인민은 가부의사를 표시하고 싶지 않을 수도 있습니다. 들리는 바에 의하면 어떤 헌법 수정안이 제출되었고, 저는 아직 그것을 보지 못했습니다만 의회를 통과했다고 합니다. 그 수정법안의 취지는 연방정부가, 노역의 의무를 진 자들에 관한 제도를 포함한 각 주의 여러 제도에 개입해서는 안된다는 것입니다.[1] 특정 수정안에 대해 왈가왈부할 생각은 없습니다만, 방금 드린 말씀이 오해를 살 우려가 있기에 한마디 덧붙이자면, 저는 그런 규정이 현행 헌법에 이미 함축되어 있다고 보는 입장이어서 그것을 명기하여 변경할 수 없도록 하는 일에는 이의가 없습니다.

행정수반의 권한은 모두 인민으로부터 나오는 것입니다. 그런데 인민은 주가 연방에서 분리해나갈 수 있는 조건을 결정하는 권한을 대통령에게 위임하고 있지 않습니다. 인민은 스스로 원한다면 그런 조건을 결정할 수 있겠지만, 행정수반은 본래 그런 결정권과는 아무 상관이 없습니다. 그의 의무는 자신의 손에 맡겨진 현재의 정부를 관리하고, 그것을 손상되지 않은 상태로 후임자에게 넘겨주는 일입니다.

1. 1861년 3월 2일에 양원에서 통과된 코윈 수정안을 말한다. 오하이오 주 하원의원 토머스 코윈이 제출한 이 헌법 수정안은 남부 여러 주의 연방 탈퇴를 막기 위한 것이었으나 소기의 목적을 달성하지 못했고, 주의회의 비준을 받지 못한 상태에서 1865년에 노예제 폐지를 규정한 수정헌법 제13조가 채택됨에 따라 사실상 폐기되었다.

인민의 궁극적인 정의를 믿고 참을성 있게 기다려야 하지 않을까요? 이 세상에 그 이상의 희망, 또는 그만한 희망이 어디 있겠습니까? 현재 의견의 차이를 보이고 있는 쌍방은 저마다 자신들이 옳다고 믿고 있습니다. 영원한 진리와 정의로 제(諸)민족을 다스리시는 전능하신 하느님이 북부의 여러분과 남부의 여러분 가운데 어느 쪽을 편들지 몰라도, 그 진리와 그 정의는 이 위대한 재판관, 즉 미국 인민의 심판에 의해 반드시 승리할 것입니다.

현재 우리가 살고 있는 이 정체(政體)를 만듦으로써 미국 인민은 현명하게도 자신의 공복에게 과오를 범할 여지가 있는 권한을 매우 제한적으로 부여하고 있습니다. 그리고 지혜롭게도 그 약간의 권한마저 매우 짧은 기간 안에 자신의 손에 회수되도록 하고 있습니다.

이런 인민이 자신의 장점과 경계심을 간직하고 있는 한, 어떤 행정부도 극도의 악행이나 우행으로 4년이라는 짧은 기간 내에 헌정을 심하게 어지럽히기는 어렵습니다.

동포 여러분. 각자 이 모든 문제에 관해 차분하게 잘 생각해보시기 바랍니다. 중대한 일에는 아무리 시간을 들여도 아깝지 않습니다. 여러분을 조급하게 만드는 목적, 신중하게 생각해보면 결코 하지 않아도 될 조치를 하게 만드는 그런 목적은 시간이 지나면 흐지부지 되기 마련입니다. 그러나 훌륭한 목적은 아무리 시간이 지나도 흐지부지 되는 법이 없습니다. 현재 불만을 갖고 계시는 분들에게 말씀드리고 싶습니다. 여러분에게는 여전히 옛날 그대로의 헌법과, 민감한 사안에 관해 헌법에 따라 여러분 자신이 제정한 법률이 있습니다. 게다가 새 정부에는 그 가운데 하나를 변경하고 싶어도 그렇게 할 전적인 권한이 없습니다. 설령 불만스러워하시는 여러분이 논쟁에서 올바른 편에 섰다는 것을 인정한다 하더라도, 경솔한 행동을 정당화할 만한 합리적인 이유는 하나도 없습니다. 지성·애국심·그리스도교, 그리고 이 축복받은 땅을 결코 버리신 적이 없는 하느님에 대한 굳건한 신뢰는 여전히 현재의 난국을 슬기롭게 타개할 수 있는 힘을 가지고 있습니다.

특별히 불만을 가지신 동포 여러분. 내전이라는 중대한 문제를 해결할 열쇠는 저의 손이 아니라 여러분의 손에 있습니다. 정부는 여러분을 공격하지 않을 것입니다. 여러분 스스로 공격자가 되지 않는다면 싸움은 없을 것입니다. 여러분이 정부를 파괴하겠다고 하늘에 맹세했을 리는 없습니다. 저도 헌법을 "유지하고 보호하고 옹호할 것"을 엄숙하게 선서하는 바입니다.

연설을 끝내려니 아쉽습니다. 우리는 적이 아니라 벗입니다. 우리는 서로 적이 되면 안됩니다. 아무리 감정이 상했다 하더라도, 우리를 묶어주는 애정의 끈을 끊어버려서는 안됩니다. 신비로운 기억의 현(弦)이 모든 전장과 애국자의 무덤에서부터 살아 있는 모든 사람의 마음과 가정에 이르기까지, 이 광대한 국토를 연결해주고 있습니다. 이 현이 머지않아 우리의 본성에 잠재해 있는 천사의 마음으로 다시 매만져질 때, 연방을 찬양하는 노래가 힘차게 울려 퍼질 것입니다.

많은 사람을 얼마동안은 속일 수 있다.
또 몇 사람을 늘 속일 수도 있다.
그러나 많은 사람을 늘 속일 수는 없다.

엘머 엘스워스 대령의 부모에게 보낸 편지*

— 1861년 5월 25일, 워싱턴

* 엘머 엘스워스(Elmer E. Ellsworth, 1837~1861)는 1860년에 법률을 공부하기 위해 스프링필드에 있는 링컨의 사무실을 찾았고, 링컨의 선거운동을 열심히 도왔다. 링컨이 대통령에 당선된 뒤에는 백악관에서 생활하면서 링컨의 가족 및 비서관들과 친하게 지냈다. 링컨은 육군부에 의용병 모집과 훈련을 전담할 부서를 설치하여 엘스워스를 그 책임자로 임명하려는 계획을 세울 정도로 그를 각별히 아꼈다. 1861년 5월 24일, 링컨이 백악관 2층 집무실에서 알렉산드리아 시의 한 건물 위에 나부끼는 남부연합의 대형 깃발을 수심어린 눈으로 바라보고 있는 모습을 목격한 엘스워스는 자신이 그 깃발을 뽑아서 가져오겠다고 제안했다. 그리고 그는 자신이 직접 양성한 뉴욕 제11의용보병대의 병사들을 이끌고 알렉산드리아로 진격하여 마셜하우스라는 작은 호텔 꼭대기에 걸려 있던 남부연합군의 대형 깃발을 제거하는 데 성공했으나, 깃발을 들고 계단을 내려오다가 남부연합의 열렬한 지지자인 호텔 주인이 쏜 총에 맞고 짧은 생을 마감했다. 이 소식을 들은 링컨은 마치 친자식을 잃은 듯 눈물을 흘리며 슬퍼했다고 한다.

엘머 엘스워스 대령의 부모님께

훌륭한 아드님을 너무 일찍 잃은 귀하의 그 고통을 저희도 거의 똑같이 느끼고 있습니다. 이 나라의 촉망받는 인재이자 자기 자신과 친구들에게 밝은 희망을 주었던 그가 이렇게 별안간 세상을 떠나다니요. 체격과 나이, 외모는 분명히 청년이었지만, 그는 젊은 나이에 걸맞지 않은 통솔력을 지니고 있었습니다. 통솔력뿐 아니라 훌륭한 지성과 불굴의 체력, 상무정신까지 겸비한 그는 제가 아는 한 군인으로서 천부적 재능을 타고난 인물이었습니다. 그렇지만 사람들을 대할 때는 매우 겸손하고 정중했습니다. 제가 그를 알게 된 것은 채 2년도 되지 않았습니다만, 지난 1년 동안 저는 바쁜 와중에도 아들뻘 되는 그와 친밀하게 지냈습니다. 그는 방종이나 태만과는 거리가 먼 인물이었습니다. 그리고 저는 그가 상스럽거나 거친 말을 하는 것을 들어본 적이 없습니다. 그가 선량한 인물이라는 결정적인 증거는 그가 결코 부모님을 잊은 적이 없다는 것입니다. 그가 용감하게 자신의 목숨을 던져 슬픈 최후를 맞으며 장하게 쟁취한 명예는 그 자신뿐 아니라 두 분께 바쳐진 것입니다.

저의 젊은 벗인 동시에 너무 일찍 장렬히 산화한 귀하의 아드님인 엘머 엘스워스 대령을 추모하는 이 편지가 귀하의 성스러운 슬픔에 누가 되지 않기를 바랍니다.

하느님께서 지상의 그 누구도 할 수 없는 위로를 귀하께 해주실 것입니다.

진심으로 귀하의 고통을 함께하며.

A. 링컨

임시의회에 보낸 교서*

— 1861년 7월 4일

* 1861년 4월 섬터 요새에 대한 남부연합의 공격으로 내전, 즉 남북전쟁이 발발한 이후, 링컨은 3개월 동안 의회의 도움 없이 전쟁을 수행했다. 그러나 전쟁이 장기화될 조짐을 보이자 링컨은 전쟁 수행에 필요한 40만 명의 병력 동원과 4억 달러의 전비 지출 승인을 의회에 요청하기 위해 대통령으로서의 헌법상의 권한을 발동하여 7월 4일에 임시의회를 소집했다. 이튿날 의원들 앞에서 대독된 이 교서에서 링컨은 전쟁의 경과를 보고했다. 그리고 전시상황에서 인신보호영장의 특권을 정지시킬 수밖에 없었던 사정을 설명하고, 연방 탈퇴가 주(州)의 헌법적 권리라는 분리주의자들의 주장을 논박하면서, 그들의 위험한 도발로부터 연방과 대의정치를 수호하는 것이 자신의 의무임을 역설하고 있다.

친애하는 상원과 하원의 의원 여러분.

여러분은 비상시국을 맞아 헌법의 권위에 입각하여 소집된 이 임시의회에 참석하신 만큼, 통상적인 입법활동에 신경을 쓰실 필요는 없습니다.

이번 대통령 임기가 시작되기 넉 달 전에, 체신부의 기능을 제외한 연방정부의 기능은 사우스캐롤라이나·조지아·앨라배마·루이지애나·플로리다 주에서 거의 정지된 상태였습니다.

이런 주들 내에서는 모든 요새·조병창·조선소·세관이 인근의 동산 및 부동산과 함께 점거되어, 현 정부에 대한 공공연한 적의를 드러내는 수단으로 사용되고 있었습니다. 플로리다 해안의 피켄스·테일러·제퍼슨 요새와 사우스캐롤라이나의 찰스턴 항에 있는 섬터 요새만이 아군이 점유하고 있었습니다. 적의 수중에 들어간 요새들은 개축되었고, 새로운 요새들이 만들어졌으며, 무장병력도 조직되었습니다. 이 모든 일이 동일한 적대적 목적을 위해 공공연하게 자행되었습니다.

이런 주들의 내부나 인근에 있는 요새들 가운데 연방정부의 수중에 있던 것들은 전투태세를 갖춘 적에게 포위되거나 위협당하고 있었습니다. 특히 섬터 요새는 잘 무장된 적의 포병대에 거의 완전히 포위되었는데, 적의 대포는 그 화력이 요새가 보유한 가장 강력한 대포에 뒤지지 않았고, 문수는 10배나 많았습니다. 연방이 보유한 머스킷총이나 라이플총의 상당수가 어찌된 영문인지 이런 주들로 유입되어 적군에 의해 반정부활동에 사용되고 있었습니다. 이런 주들에 보관되어 있던 연방의 공금도 몰수되어 반정부활동에 사용되고 있었습니다. 해군은 먼 바다에 산재해 있었으므로, 정부의 명령에 즉각 응할 수 있는 전함은 소수에 불과했습니다. 연방 육·해군 장교의 상당수가 사직했고, 이들의 대부분은 정부에 대항하여 무기를 들었습니다. 이 모든 일과 함께 연방을 무너뜨리려는 의도가 동시에 공언되었습니다. 이런 의도에 따라 이상의 각 주에서는 연방으로부터의 분리를 선언하는 법령이 채택되었습니다. 이들 주는 연합정부를 창설하는 방식을 공포했고, 이 비합법적인 조직은 남부연합의 자격으로 이미 열강의 승인·원조·개입을 호소하고 있었습니다.

이런 상황하에서 가능하다면 연방을 파괴하려는 그런 시도가 완성되지 못하게 막는 것이 신임 행정수반의 불가피한 의무라고 믿었기 때문에, 저는 이 목적을 달성하기 위한 수단을 강구할 수밖에 없었습니다. 이 수단에 대해서는 취임사에서 이미 밝힌 바 있습니다. 제가 택한 방책은 강경한 조치를 취하기 전에 가능한 모든 평화적인 조치를 시도해보는 것이었습니다. 저는 그때까지 남아 있던 정부 소유의 토지와 재산을 점유하고 국세를 징수하려 했을 뿐, 나머지 문제는 시간과 토론과 투표에 맡기기로 했던 것입니다. 저는 정부에 저항하고 있던 바로 그 사람들에게 정부예산으로 우편업무를 계속 해나가겠다고 약속했습니다. 그리고 그들의 권리를 조금도 침해하지 않겠다고 거듭 맹세했습니다. 그런 사태를 맞아 대통령이 헌법에 저촉되지 않는 선에서 할 수 있는 일들 가운데 설령 유보하더라도 정부를 유지하는 데 지장이 없다고 판단되는 일은 모조리 유보했습니다.

제가 본격적으로 직무를 시작한 첫날인 3월 5일, 섬터 요새의 사령관 앤더슨 소령의 편지 한 통이 제 손에 건네졌습니다. 앤더슨 소령은 2월 28일에 이 편지를 썼고, 육군부는 3월 4일에 이 편지를 받았습니다. 소령의 편지는 비축식량이 떨어지기 전에 자신의 병사들이 구출되어야 하지만 증원군이 요새에 제때에 투입될 수 있는 상황이 아니라는 것, 그리고 요새를 계속 점유하려면 잘 훈련된 정예병이 적어도 2만은 필요하다는 군사적 의견을 피력하고 있었습니다. 그의 휘하 장교 모두 그와 생각이 같았고, 이 문제에 관한 그들의 각서도 앤더슨 소령의 편지에 동봉되어 있었습니다. 이 편지와 각서는 즉시 윈필드 스콧 중장에게 보내졌고, 그도 즉각 앤더슨 소령의 의견에 동의했습니다. 하지만 중장은 신중을 기하기 위해 충분한 시간을 갖고 육·해군 장교들과 의논한 끝에, 나흘 뒤에 썩 내키지 않는 마음으로 종전과 똑같은 결론을 내렸습니다. 이때 중장은 정부가 2만의 장병을 확보하고 있지도 않거니와, 요새의 비축식량이 떨어지기 전에 그 정도의 병력을 징집해서 현장에 파견할 수도 없다고 말했습니다. 그래서 순전히 군사적 견지에서 보자면, 정부의 의무는 요새의 수비대를 안전하게 구출하는 것으로 축소되었습니다.

하지만 이 요새를 이런 사정으로 포기하면 파멸적인 결과가 초래될 것이라고 생각되었습니다. 많은 사람이 요새의 포기가 불가피하다는 점을 충분히 납득하지 못하고, 그것을 정부의 의도적인 정책의 일환으로 오해할 우려가 있었습니다. 이 조치가 국내에서 연방 지지자들을 실망시키는 동시에 연방의 적들에게 용기를 주고, 나아가 분리파가 외국의 승인을 받게 되는 계기가 된다면, 사실상 우리 국가가 완전히 파괴될 운명에 처할지도 모르는 일이었습니다. 이런 사태가 벌어지도록 내버려둘 수는 없었습니다. 섬터 요새는 그때까지 기아상태에 빠지지는 않았습니다. 기아에 이르기 전에, 피켄스 요새가 증강되어야 했습니다. 피켄스 요새의 증강을 통해 우리의 정책이 무엇인지 분명하게 밝히면, 섬터 요새에서의 철군이 군사상 필요한 조치임을 국민에게 납득시키기도 쉬울 것이라고 생각했습니다. 기선 '브루클린'호로부터 피켄스 요새에 군대를 상륙시키라는 명령을 즉시 내렸습니다. 이 명령이 하달되는 데는 많은 시간이 걸렸습니다. 지름길인 육로를 이용할 수 없어서 해로로 우회해야 했기 때문입니다. 이 명령의 결과가 보고된 것은 섬터 요새가 함락되기 1주일 전이었습니다. 그 보고란 브루클린호에서 사빈호로 옮겨 탄 군대를 지휘하고 있던 장교가 전(前) 정부의 준(準)휴전협정[1]에 입각하여 군대를 상륙시키기를 거부했다는 것입니다.(전 정부의 휴전협정에 대해 현 정부는 앞서의 명령을 내릴 때까지 막연하고 불확실한 소문 밖에 듣지 못했기 때문에 주의를 기울이지 못했습니다.) 이런 연유로 식량이 거의 바닥난 섬터 요새에 위기가 닥치기 전에 피켄스 요새를 증강하는 일도 불가능해졌습니다. 이 같은 만일의 사태에 대비하여 정부는 그 며칠 전에 섬터 요새를 구할 수 있는 원정대를 준비하기 시작했습니다. 이 원정대의 파견 여부는 상황에 따라 결정될 예정이었습니다. 이 원정대를 반드시 사용해야 할 최악의 상황이 벌어졌기 때문에, 원정대의 즉각적인 파견이 결정되었습니다. 또한 이런 비상사태에 대비해서 만들어놓은 시나리오대로, 사우스캐롤라이나 주 지사에게 그 요새에 식량을 보급할 계획이 있다는 것, 이 계획이 아무런 방해를 받지 않는다면 사전통지 없이 병력·무기·탄약을 보급하려는 시도는 하지 않겠다는 것, 단 요새가 공격받을 경우에는 예외라는 것을 알리기로 결정되었습니다. 그러나 이런 통지가 내려질 무렵, 섬터 요새는 식량보급원정대의 도착을 기다릴 새도 없이 포격을

1. 전(前)대통령 뷰캐넌은 임기만료 직전에 분리주의 열기가 고조되고 있던 사우스캐롤라이나의 민심을 수습하기 위해 사우스캐롤라이나 주정부가 연방정부의 일을 방해하지 않으면 찰스턴 해안의 수비대병력을 증강하지 않겠다는 내용의 비밀협정에 서명했다.

받고 함락되고 말았습니다.

따라서 섬터 요새 습격과 함락은 결코 공격자 측의 자위(自衛)행위가 아니었다는 사실을 알 수 있습니다. 공격자는 요새의 수비대가 자신들에게 공격을 가할 리 없다는 점을 충분히 알고 있었습니다. 그들은 원정대의 목적이 소수의 굶주린 수비대 병사에게 빵을 보급하는 데 있다는 것, 따라서 그들 자신이 적극 방해하며 도발하지 않는 한 아무 일도 일어나지 않으리라는 것을 분명하게 통보받아 잘 알고 있었습니다. 그리고 이 정부가 바라는 것은 그들을 공격하는 것이 아니라 요새의 수비대에게 식량을 보급하여 요새를 계속 점유하게 함으로써 연방의 실질적이고 즉각적인 와해를 막는 것이라는 점을 그들은 알고 있었습니다. 그리고 이 정부가 최종적인 타협은 이미 언급한 대로 시간과 토론과 투표에 맡겨두고 있었다는 점도 알고 있었겠지요. 그런데도 그들은 정반대의 목적으로 요새를 습격하여 정복함으로써, 연방의 권위를 땅바닥에 떨어뜨리고 연방을 즉시 해체시키려 했습니다.

이것이 그들의 목적임을 저는 진작 간파했기에, 취임사에서 그들을 향해 "여러분 스스로 공격자가 되지 않는다면 싸움은 없을 것입니다"라고 말했던 것입니다. 저는 이 선언을 지키려고 무던히 애썼을 뿐 아니라, 이 선언이 교묘한 궤변가들에 의해 악용되거나 세인들의 오해를 사는 일이 없도록 애썼습니다. 섬터 요새 사건과 이를 둘러싼 갖가지 상황으로 인해 싸움은 시작되었습니다. 이때 이 사건에서 정부를 공격한 자들은 자신들의 포화에 응수할 단 한 문의 대포도 보이지 않는 상황에서 무력투쟁을 개시했습니다. 물론 요새 안에는 몇 문의 대포가 배치되어 있긴 했지만, 이것들은 몇 년 전 그들(사우스캐롤라이나 주민들)을 보호하기 위해 그 항구(찰스턴)에 가져다 놓은 것으로, 합법적인 목적을 위해서라면 언제든지 그들을 보호하기 위한 것이었습니다. 다른 행동은 모두 불문에 부치더라도 이 한 가지 행동에 의해, 그들은 나라 전체에 '즉각적인 분열이냐 유혈이냐'라는 독특한 이슈를 들이밀며 선택을 강요했습니다.

그리고 이 이슈는 단순히 미국의 운명만 좌우하는 것이 아닙니다. 그것은 모든 인류에게 입헌공화국 또는 민주주의, 즉 인민의, 동일 인민에 의한 정부가 국내의 적에 맞서 영토를 보전할 수 있는가 없는가 하는 문제를 제기하고 있습니다. 헌법에 의거해서는 절대로 정부를 장악할 수 없는 소수의 불만세력이 언제든지 이런저런 구실을 대며, 또는 아무런 구실도 없이 자기들 멋대로 자신들의 정부를 파괴해도 되는가, 그리하여 사실상 지상에서 자유정부를 근절시켜도 되는가 하는 문제를 제기하고 있습니다. 그 이슈는 우리에게 다음과 같은 의문을 품게 합니다. "모든 공화국에는 이런 내재적·치명적 약점이 있는 것인가? 정부란 필연적으로 인민의 자유를 침해할 만큼 강력해야만 하는가? 아니면 자신의 존재를 유지하지도 못할 만큼 나약해야만 하는가?"

이런 상황에서 우리가 취할 수 있는 유일한 방책은 정부의 비상대권을 발동하여 정부를 파괴하려는 무장세력에 맞서 힘으로 스스로를 지키는 것뿐이라고 판단했습니다.

소집령이 내려졌습니다. 전국의 반응은 아주 만족스러웠으며, 가장 낙관적인 예상조차 뛰어넘을 정도로 일치단결되고 서로 격려하는 모습을 보여주었습니다. 그렇지만 흔히 노예주로 불리는 주들은 델라웨어 주 외에는 단 한 주도 주에서 조직한 정규군을 제공하지 않았습니다. 몇몇 노예주에서 개인에 의해 조직된 소수의 연대가 정부군에 편입되었을 뿐입니다. 물론 이른바 분리주(텍사스는 제가 취임할 무렵에 분리주에 합류했습니다)는 연방의 대의를 위해 싸울 군대를 제공하지 않았습니다. 이른바 경계주(境界州)[1]는 주마다 행동이 일치되지 않았습니다. 일부 주는 대체로 연방에 찬성했지만, 버지니아·노스캐롤라이나·테네시·아칸소에서는 연방을 지지하는 목소리가 약속이라도 한 듯 거의 표출되지 않았습니다. 버지니아 주가 취한 행동이 가장 주목할 만하고, 어쩌면 가장 중요할 것입니다. 섬터 요새가 함락되었을 때, 버지니아 주의 인민들에 의해 선출된 대표들은 연방의 분열이라는 문제를 숙고하기 위해 회의를 개최하고 있었습니다. 버지니아의 인민들이 선출한 대표들은 대부분 연방 지지를 공언했던 사람들이었습니다. 그런데 섬터 요새가 함락되자마자, 이들 중 상당수가 소수의 골수 분리파에 합류하여 버지니아 주의 연방 탈퇴를 결의하는 법령을 채택했습니다. 그들이 마음을 바꾼 이유가 섬터 공격에 전적으로 찬성해서인지, 아니면 이 공격에 대한 정부의 반격에 격분해서인지는 정확히 알 수 없습니다. 이 법령의 승인은 달포 뒤에 주민투표로 결정될 예정이었습니다. 그러나 같은 시간 같은 장소에서 개최되고 있던 이 회의와 주의회는 지방 유력자들(이들은 회의의 위원도 주의회 의원도 아니었습니다)과 함께 마치 버지니아 주가 이미 연방에서 탈퇴한 것처럼 행동하기 시작했습니다. 그들은 주 전역에서 군비확장에 열을 올렸고, 하퍼스페리 소재 미국 조병창과 노퍽 근처에 있는 고스포트 조선소를 장악했습니다. 그들은 이른바 분리주들로부터 전투장비를 갖춘 대규모 군대를 받아들였습니다. 어쩌면 불러들였다고 말하는 편이 적절하겠군요. 그

1. 경계주란 섬터 요새 전투 이전에 연방 탈퇴를 선언하지 않은 8개 노예주를 말한다. 링컨이 언급한 4개 주는 그 전투 이후에 연방 탈퇴를 선언했지만, 델라웨어·켄터키·메릴랜드·미주리는 그후에도 연방의 지배하에 남아 있었다.

들은 이른바 연합주[1]와 일시적인 제휴 및 협력을 다짐하는 조약을 정식으로 체결했고, 앨라배마 주 몽고메리에서 개최되고 있던 남부연합 의회에 대표들을 파견했습니다. 그리고 마침내 반란정부를 자신들의 주도인 리치먼드로 옮기는 것도 허용했습니다.

버지니아의 인민들은 이런 식으로 대규모 반란세력이 버지니아 주 경계 안에 둥지를 틀게 했습니다. 우리 정부는 반란이 일어나고 있는 곳에서는 반란세력과 싸울 수밖에 없습니다. 다만 정부의 입장에서 덜 유감스러운 것은 버지니아 주의 충성스러운 시민들이 정식으로 보호를 요청해왔다는 것입니다. 우리 정부는 이 충성스러운 시민들을 버지니아의 인민으로 인정하고 보호해야 합니다.

이른바 경계주—사실상 중간주—에는 자신들이 무장중립이라고 부르는 정책을 좋아하는 사람들이 있습니다. 연방군이나 분리군이 자신들의 영토를 통과하는 것을 막기 위해 무장한다는 것입니다. 그런데 이 정책은 결국 연방 해체에 기여할 수밖에 없습니다. 비유적으로 표현하자면, 그것은 분리의 선을 따라 통과할 수 없는 벽을 세우는 것입니다. 그렇지만 전혀 넘어갈 수 없는 것도 아닙니다. 그들은 중립이란 명분 아래 연방 지지자의 손을 묶고 자신들의 물자를 반란군에게 자유롭게 넘겨주는, 공공연한 적이 되어서는 결코 해서는 안되는 일을 하고 있습니다. 그래서 해상봉쇄에 대한 고민 외에 분리주의 세력의 다른 모든 고민을 단번에 해소시켜주고 있습니다. 분리주의 세력들이 가장 바라는 일을 해주고 있는 것입니다. 분리주의 세력에게 식량과 물자를 차질 없이 보급해줌으로써 연방의 분리를 돕고 있습니다. 무장중립은 헌법을 지킬 의무도, 연방을 유지할

1. 연방에서 탈퇴하여 1861년 2월 4일에 남부연합을 결성한 사우스캐롤라이나·미시시피·플로리다·앨라배마·조지아·루이지애나·텍사스를 말한다.

의무도 인정하지 않는 것입니다. 이 정책에 찬성한 다수가 충성스러운 시민이라는 사실에는 의심의 여지가 없지만, 그럼에도 무장중립은 사실상 반역이나 다름없는 행위입니다.

다시 정부가 취한 행동을 살펴봅시다. 처음에는 7만 5천 명의 민병대가 소집되었습니다. 곧이어 반란지역의 항구들을 봉쇄하기 위한 포고문이 공포되었습니다. 여기까지는 모든 수단이 지극히 합법적이라고 믿어졌습니다. 이 시점에서 반란군은 사나포선(민간무장선)의 활동을 개시하겠다고 선포했습니다.

복무기간 3년(물론 전쟁이 빨리 끝나면 그 전에 전역할 수도 있습니다)의 의용군이 소집되었고, 정규 육·해군도 대폭 증강되었습니다. 이런 조치들이 적법한 것이었는지에 대해서는 논쟁의 여지가 있지만, 인민의 요구가 있었을 뿐만 아니라 공약을 위해 필요하다고 판단되었기 때문에 단행된 것입니다. 그 당시에도 지금처럼 의회가 기꺼이 그 조치들을 비준해줄 것으로 믿고 있었습니다. 헌법에 정해져 있는 의회의 권한에서 벗어난 조치는 취한 적이 없다고 생각합니다.

최초의 민병대 소집령이 내려진 직후에, 사령관에게 적절한 경우에 한해서 자신의 재량으로 인신보호영장[1]의 특권을 정지하는 권한, 다시 말해서 사회의 안녕을 해칠 우려가 있다고 간주되는 개인을 통상적인 법적 절차와 형식에 구애받지 않고 체포·구금할 수 있는 권한을 부여할 필요가 있다는 생각을 하게 되었습니다. 이 권한은 특별한 경우에 특수한 의도로 지극히 드물게 행사되었습니다. 그럼에도 불구하고 이 권한에 의해 행해진 일의 적법성과 타당성이 의문시

1. habeas corpus. 부당하게 신체의 자유를 박탈당한 사람의 신병을 법원에 인도하도록 요구하는 영장. 법원이 구금의 적법성을 사법적으로 심사함으로써 인신의 자유에 대한 침해를 막기 위한 것이다.

되어, "법률이 충실하게 시행되도록 최선을 다하겠다"고 맹세한 자가 스스로 법을 위반해서는 안된다는 주장에 대중의 관심이 쏠리게 되었습니다. 물론 상기한 조치를 취할 때는 권한의 범위와 타당성의 문제에 상당히 신경을 썼습니다. 충실하게 시행되어야 할 모든 법률이 모든 주의 거의 3분의 1에 달하는 주에서 저항에 직면하여 시행 불가능한 상태에 이르렀습니다. 이 모든 법률을 시행하는 데 필요한 수단을 사용하게 되면, 한 가지 법률, 시민의 자유〔가 침해되는 것〕에 대한 지나친 우려에서 제정되었으나 실제로는 무고한 사람보다 죄 있는 사람을 구제하는 경우가 더 많은 한 가지 법(인신보호법)이 극히 제한된 범위 내에서 위반될 뿐이라는 사실이 분명해졌는데도, 그 법을 어기지 않을까 염려하여 그 법 이외의 나머지 모든 법률의 시행을 포기해야 할까요? 이 질문을 좀 더 직설적으로 표현하자면, 단 하나의 법을 지키겠다고 나머지 모든 법률의 시행을 포기하고 정부 자체가 산산조각 나는 사태를 손 놓고 바라만 보고 있어도 좋은가 하는 것이 됩니다. 한 가지 법만 무시하면 정부를 보존할 수 있다고 판단되는 상황에서 정부의 붕괴를 방관하는 것은 직무수행의 선서를 어기는 것이 아닐까요? 저는 이런 문제가 제기되리라고는 예상하지 못했습니다. 또한 법을 어겼다고도 생각하지 않았습니다. "인신보호영장의 특권은 반란이나 외침에 대비하여 공공의 안녕을 위해 필요하다고 판단될 때 외에는 정지될 수 없다"라는 헌법조항(1조 9절 2항)은, 그런 특권이 반란이나 외침에 대비하여 공공의 안녕을 위해 필요하다고 판단되는 때에는 정지될 수 있다는 의미의 조항입니다. 우리는 반란 발생이라는 사유가 있으므로, 공공의 안녕을 위해 헌법에 의거하여 인신보호영장의 특권을 일부 정지할 필요가 있다고 결정했던 것입니다. 현재는 그 특권을 정지시킬 권한이 행정수반이 아니라 의회에 부여되어 있다는 주장이 제기되고 있습니다.[1] 그러나 헌법 자체는 어느 기관이 또는 누가 그 권한을 행사해야 하는가에 대해서는 명시하고 있지 않습니다. 이 조항은 분명히 위험한 비상사태에 대비하여 만들어진 것인 만큼, 헌법 제정자들이 의회가 소집되기 전까지 위험이 시시각각 커질 가능성을 염두에 두지 않았을 리 없습니다. 게다가 현재의 상황처럼 의회 소집 자체가 반란에 의해 의도적으로 방해받을 수도 있습니다.

이제 더 이상의 논의는 삼가겠습니다. 상세한 의견은 법무장관에 의해 개진될 예정입니다. 이 문제에 대한 입법이 필요할지, 만일 필요하다면 어떤 법이 제정되어야 하는지는 전적으로 의회의 현명한 판단에 맡기고자 합니다.

우리 정부가 오랫동안 비정상적일 정도로 관용적인 정책을 펴자, 해외의 몇몇 국가는 마치 우리의 연방이 조만간 무너질 것이라고 예상하고 있는 듯한 행동을 취했습니다. 저는 이것을 알고 다소 걱정했지만, 지금은 미국의 주권과 권리가 세계 각국에서 실제로 존중되고 있다고 자부합니다. 그리고 전 세계가 우리 정부의 입장에 공감을 표하고 있습니다.

재무장관·육군장관·해군장관의 보고는 의원 여러분의 협의와 의결에 필요하고도 유익한 정보를 상세하게 제공할 것입니다. 저를 비롯한 모든 행정 부처는 그들의 보고에서 누락된 부분을 보완하고, 여러분이 반드시 알아야 할 만큼 중요하다고 생각되는 새로운 사실을 알려드릴 만반의 태세를 갖추고 있습니다.

1. 드레드 스콧 재판을 주재한 연방대법원장 로저 토니는 이 특권의 정지권한이 연방의회에 있다고 주장하면서 대통령령은 무효라고 결정했지만, 링컨은 연방대법원의 결정을 무시했다.

지금 여러분께 당부하고 싶은 것은 이 싸움을 단기간에 끝내는 데 필요한 적법한 수단을 제공해달라는 것, 다시 말해서 적어도 40만 명의 병력과 4억 달러를 정부가 통제하게 해달라는 것입니다. 40만 명은 기꺼이 참전할 의지를 갖고 있는 지역들에 살면서 군 복무 가능 연령대에 해당하는 남자 전체의 약 10분의 1이고, 4억 달러는 모든 재산을 기꺼이 제공할 의지를 가진 사람들이 소유하고 있는 재화와 자산을 화폐가치로 환산한 액수의 23분의 1 이하입니다. 현재 우리가 안고 있는 6억 달러의 부채는 1인당으로 치면 우리가 독립전쟁을 끝냈을 때 지고 있던 부채보다 적은 액수입니다. 그리고 현재 우리나라의 화폐가치는 당시의 가치에 비해 인구증가율보다 훨씬 높은 비율로 상승한 상태입니다. 현재 각 성인남자가 자유의 권리를 지키려는 의지는 그 옛날 우리 선조들이 자유의 권리를 확립하려던 의지에 뒤지지 않을 만큼 강력합니다.

지금 올바른 결과를 얻는 것은 장래에 그 10배에 해당하는 인원과 그 10배에 달하는 돈을 얻는 것보다 가치 있는 일이 될 것입니다. 각 지방으로부터 입수한 증거에 의하면, 우리의 과업을 위한 인적·물적 자원은 풍부합니다. 우리에게 필요한 것은 입법부가 그 자원의 사용을 법적으로 승인해주고, 행정부가 그 자원을 실질적이고 효율적으로 운용하는 것입니다. 정부가 직면한 가장 큰 어려움의 하나는 군수물자의 보급량이 입대자의 수에 비해 턱없이 부족하다는 것입니다. 요컨대 정부가 제 역할만 충실히 수행한다면 인민이 정부를 구해줄 것입니다.

얼핏 보면 남부에서 일어나고 있는 지금의 운동이 '분리'라 불리든 '반란'이라 불리든 별다른 차이가 없는 것처럼 생각할 수도 있습니다. 하지만 그 지도자들은 그 차이를 잘 알고 있습니다. 처음부터 그들은 위법을 암시하는 이름을 내세워서는 자신들의 반역행위를 떳떳하게 정당화할 수 없다는 사실을 알고 있었습니다. 그들은 그들의 인민이 교양 있고 애국적인 다른 인민에게 결코 뒤지지 않는 도덕의식, 법과 질서에 대한 애정, 공통된 조국의 역사와 정치에 대한 긍지와 경의를 갖고 있다는 것을 알고 있었습니다. 이런 강력하고 고귀한 정서에 정면으로 맞서면 아무것도 이룰 수 없다는 사실을 알고 있었습니다. 그래서 그들은 대중의 마음을 음흉하게 현혹하는 일부터 시작했습니다. 그들은 교묘한 궤변을 고안해냈고, 이것이 용인되면 완벽하게 논리적인 단계를 밟아서 온갖 사건을 거쳐 연방의 완전한 파괴를 실현한다는 계획을 세웠습니다. 그 궤변이란 연방의 모든 주는 미국헌법에 위배되는 일 없이, 말하자면 적법하게 평화적으로, 연방이나 다른 주의 동의 없이도 연방에서 탈퇴할 수 있다는 것입니다. 이 가상의 권리가 정당한 대의를 위해서만 행사될 것이라는, 다시 말해서 스스로 유일한 정의의 심판자가 될 것이라는 그 알량한 가장(假裝)은 너무나 그 속이 빤히 들여다보여서 언급할 가치조차 없습니다.

이와 같은 사탕발림의 모반으로 그들은 그 지역의 공공심(公共心)을 30년 이상이나 기만해왔습니다. 마침내 그들이 회의형식을 통해 자신들의 주가 연방에서 탈퇴한다는 터무니없는 주장을 법제화한 그 다음날부터 다수의 선량한 사람들이 정부에 맞서 무기를 드는 사태가 발생했습니다. 그 하루 전만 해도 상상조차 할 수 없는 일이었습니다.[1]

널리 유포된 이 궤변의 주된, 아니 유일한 근거는 모종의 전능하

1. 사우스캐롤라이나의 대표들은 1860년 12월 17일에 분리결의안을 만장일치로 통과시켰고, 사흘 뒤인 20일에는 연방 탈퇴를 선언하는 법령을 발포했다.

고 신성한 지상권(至上權)이 주에, 우리 연방의 각 주에 있다는 가정입니다. 하지만 각 주는 헌법에 의해 연방 내의 여러 주에 부여된 것만큼의 권한을 갖고 있을 뿐입니다. 그 어떤 주도 연방에서 떨어져 나와 주(州)로 존재한 적은 없었습니다. 최초의 여러 주는 영국의 식민지 예속에서 벗어나기 전부터 이미 연방에 가입되어 있었습니다. 그리고 새로운 주들은 텍사스를 제외하면 모두 예속상태에서 곧바로 연방에 들어왔습니다. 텍사스도 일시적인 독립상태에 있을 때는 주라고 불리지 않았습니다. 새로운 주들은 연방에 가입함으로써 비로소 주라는 명칭을 얻었는데, 이 주라는 명칭은 독립선언서에 의해 처음으로 구(舊) 식민지[1]에 붙여졌던 것입니다. 그 독립선언서에서 "13개 식민지는 자유롭고 독립적인 주"라고 선포되었습니다. 그러나 당시에도 그 목적은 분명히 여러 주가 상호간에 또는 연방으로부터 독립된 것이라고 선언하는 것이 아니었습니다. 그 목적이 정반대였다는 것은 선언 이전과 당시와 이후에 발견되는 주 상호간의 서약과 행위가 충분히 보여주고 있습니다. 그로부터 2년 뒤에 최초의 13개 주 모두가 연합규약에서 연방은 영원해야 한다고 신의를 걸고 맹세한 서약은 가장 결정적인 것입니다. 연방을 떠나서는 명실상부한 주가 성립될 수 없는 마당에, 연방 자체를 합법적으로 파괴할 권한을 갖고 있다고 주장되는 '주권'(州權)이라는 불가사의한 전

1. 뉴햄프셔 식민지(오늘날의 뉴햄프셔 주), 매사추세츠 만 식민지(오늘날의 매사추세츠 주와 메인 주), 로드아일랜드 프로비던스 플랜테이션 식민지(오늘날의 로드아일랜드 주), 코네티컷 식민지(오늘날의 코네티컷 주), 뉴욕 식민지(오늘날의 뉴욕 주와 버몬트 주), 뉴저지 식민지(오늘날의 뉴저지 주), 펜실베이니아 식민지(오늘날의 펜실베이니아 주), 델라웨어 식민지(오늘날의 델라웨어 주), 메릴랜드 식민지(오늘날의 메릴랜드 주), 버지니아 식민지(오늘날의 버지니아·켄터키·웨스트버지니아 주), 노스캐롤라이나 식민지(오늘날의 노스캐롤라이나 주와 테네시 주), 사우스캐롤라이나 식민지(오늘날의 사우스캐롤라이나 주), 조지아 식민지(오늘날의 조지아 주).

능은 도대체 어디서 나오는 것일까요? 주의 '주권'(主權)에 대해 말들이 많지만, 사실 이 말은 미국헌법에도 나오지 않거니와 흔히 생각하는 것과는 달리 어떤 주의 헌법에도 나오지 않습니다. '주권'(主權)이란 용어의 정치적 의미는 무엇일까요? 이를 "정치적으로 가장 상위에 있는 정치공동체의 권력"이라고 정의한다면 큰 잘못일까요? 이 정의에 의하면 텍사스를 제외한 나머지 모든 주는 일찍이 주권국가였던 적이 없습니다. 그리고 텍사스도 연방에 가입하면서 그 지위를 포기했습니다. 연방 가입이라는 행위에 의해, 텍사스는 미국헌법, 그리고 헌법에 의거하여 만들어진 미국의 법과 조약을 국가의 최고법으로 인정한 것입니다. 주는 연방 안에서 그 지위를 가지며, 그 밖의 법률적 지위는 갖지 않습니다. 주는 법을 어기고 혁명을 일으키지 않는 한 연방에서 떨어져 나갈 수 없습니다. 여러 주의 독립과 자유는 연방에 의해 획득된 것이지, 각 주가 독자적으로 획득한 것이 아닙니다. 정복이나 구입에 의해, 연방은 각 주에 그들이 현재 누리고 있는 독립과 자유를 부여했습니다. 연방은 그 어느 주보다 오래되었습니다. 사실상 연방이 주를 주로 만들어준 것입니다. 처음에는 영국의 지배하에 있던 몇 개의 식민지가 연방을 형성했고, 다음에는 연방이 이 식민지들을 위해 그들의 오랜 예속을 무너뜨려서 현재와 같은 주로 만들어준 것입니다. 그 가운데 어떤 주도 아직껏 연방과 무관한 주헌법을 가져본 적이 없습니다. 물론 모든 신생 주는 연방에 가입하기 전에 주헌법을 제정했습니다. 그러나 그것은 어디까지나 연방가입에 필요한 자격요건을 갖추기 위해 제정된 것이었습니다.

여러 주가 미국의 헌법에 의해 각 주에 부여된 권한과 권리를 가지고 있다는 데는 의문의 여지가 없습니다. 그러나 인간이 생각할 수 있는 온갖 유해하고 파괴적인 권한까지 주의 권한에 포함되어 있는 것은 결코 아닙니다. 그 권한의 한계는 당시 통치상의 권한이라고 세상에 알려져 있던 범위까지입니다. 그런데 정부를 파괴하는 권한이 통치권 내지 행정권으로 인식되었을 리가 없습니다. 국가권력과 주권(州權)의 상호관계는 원칙적으로는 전체와 지방의 관계입니다. 전체에 관련된 일은 모두 전체, 즉 연방정부에 맡겨야 하고, 주하고만 관련된 일은 전적으로 주에 맡겨야 합니다. 이것이 국가의 권리와 주의 권리에 관한 원칙의 전부입니다. 우리의 헌법이 양자 사이의 경계를 규정할 때 이 원칙을 엄밀하고 정확하게 적용했다는 데는 의문의 여지가 없습니다. 물론 우리는 모두 그 규정의 제약을 받고 있습니다.

지금 문제가 되고 있는 것은 분리가 헌법에 위배되지 않는 적법하고 평화적인 행위라는 주장입니다. 저는 분리에 관해 명시해놓은 법은 없다고 봅니다. 그리고 부당하거나 불합리한 결과를 초래하는 것은 그 어떤 것도 법으로 간주되어서는 안된다고 생각합니다. 국가가 돈을 주고 외국으로부터 매입한 지방들 가운데 여러 곳이 주가 되었습니다. 이런 주들이 그 돈을 반환하지도 않고 무단으로 이탈하는 것이 정당한 일일까요? 국가는 플로리다를 원주민 부족들로부터 빼앗는 데 막대한 돈(총액이 근 1억 달러인 것으로 알고 있습니다)을 지출했습니다.[1] 그런 플로리다가 이제 와서 동의도 받지 않고 그 빚을 갚지도 않은 채 탈퇴하는 것이 정당한 일일까요? 연방정부는 현재 이른바 분리주를 돕는 데 들어간 돈 때문에 나머지 주들과 함께

1. 미국 정부는 세미놀족이라 불리는 플로리다의 원주민들을 강제로 이주시키기 위해 세 차례의 전쟁(1817~1818, 1835~1842, 1855~1858)을 치르는 과정에서 막대한 전쟁비용을 지출했다.

엄청난 빚을 지고 있습니다. 채권자가 돈을 돌려받지 못하는 것, 또는 남아 있는 주들이 그 모든 빚을 대신 갚는 것이 과연 옳은 일일까요? 국채의 일부는 텍사스의 해묵은 부채[1]를 갚기 위해 발행된 것입니다. 텍사스가 그 빚의 일부조차도 갚지 않고 떠나가 버리는 것이 정당한 일일까요?

만일 한 주가 탈퇴하면 다른 주도 탈퇴하게 될 것입니다. 이런 식으로 모든 주가 탈퇴하고 나면 부채를 갚을 주가 없어지게 됩니다. 이것이 채권자에 대한 올바른 태도일까요? 우리가 돈을 빌릴 때, 이런 고약한 사고방식을 상대방에게 고지하나요? 우리가 지금 그런 사고방식을 인정하면서 분리주를 조용히 떠나보낸다면, 다른 주가 탈퇴하려 하거나 잔류조건으로 무엇인가를 요구할 경우 우리가 무엇을 할 수 있을지 참으로 난감합니다.

분리주는 우리의 헌법이 분리를 허용하고 있다고 주장합니다. 그들은 뻔뻔스럽게 자기들의 국가헌법을 제정했는데, 그 헌법에는 필시 분리의 권리, 즉 그들이 우리의 헌법에 존재한다고 주장하는 그 권리가 **폐기되었거나** **유지되었을** 것입니다. 만일 그 권리가 폐기되었다면, 이는 그것이 원칙적으로 우리의 헌법에 있어서는 안될 권리였다는 점을 자인한 셈입니다. 만일 유지되었다면, 우리의 헌법에 대한 그들 자신의 해석을 견지하려다 보니, 각 주는 부채를 청산하는, 또는 이기적이거나 부당한 목적을 달성하는 가장 손쉬운 방법이 분리라고 판단될 때는 언제든지 분리할 수 있다는 입장을 천명한 셈입니다. 이런 원칙 자체가 붕괴의 원칙이고, 어떤 정부도 그런 원칙에 기초해서는 지속될 수 없습니다.

1. 텍사스 공화국 시절에 발생한 1천만 달러의 부채를 말한다.

만일 한 주를 제외한 나머지 모든 주가 그 한 주를 연방에서 추방할 권한을 주장한다면, 분리주의 정치인들은 즉시 그 권한을 부정하고, 그런 행동을 주권(州權)에 대한 최대의 침해라고 비난할 것입니다. 그러나 똑같은 행동을, "한 주를 추방할" 권한을 주장한다고 표현하지 않고 "그 한 주로부터 나머지 주들의 분리"를 요구한다고 표현해보면, 그 행동이 분리주 정치인들의 주장과 조금도 다르지 않다는 것을 알 수 있습니다. 물론 그들은 한 주는 소수이기 때문에 다수인 다른 주들이 정당하게 할 수 없는 일을 정당하게 할 수 있다고 토를 달겠지요. 이런 정치가들은 소수파의 권리에 대해서는 민감하고 사려가 깊습니다. 그러나 헌법을 제정한 권한, 즉 헌법 전문에 나오는 "우리, 인민"의 권한에 대해서는 별로 관심이 없습니다.

현재 사우스캐롤라이나 주를 제외한 모든 주에서 연방의 분열에 찬성하는 유권자가 과연 과반수인지도 궁금합니다. 이른바 분리주의 태반은 아니라 하더라도 꽤 여러 분리주에서 연방 지지자가 다수를 차지하고 있다고 믿을 만한 이유는 많습니다. 그 반대, 즉 연방지지자가 소수라는 사실은 아직 단 한 주에서도 입증된 바가 없습니다. 심지어 버지니아와 테네시에서도 상황은 다르지 않을 것이라고 감히 단언할 수 있습니다. 한쪽의 주장을 일방적으로 지지하는 병사들에게 둘러싸인 군영에서 치러진 선거의 결과가 대중의 정서를 나타내는 증거로 간주될 수는 없기 때문입니다. 이런 선거에서는 연방에 찬성하고 강압에 반대하는 다수가 어쩔 수 없이 연방에 반대하는 투표를 했을 것입니다.

우리가 향유하고 있는 자유체제가 세계에서 유례를 찾기 힘들 정도로 우리 전 인민의 권익을 증대시키고 지위를 향상시켜왔다고 해도 과언은 아닐 것입니다. 이를 입증해주는 놀랍고도 감동적인 사례가 있습니다. 현재 정부의 깃발 아래 모여 있는 무수한 장병들이 하나같이 본인의 자유로운 의사에 따라 자기 발로 입대한 것은 사상 초유의 일입니다. 이뿐만이 아닙니다. 다수의 연대에는 실용성 여부를 떠나 이 세상에 존재하는 모든 분야의 예술·과학·직업에 대한 풍부하고 실질적인 지식을 갖추고 있는 부대원이 수두룩합니다. 그리고 어느 연대에서나 정부를 무난히 통제할 수 있는 유능한 대통령·각료·의원·판사를 선출할 수 있습니다. 이 점에 관한 한, 지난날의 벗이자 현재의 적군의 경우에도 사정은 마찬가지라고 생각합니다. 바로 이런 사실 때문에라도 그들과 우리에게 이토록 큰 은혜를 베푼 정부가 붕괴되어서는 더더욱 안되는 것입니다. 이런 정부를 버리자고 제안하는 자는 어느 지방의 누구든 도대체 자신이 어떤 원칙에 의해 그렇게 제안하는 것인지, 이 정부 대신에 얼마나 훌륭한 정부를 얻을 수 있을 것으로 기대하는지, 과연 그 정부가 인민에게 지금만큼의 복리(福利)를 줄 수 있을 것인지, 또는 복리를 줄 의도를 갖고 있는지를 진지하게 생각해봐야 할 것입니다. 이 문제에 대한 징조는 다소 암울합니다. 우리의 적도 일종의 독립선언서를 채택했는데, 그 문서에서 제퍼슨에 의해 초안된 옛날의 좋은 선언서에 나오는 "모든 인간은 평등하게 창조되었다"는 말을 삭제했습니다. 이유가 무엇일까요? 그들은 임시헌법을 제정했는데, 그 전문에서 워싱턴이 서명한 우리의 오래된 훌륭한 헌법 전문(前文)에 나오는 "우리, 인민"이라는 표현을 "주권을 가진 독립된 여러 주의 대표들인 우리"로 대체했습니다. 이유가 무엇일까요? 어째서 이처럼 교묘하게 인간의 권리와 인민의 권위를 배제해버린 것일까요?

이것은 본질적으로 국민의 싸움입니다. 연방 측에서 보자면, 인간의 지위를 향상시키는 것—만인의 어깨를 짓누르는 거추장스러운 짐을 치워주고, 만인이 훌륭한 일을 하도록 진로를 열어주며, 만인의 삶에 자유로운 출발과 공평한 기회를 보장해주는 것—을 주된 목적으로 하는 정부의 형태와 실체를 이 세상에서 유지하기 위한 투쟁입니다. 부득이하게 연방의 일부가 잠시 이탈에 응하는 일이 있을지라도, 이것이 우리 정부의 주된 목적이고, 우리는 이런 목적을 가진 정부의 존립을 위해 싸우고 있는 것입니다.

저는 보통사람들이 이 점을 제대로 이해하고 평가하고 있다는 것을 믿어 의심치 않습니다. 이번에 정부의 시련기를 맞아 육군과 해군의 직책을 맡아 혜택을 누린 사람들 가운데 상당수가 자신들에게 호의를 베푼 쪽을 배신하고 사직했지만, 일반 사병과 수병 중에는 단 한 명도 군기를 버리고 이탈한 사람이 없다는 것은 주목할 만한 일입니다.

동료들의 배반에 흔들리지 않고 충성을 다해 자기 자리를 지킨 장교들도 칭송받아 마땅합니다. 그러나 가장 큰 명예, 가장 중요한 사실은 일개 사병과 수병 모두가 하나같이 확고부동한 자세를 보여주고 있다는 것입니다. 제가 들은 바에 의하면 그들은 불과 1시간 전만 해도 장교들의 명령에 절대 복종했지만, 장교들이 배반하자 마지막 한 명까지 상관의 명령을 단호히 거부했다고 합니다. 이것이야말로 보통사람들의 애국 본능입니다. 그들은 조지 워싱턴이 만든 정부가 파괴되는 일은 자신들에게 불행이라는 사실을 직감적으로 알아차린 것입니다.

우리의 민주정치는 흔히 실험이라고도 불립니다. 이 실험에서 우리의 인민은 이미 두 가지를 해결했습니다. 정부의 성공적인 수립과 운용입니다. 아직 한 가지가 남아 있습니다. 이 정부를 타도하려는 국내의 가공할 기도에 맞서 성공적으로 정부를 유지하는 일입니다.

이제 그들이 세계를 향해 입증해야 할 것은 공정하게 선거를 시행할 수 있는 사람들은 반란도 진압할 수 있다는 점, 투표야말로 총탄의 뒤를 이어야 할 정당하고 평화적인 후계자라는 점, 투표를 통해 공정하게 헌법에 따라 결정된 일은 총탄에 호소해도 뒤집을 수 없다는 점, 변화를 원한다면 다음 선거에서 투표에 호소하는 길 밖에 없다는 점 등입니다. 이런 점들을 입증하면 평화가 무엇인지에 대해 큰 교훈을 줄 수 있습니다. 즉 선거로 획득할 수 없는 것은 전쟁으로도 획득할 수 없다는 것을 사람들에게 가르쳐주고, 전쟁의 개시자들이 얼마나 어리석은지를 모두에게 가르쳐줄 것입니다.

편견 없는 사람들의 마음에 약간의 불안감도 없도록 반란이 진압된 후 정부가 남부 제주(諸州)에 대해 어떤 조치를 취할 것인가에 관해 이쯤에서 대통령으로서 한 말씀 드리는 게 좋을 것 같습니다. 저는 이 경우에도 지금까지와 마찬가지로 헌법과 법률에 의거하여 일을 처리해 나갈 작정입니다. 그리고 헌법하에서 주정부와 그 인민의 권리에 대해 연방정부가 갖는 권한과 의무에 관해서는 취임사에서 표명한 것과 다른 견해를 취하는 일은 결코 없을 것입니다.

본인이 바라는 바는 이 정부를 보전하고, 이 정부를 만들었던 사람들과 마찬가지로 모든 사람을 위해 정부를 관리하는 것입니다. 충성스러운 시민들은 어느 지방에 살든 정부의 보전과 관리를 정부에 요구할 권리가 있습니다. 그리고 정부는 그런 요구를 허락하지 않거나 무시할 권리가 없습니다. 이런 요구를 수용하는 데 진정한 의미의 강제나 정복이나 예속이 필요하다고는 생각하지 않습니다.

헌법은 "미국은 본 연방 내의 각 주에 공화제를 보증한다"(4조 4절 1항)고 규정하고 있으며, 모든 주는 이 조항을 받아들이고 있습니다. 그러나 만일 어떤 주가 합법적으로 연방에서 탈퇴할 수 있다면, 그 주는 탈퇴한 다음 공화제를 포기할 수도 있습니다. 따라서 그 주의 탈퇴를 막는 일은 공화제의 유지라는 목적에 꼭 필요한 수단입니다. 목적이 합법적이고 의무적인 것이라면, 그것을 위한 불가결한 수단도 합법적이고 의무적인 것이 됩니다.

대통령으로서 정부를 지키기 위해 전쟁수행권의 의무를 다할 수밖에 없었다는 점을 심히 유감스럽게 생각합니다. 저는 이 의무를 수행하지 않으면 정부의 존속을 포기해야 하는 상황이었습니다. 이런 경우에 공직자들의 타협이 치유책이 될 수는 없었습니다. 타협이란 것이 부적절할 때가 많아서 그런 게 아닙니다. 민주정치에서는 선거당선자들이 인민의 투표를 통해 지지를 받은 주요 사안을 포기하는 것 외에는 정부를 당면한 파멸로부터 구해낼 길이 없었다는 눈에 띄는 선례를 오랫동안 남겨서는 안되기 때문입니다. 인민이 신중하게 내린 결정을 안전하게 번복할 수 있는 사람은 공직자가 아니라 인민 자신입니다. 대통령은 한 시민으로서 이 체제가 무너지는 일에 도저히 동의할 수 없습니다. 더욱이 이 자유로운 인민이 본인에게 맡긴 막중하고도 신성한 신임을 배신하고 그런 일에 동의한다는 것은 생각조차 할 수 없습니다. 앞으로 어떤 일이 생기든, 그것이 두려워 뒷걸음질 치거나 목숨을 부지할 궁리를 하는 것은 도의에 어긋난다고 생각합니다. 본인은 본인에게 맡겨진 중대한 책임을 통감하며 본인의 의무라고 생각되는 일을 지금까지 수행해왔습니다. 이제 여러분은 스스로의 판단에 따라 여러분의 의무를 수행하십시오. 본인이 충심으로 바라는 바는 여러분의 견해와 행동이 본인의 그것과 완전히 일치되어, 모든 충실한 시민에게 그들의 침해당한 권리가 헌법과 법률에 따라 확실하고 신속하게 회복될 것이라는 확신을 심어주는 것입니다.

우리가 이와 같은 길을 선택한 이상, 순수한 동기로, 우직하게, 하느님에 대한 믿음을 새롭게 다지면서 두려움 없이 씩씩하게 나아갑시다.

나는 천천히 걷는다.
그러나 결코 뒤로 물러서지는 않는다.

의회에 보낸 특별교서 *

— 1862년 3월 6일

* 보상에 의한 노예해방이란 노예해방의 대가로 노예 소유주에게 정부가 금전적 보상을 해주는 방안이다. 링컨은 이것이 노예제 문제를 해결하기 위한 가장 바람직한 방법이라고 생각했다. 이 방안을 점진적으로 시행해나가면 노예해방에 따르는 재정적 부담을 분산시킬 수 있다고 판단했기 때문이다. 경계주들을 설득하는 데 효과적일 것이라는 기대도 있었다. 그래서 링컨은 이에 관한 공동결의안의 채택을 의회에 권고했고, 의회는 4월 10일에 링컨의 권고를 받아들였다. 그러나 경계주들은 이 방안에 호응하지 않았고, 링컨의 계획은 컬럼비아 특별구에서만 실현되었다. 그 결과 3,185명의 노예가 해방되었고, 900여 명의 노예 소유주에게는 노예 1인당 약 300달러가 보상비로 지급되었다.

상원과 하원의 친애하는 시민 여러분.

저는 다음과 같은 내용의 공동결의안을 채택해줄 것을 양원에 권고하는 바입니다.

"양원은 합중국이 노예제의 점진적 폐지안을 수용하는 모든 주와 협력할 것과 그런 주를 재정적으로 지원할 것을 결의한다. 이 지원금은 제도적 변화로 인해 야기되는 공적·사적 불편과 손해를 보상할 목적으로 각 주에 의해 임의로 사용될 수 있다."

만일 이 결의에 포함되어 있는 제안이 의회와 국민의 승인을 얻지 못한다면, 그것으로 그만입니다. 그러나 만일 그런 승인을 얻을 경우에는, 직접적인 이해당사자인 주와 그 인민에게 즉시 이 사실을 통보하는 것이 중요하다고 생각합니다. 그래야 그들이 저의 제안을 수용할 것인지 거부할 것인지 숙고하기 시작할 테니까요. 연방정부가 이런 방책에 지대한 관심을 기울이는 것은 그것이 자기보존의 가장 유효한 수단이라고 생각하기 때문입니다. 현재 반란 지도부는 이 정부가 결국에는 불만을 품은 일부 지방의 독립을 인정하지 않을 수 없게 될 테고, 그런 지방의 북쪽에 위치한 모든 노예주가 "우리는 지금껏 연방을 위해 싸워왔지만 이제 연방이 사라졌으니 앞으로는 남부와 보조를 함께하고 싶다"라고 말하게 될 것이라는 희망을 갖고 있습니다. 그들로부터 이 희망을 빼앗아버리면, 사실상 반란은 끝나게 됩니다. 노예해방에 착수하면, 그것을 시작한 모든 주에 대한 그들의 희망은 완전히 사라질 것입니다. 중요한 것은 노예제를 용인하고 있는 모든 주가 조만간 노예해방에 착수하는 것이 아니라, 모든 주에 대해 똑같은 제안을 한 상황에서 북부의 여러 주가 노예해방에 착수함으로써 자신들은 절대로 남부연합에 합류할 생각이 없다는 의지를 남부 각 주에 확실하게 보여주는 것입니다. 제가 '착수'라는 표현을 쓰는 것은 갑작스러운 해방보다는 점진적인 해방이 모두에게 이롭다고 생각하기 때문입니다. 단순히 재정적 또는 금전적 관점에서 말하자면, 의원 여러분이 국세조사표와 재정보고서를 대충만 훑어봐도 쉽게 알 수 있듯이, 이 전쟁에 소요되는 비용 정도면 모든 주의 노예 전부를 적정가에 사들일 수 있습니다. 이 제안은 연방정부가 각 주의 노예제에 개입할 수 있는 권리를 주장하는 것이 아니라, 이 문제의 처리를 직접적인 이해당사자인 주와 주민에게 전적으로 맡기자는 것입니다. 보상에 의한 점진적 해방은 주와 그 인민이 완전히 자유롭게 선택할 수 있는 일로 제안되고 있는 것입니다.

작년 12월의 연례교서에서 저는 "연방은 반드시 유지되어야 한다. 따라서 필요한 모든 수단이 동원될 것이다"라고 말했습니다. 이 말은 성급한 발언이 아니라 신중을 기한 발언이었습니다. 우리가 수행하고 있는 전쟁은 여전히 연방 유지라는 목적을 위해 필요한 수단입니다. 국가의 권위가 실질적으로 재확인되면, 전쟁은 필요하지 않게 되어 즉시 끝나게 될 것입니다. 하지만 저항이 계속된다면 전쟁도 계속될 수밖에 없습니다. 전쟁에 수반되는 각종 사건과 전쟁에 뒤따르는 황폐화는 예견하기조차 어렵습니다. 그 싸움을 끝내는 데 절대로 빼놓아서는 안된다고 생각되거나 대단한 효과를 발휘할 것으로 기대되는 어떤 조치가 나와야만 합니다. 아니 반드시 나올 것입니다.

저의 제안은 어디까지나 제안에 불과합니다. 하지만 결례를 무릅쓰고 감히 말씀드리고 싶은 것은 제가 제시한 노예해방의 보상금이 이해당사자인 여러 주와 개인에게 현행 노예제하에서 그들이 보유하고 있는 재산의 가치를 상회하는 이득을 줄 수도 있다는 점입니다.

물론 제안된 결의안의 채택은 문제해결의 첫걸음일 뿐, 그 자체가 실질적인 대책이라고 말할 수는 없지만, 그것이 곧 중요한 실질적인 성과를 거두기를 바라면서 그것을 권고하는 바입니다. 저는 하느님과 조국에 대한 막중한 책임을 깊이 생각하면서, 의회와 인민이 이 문제에 관심을 기울여주시기를 충심으로 바라는 바입니다.

호러스 그릴리에게 보낸 편지*

— 1862년 8월 22일, 워싱턴

* 호러스 그릴리(Horace Greeley, 1811~1872)는 저널리스트이자 사회개혁가로 유명한 사람이다. 그는 1834년에 주간문예지 『뉴요커』를 창간하고, 1841년에는 『뉴욕트리뷴』지를 창간하고 그 편집인으로 활동하며 노예제 폐지, 금주, 여성참정권, 보호관세 등을 주장했다. 링컨의 이 편지는 그릴리가 『뉴욕 트리뷴』지에 「2천만의 기도」라는 유명한 사설을 통해, 정부의 온건책을 비판하면서 남부연합에 대한 좀 더 강력한 공격과 노예의 조속한 해방을 요구했을 때 답장형식으로 쓰인 것이다. 이 편지는 미국대통령으로서 연방의 붕괴를 막아보려는 링컨의 책임감을 보여주는 고전적인 글로 평가되고 있다. 그런데 이 편지를 쓸 무렵 링컨은 이미 노예해방선언의 선포를 염두에 두고 있었다. 연방을 유지하기 위해서라면 노예를 완전히 해방할 수도, 일부 해방할 수도, 전혀 해방하지 않을 수도 있다는 그의 입장 표명은 노예해방선언을 하기 위한 사전포석으로 볼 수 있다.

존경하는 그릴리 선생께

지난 19일자 『뉴욕 트리뷴』지에 게재된 귀하의 공개서한을 방금 읽었습니다. 비록 귀하가 진술한 사실이나 가정 가운데 잘못된 것을 제가 알고 있더라도, 그것을 지금 여기서 논박하지는 않겠습니다. 귀하의 편지에 잘못 유추된 것으로 판단되는 결론이 있다 하더라도, 지금 여기서 반론을 주장하고 싶지는 않습니다. 또 성급한 명령조의 어투가 감지된다 하더라도, 항상 바른 마음을 지니고 계시다고 생각해온 오랜 벗을 존중하는 뜻에서, 그것을 문제 삼지는 않겠습니다.

제가 "추구하고 있는 듯하다"고 귀하가 표현하신 정책에 대해, 어느 누구도 의문을 갖지 않도록 해명할 필요가 있다고 생각됩니다.

저는 연방을 구하고 싶습니다. 헌법에 의거하여 가장 손쉬운 방법으로 연방을 구하고 싶습니다. 국가의 권위가 조금이라도 빨리 회복될수록 연방도 "옛날 그대로의 연방"에 좀 더 가까워질 것입니다. 동시에 노예제를 보존할 수 없다면, 연방을 구할 마음이 없는 사람들이 있는데, 저는 그들에게 찬성할 수 없습니다. 동시에 노예제를 폐지할 수 없다면, 연방을 구할 마음이 없는 사람들이 있는데, 저는 그들에게도 찬성할 수 없습니다. 이 투쟁에서 제가 지상목표로 삼고 있는 것은 연방을 구하는 것이지, 노예제를 보존하거나 폐지하는 것이 아닙니다. 단 한 명의 노예도 해방시키지 않더라도 연방만 구할 수 있다면, 저는 그렇게 할 것입니다. 모든 노예를 해방시켜야 연방을 구할 수 있다면, 저는 그렇게 할 것입니다. 노예의 일부만 해방시키고 나머지는 그대로 둠으로써 연방을 구할 수 있다면, 역시 그렇게 할 것입니다. 제가 노예제나 유색인종에 대해 어떤 일을 하는 이유는 그것이 연방을 구하는 데 도움이 된다고 믿기 때문입니다. 그리고 제가 어떤 일을 삼가는 이유는 그것이 연방을 구하는 데 도움이 된다고 믿지 않기 때문입니다. 제가 하고 있는 일이 연방의 유지라는 대의에 방해가 된다고 생각되면, 저는 그 일에서 발을 뺄 것입니다. 그러나 제가 하고 있는 일이 대의에 도움이 된다고 생각되면, 저는 그 일을 더 강력하게 추진할 것입니다. 제가 하고 있는 일이 잘못된 것으로 밝혀지면, 저는 그 잘못을 바로잡기 위해 노력할 것입니다. 또한 새로운 견해가 참된 것으로 판명되면, 지체 없이 그 견해를 받아들일 것입니다.

이상은 직무상의 의무에 대한 저의 생각에 따라서 저의 목적을 밝힌 것입니다. 끝으로 제가 때때로 표명해온 저의 개인적인 소망, 즉 모든 사람이 어디에 있든 자유로워지기를 바라는 마음은 조금도 변하지 않았다는 말씀을 덧붙이고 싶습니다.

분리의 중심이념은 무정부주의의 본질과 일맥상통합니다.
헌법상의 제한과 제약에 의해 억제되고, 여론의 신중한
변화에 언제나 유연하게 발맞추어 나가는 다수파야말로
자유로운 인민의 유일하고 진정한 주권자입니다.
다수의 의견을 배격하면 무정부상태나 독재에
빠져들게 마련입니다. 만장일치는 불가능합니다.
소수파의 지배를 영구적인 장치로 마련하는
것은 절대로 용인해서는 안되는 일입니다.
다시 말해 다수결의 원칙을 배격하면,
남는 것은 일종의 무정부상태 아니면
독재뿐입니다.

노예해방 예비선언*

— 1862년 9월 22일, 워싱턴

* 남북전쟁 발발 전에는 장차 연방에 가입할 서부의 여러 준주에서 노예제가 확대되는 것을 막는 것이 북부의 주요 관심사였다. 그러나 남부의 주들이 연방에서 탈퇴하고 내전이 시작되자, 남부의 노예제를 계속 허용하는 정책의 유용성에 대한 비판이 고조되었다. 이런 상황에서 나온 이 선언은 보상에 의한 점진적인 노예해방을 주장하던 링컨과 즉각적이고 전면적인 해방을 주장하던 공화당 내 진보파와의 타협안이라고 볼 수 있다. 사실 링컨은 이미 몇 달 전에 이 포고에 대한 구상을 마친 상태였고, 7월 22일에는 내각에 자신의 의도를 알렸다. 다만 전황이 유리해지기만을 기다리고 있었다. 그러다가 9월 17일에 북군이 메릴랜드의 앤티텀 강변에서 연방의회의사당을 점거하기 위해 진격하던 남군을 격퇴하자, 링컨은 마침내 자신의 뜻을 표명할 시기가 온 것으로 판단하고, 남부연합에 가담한 주들이 1863년 1월 1일까지 연방에 복귀하지 않으면 그들의 노예를 자유민으로 선포하겠다는 이 선언을 발표했다.

미국대통령이자 미국 육·해군의 통수권자인 나 에이브러햄 링컨은 여기서 다음과 같이 선언하고 공표한다. 이후에도 이전과 마찬가지로 미국과의 헌법적 관계가 현재 일시중단 내지 교란되어 있거나 그럴 가능성이 있는 주와 그 인민에 대해서 그 관계를 회복시킨다는 실제 목적을 갖고 수행될 것이다.

나는 차기 의회에 노예해방에 대해 보상금을 지급하는 실질적 방안을 채택하도록 다시 권고할 생각이다. 이른바 모든 노예주는 이 금전적 원조를 수용할 것인지 거부할 것인지 자유롭게 선택할 수 있다. 단 보상금은 노예주가 자기 관내에서 노예제를 즉각적으로 또는 점진적으로 폐지하는 안을 자발적으로 이미 채택했거나 앞으로 채택하게 될 경우, 또한 그 주민들이 그때까지 미국에 대항하여 반란을 일으키지 않을 경우에 한해 지급될 것이다. 그리고 아프리카계 사람들을 그들의 동의하에 미대륙이나 다른 곳에 해당 정부의 사전 양해를 얻어 입식하려는 노력은 앞으로도 계속될 것이다.

1863년 1월 1일, 그때까지 미국에 대해 반란상태에 있는 모든 주 또는 주의 특정지역 내에서 노예상태에 있는 모든 사람은 그날 이후 영구히 자유를 부여받는다. 미국의 육·해군 당국을 비롯한 미국 행정부는 그런 사람들의 자유를 승인하고 보호할 것이며, 그런 사람들이 사실상의 자유를 얻기 위해 기울이는 노력을 억누르는 어떤 조치도 취하지 않을 것이다.

행정부는 전술한 1월 1일 당일에 그 주민들이 미국에 대해 반란 상태에 있다면 해당 주와 지역을 명시하여 공표할 것이다. 주 또는 그 인민이 그날 현재 주의 유권자 대다수가 참여한 선거에서 선출된 의원을 연방의회에 자신들의 대표자로 성의껏 파견하고 있다면, 이 사실은 그것을 뒤엎을 만한 강력한 증언이 없는 한 해당 주와 그 인민이 미국에 대해 반란상태에 있지 않다는 결정적인 증거로 간주될 것이다.

이에 의회가 1862년 3월 13일에 승인하고 「전쟁에 관한 추가조항 제정법」이라고 명명한 법에 주목하는 바이다. 이 법에는 아래와 같은 규정이 있다.

> 미국 상원 및 하원에 의해 법제화된 다음과 같은 사항이 향후 미국군대의 통제를 위해 전쟁에 관한 추가조항으로 공포될 것이므로, 이 조항은 반드시 준수되어야 한다.
>
> 제△조 미국 육·해군에 복무하는 모든 장교나 부대원은 용역이나 노역을 요구할 권리가 있다고 간주되는 사람들로부터 그런 의무를 피해 도망친 자들을 되돌려 보낼 목적으로 예하부대를 동원해서는 안된다. 이 조항을 위반한 죄로 군사법원에서 유죄판결을 받은 장교들은 모두 파면조치한다.
>
> 2항 이 법은 통과 후 즉시 효력을 발생하는 것으로 한다.

또한 1862년 7월 17일에 승인된 「폭동 진압, 모반과 반역의 처벌, 반도들의 재산 몰수와 징발, 그리고 여타 목적에 관한 법」의 9항과 10항에도 주의를 요하는 바이다.

> 9항 앞으로 미국정부에 맞서 반란에 가담하는 사람이나 반도에게 도움이나 편의를 제공하는 사람들의 노예인데 그들로부터 도망쳐서 미군의 대오 안으로 피난 온 모든 노예, 또 그런 사람들로부터 탈취되거나 버림받아 미국정부의 지배하에 들어온 모든 노예, 그리고 원래 반란군에게 점령되어 있다가 그후 미국군대에 점령된 장소 내에

서 발견된 그런 사람들의 모든 노예는 전쟁포로로 간주되어 영원히 노예신분에서 해방되며 다시는 노예가 되지 않는다.

10항 한 주에서 다른 주나 준주, 컬럼비아 특별구로 도망친 노예는 죄를 짓거나 법을 위반하지 않은 이상 인도되거나 자유를 방해받지 않는다. 단 그 도망자의 용역이나 노역을 요구할 권리를 갖고 있다고 주장하는 자가 그 도망자의 합법적인 소유주이고, 현재의 반란에서 미국에 대항하여 무기를 잡은 적이 없으며 반도들에게 도움이나 편의를 제공한 적도 없는 경우는 예외로 한다. 미국 육·해군에 복무하는 자는 어떤 구실로도 어떤 사람이 다른 사람의 용역이나 노역에 대한 권리주장을 할 경우 그 타당성을 스스로 판단해서는 안되며, 그 사람을 권리주장자에게 넘겨줄 시에는 파면될 각오를 해야 한다.

나는 미국의 모든 육·해군 복무자에게 위에서 열거한 법과 조항을 각자의 근무지에서 준봉하고 실행할 것을 요구하고 명령한다.

또한 대통령은 반란기간 내내 미국에 충성을 다한 미국의 모든 시민이 (미국과의 헌법적 관계가 중단 내지 교란되어 있는 주의 인민들은 이 관계가 정상화되는 대로) 노예의 손실을 포함하여 미국의 법률에 의해 발생한 모든 손실을 보상받을 수 있도록 적당한 시기에 권고할 예정이다.

이상의 증거로 나는 여기에 서명하고, 국새를 날인하는 바이다.

1862년, 미국 독립 87년 9월 22일 워싱턴 시에서

대통령 에이브러햄 링컨

국무장관 윌리엄 H. 수어드

의회에 보낸 연례교서 *

— 1862년 12월 1일

* 「노예해방선언」이 발표되기 한 달 전인 1862년 12월 1일에 의회에 보낸 이 연례교서에서, 링컨은 그간의 국정 전반에 관해 보고한 다음 노예제에 관한 세 가지 수정헌법 조항—1900년까지 노예제를 자발적으로 폐지하는 주에 대한 연방정부의 보상, 반란에 가담하지 않은 노예 소유주들에 대한 보상, 미국 흑인을 해외에 자발적으로 이주시키는 데 필요한 기금의 조성—을 제안했다. 그의 제안은 비현실적이라는 이유로 언론에 의해 대체로 무시되거나 비판을 받았고, 의회에서 채택되지도 않았다. 그럼에도 이 장문의 교서가 의미를 갖는 것은 내전의 시련을 극복하고 미래의 비전을 제시하고자 하는 대통령 링컨의 진정성을 확인할 수 있기 때문이다. 링컨이 염원하던 노예제의 완전한 폐지는 링컨 사후인 1865년 12월에 수정헌법 13조가 승인됨으로써 비로소 실현된다.

상하 양원의 친애하는 시민여러분.

지난 번 정기의회 이후 활력과 풍성한 수확의 한 해가 지나갔습니다. 하느님께서 아직까지는 우리에게 평화의 회복이라는 축복을 주실 뜻이 없으신 것 같지만, 그래도 우리는 언젠가는 하느님의 현명한 방식에 의해 모든 것이 잘 될 것이라 믿고 하느님이 베푸시는 영광의 빛을 따라 전진할 수밖에 없습니다.

직전 회기가 끝날 무렵 하원이 요청한 대로, 지난 1년 동안 이루어진 외국과의 교섭에 관한 문서들을 함께 제출하는 바입니다.

우리의 외교관계가 과거에 비해 만족스럽지 못하다는 것은 부인할 수 없지만, 그 관계가 현재의 우리처럼 불행과 고통을 겪고 있는 나라가 합리적으로 기대할 수 있는 수준에 비해서는 훨씬 만족스러운 것도 분명한 사실입니다. 지난 6월에는 우리의 내분 초기에 무분별하고도 불필요하게 폭도를 전투원으로 인정했던 해양 강국들이 곧 자신들보다는 우리나라에 해로운 그 입장을 철회할 것이라고 기대해도 좋을 만한 몇 가지 징조가 보였습니다. 그러나 그후 일시적으로 우리 국군에게 불운이 닥치고 이 일이 불충한 해외의 동포들에 의해 과장되면서, 강대국들은 지금까지 그 단순하고 정의로운 조치를 취하지 않고 있습니다.

미국인의 직업과 습관을 일순간에 철저하게 바꿔놓은 내전은 필연적으로 사회적 상황을 교란하고, 지난 50년 동안 꾸준히 우리와 무역을 해왔던 여러 나라의 번영에도 심대한 영향을 미치고 있습니다. 또한 정치적 야망과 불안을 자극함으로써 문명세계 전체에 극심한 동요를 야기하고 있습니다. 이런 이례적인 혼란 속에서 우리는 외국들 간의 싸움이나 그런 국가들 내의 정당이나 정파 간의 논쟁에 개입하는 것을 자제해왔습니다. 우리는 대외적으로 정치적 선전을 시도한 적도 없고, 외국의 혁명을 인정한 적도 없습니다. 우리는 모든 나라가 자신의 문제를 스스로 처리하게 내버려두었습니다. 물론 다른 나라의 국민들은 우리의 투쟁을 지켜보면서 그 자체의 공과보다는 그 결과가 자신들에게 미칠 영향(주로 과장되게 평가되었습니다)에 주목해왔습니다. 그렇다고 해서 우리가 그들에게 불만을 토로하는 것은 설령 정당하다 하더라도 현명하지 못한 처사일 것입니다.

노예무역 금지를 위해 영국과 체결한 조약[1]은 잘 이행되고 있어서, 우리의 의도가 완벽하게 실현될 것으로 예상됩니다. 영국 정부가 미국의 권위와 도덕적이고 충성스러운 미국 시민들의 권리를 선망과 존중의 대상으로 바라보면서 조약을 이행하고 있다는 것은 특별한 기쁨이 아닐 수 없습니다.

통행료 폐지를 위해 하노버 왕국과 체결한 협정[2]도 의회의 비준을 얻어 충실하게 이행되고 있습니다.

요즘처럼 무역이 활발한 계절에 3천 마일에 달하는 해안을 철저하게 봉쇄하다 보면, 가끔 실수가 발생하기도 하고 본의 아니게 타국과 그 신민에게 피해를 주기도 합니다.

조약 규정에 따라 외국인이 거주하면서 무역에 종사하는 나라에서 내전이 일어나면, 중립자의 권리가 침해당한다는 불만이 커지게 마련입니다. 이런 마찰로 인해 평화적인 우호관계를 유지하는 것이

1. 아프리카 해안에서 이루어지는 노예무역을 금지하기 위해 미국과 영국의 해군이 공조하기로 합의한 조약. 1862년 4월 7일 워싱턴에서 체결되었다.
2. 1861년 11월 6일에 체결된 미국과 하노버 왕국 사이의 협정. 이로써 1846년에 체결된 양국간의 통상·항해 조약에 의해 부과되던, 엘베 강을 항행하는 미국 선박에 대한 통행료가 폐지되었다.

서로에게 득이 되는 국가들이 서로를 오해하고 상대방에게 항의하는 사태가 발생하곤 합니다. 우리의 잘못이 명백한 경우에는, 가능한 한 우방국들이 제기하는 불만에 귀를 기울이고 그것을 해소하기 위해 노력해왔습니다. 하지만 우리 정부가 자국민 보호를 요구하는 타국 정부의 입장에 동의하기 어려운 애매한 사례도 갈수록 늘어나고 있습니다. 더욱이 미국 즉 미국시민들이 외국의 육·해군 당국으로부터 부당한 대우를 받는 사례도 굉장히 많은데, 이들 국가의 정부는 우리의 불만사항을 시정할 준비조차 되어 있지 않습니다. 그래서 저는 몇 개 국가에 제안을 했습니다. 상호협정을 맺어 그런 불만을 검토하고 조정하자고. 특히 영국·프랑스·스페인·프로이센에 그렇게 제안했습니다. 각국은 이 제안을 정중히 받아들였지만, 아직까지 정식으로 채택하지는 않았습니다.

노르웨이 범선 '토르덴시올 제독' 호[1]의 선주(船主)들을 위해 피해보상금 지급을 권유하는 것도 저의 의무라고 생각합니다. 이 배는 1861년 5월에 화물을 싣고 찰스턴 항을 출항하려다가 그곳을 봉쇄하고 있던 사령관에 의해 출항을 저지당했는데, 그 직전에 영국선박 한 척은 출항의 특권을 누렸습니다. 저는 이 사건에 대한 서류를 의회의 해당 위원회에 전달하도록 하라고 국무장관에게 지시했습니다.

아프리카인의 혈통을 받은 자유로운 미국인 다수가 최근에 의회에서 검토된 입식을 염두에 두고 해외이주를 원한다는 뜻을 제게 밝혀왔습니다. 국내외의 다른 집단들도 혹은 이기적인 동기에서, 혹은 우국충정에서, 혹은 박애정신에 의거하여 유사한 방책을 제안했습

1. 18세기 초에 러시아와 스웨덴이 발트 해의 주도권을 장악하기 위해 벌인 대북방 전쟁(Great Northern War, 1700~1721)에서 스웨덴 해군을 격파한 노르웨이의 해군영웅 토르덴시올 제독의 이름을 딴 상선.

니다. 한편 라틴아메리카의 여러 공화국은 아프리카계 이주민을 자국의 영토에 들이는 것에 반대한다는 의사를 분명히 했습니다. 이런 상황에서 저는 아프리카계 이주민을 받아들여 자유민의 모든 권리를 보장하겠다는 해당 정부의 동의가 없으면 그들을 다른 나라로 보내는 것을 거부했습니다. 이와 동시에 열대지방에 위치해 있거나 외국인 거주지를 보유하고 있는 여러 국가에 아프리카계 미국인의 자발적 이민을 동등하고 공정하고 인도적인 조건으로 받아들여줄 것을 제안하고, 의회의 권고와 동의에 입각하여 그 나라들과 협상을 벌였습니다. 현재로서는 아프리카계 미국인 입식자를 확실하게 시민으로 받아줄 수 있는 나라는 라이베리아와 아이티뿐입니다. 하지만 유감스럽게도 입식을 생각하고 있는 사람들이 이들 나라로는 이주할 마음이 없는 것으로 보입니다. 저는 해외이주가 그들에게 득이 된다고 생각하지만, 그들은 마음이 썩 내키지 않는 모양입니다. 하지만 이 점에 관한 한 그들 사이에서 여론이 점차 좋아지고 있으므로, 머지않아 미국에서 두 나라로 상당한 규모의 이민이 이루어질 것으로 생각합니다.

미국이 오스만 제국의 술탄과 새로 체결한 통상조약은 잘 이행되고 있습니다.

라이베리아와는 의회의 동의하에 통상 및 영사 조약 체결을 협의하고 있습니다. 아이티 공화국과도 유사한 협상을 진행하는 중입니다. 이런 조치로 우리나라의 교역이 진일보할 것으로 기대됩니다.

영국·프랑스·스페인·포르투갈·러시아·프로이센·덴마크·스웨덴·오스트리아·네덜란드·이탈리아·로마[1]를 비롯한 유럽 국가들과

1. 로마는 프랑스의 보호를 받는 교황령으로 남아 있다가 1870년에 프로이센-프랑스 전쟁이 발발하여 프랑스 군대가 철수한 뒤에야 이탈리아 왕국에 병합되었다.

우리의 관계는 여전히 굳건합니다. 오스만·모로코·중국·일본과도 상당히 우호적인 관계를 유지하고 있습니다.

지난 1년 동안 아메리카 대륙에 있는 독립국들과의 관계는 전혀 변하지 않았습니다. 나아가 이 이웃나라들은 우리에 대해 예전보다 훨씬 호의적인 감정을 갖고 있는 것으로 보입니다. 사실 이 나라들의 안전과 진보는 우리의 그것과 긴밀하게 연결되어 있습니다. 이런 진술은 특히 멕시코·니카라과·코스타리카·온두라스·페루·칠레의 경우에 해당됩니다.

저는 대서양 횡단 전신망을 통해 미국을 유럽과 연결시키고, 샌프란시스코에서 시작되는 전신 케이블을 확장하여 태평양 횡단 전신망을 통해 러시아 제국을 가로지르는 전신망까지 연결시키는 사업을 추진해왔습니다.

미국의 준주들은 극소수를 제외하면 내전에 의해 교란되지 않았고, 그 가운데 일부는 머지않아 미국의 주가 될 수 있는 요건을 갖출 것이며 헌법이 정한 대로 연방에 가입하게 될 것이라는 기대를 뒷받침하기에 충분한 번영의 증거를 보여주고 있습니다.

일부 준주의 엄청난 광물자원은 가급적 신속하게 개발되어야 합니다. 이를 위한 모든 조치는 정부의 세입을 늘려 인민의 부담을 덜어줄 것입니다. 의원 여러분께서는 광물자원 개발을 촉진할 비상수단을 강구할 필요가 있는지 없는지 진지하게 생각해보시기 바랍니다. 가장 효율적일 것 같은 방법은 이들 준주의 광물 매장지를 과학적으로 조사하여 그 결과를 국내외에 공표하는 것입니다. 그 결과는 틀림없이 긍정적일 것입니다.

정부의 재정상태는 의원 여러분의 심사숙고를 요하는 문제입니다. 반란을 진압하기 위한 육·해군의 군사작전에 뒤따르는 막대한 비용은 지금까지는 이례적으로 신속하고 확실하게 조달되어왔고, 국가신용은 그대로 유지되어왔습니다. 하지만 전쟁이 계속되고 전장에 투입된 병사들의 수가 늘어나 자연히 전비가 증가한 만큼, 여러분은 경제에 해를 끼치지 않고 노동자의 부담은 최대한 줄이면서 필요한 세수를 확보하는 최상의 방법이 무엇인지 진지하게 고민해 주시기 바랍니다.

지난 번 회기가 시작되자마자 은행의 정화(正貨)지불이 중단됨에 따라, 불환지폐의 대규모 발행이 불가피해졌습니다. 병사들에게 봉급을 주고 다른 정당한 요구를 충족시키는 데 미국지폐의 발행만큼 경제적이고 편리한 방법은 없었습니다. 대출금 상환이나 세금 납부, 그 밖의 각종 채무변제를 위한 지폐 사용을 보장해준 의회의 현명한 입법 덕분에, 지폐는 보편적인 통화가 되어 균등하게 유통되는 교환수단의 부족을 적어도 일정 기간 부분적으로 해소해주었습니다. 그리고 인민은 어음 할인과 환전에 들어가는 엄청난 비용을 절약할 수 있었습니다.

하지만 갖가지 이해관계를 고려하여 이른 시일 내에 정화 지불을 재개하는 방안도 필히 검토되어야 합니다. 통화가치의 등락은 언제나 해를 끼치며, 이런 등락폭을 최소화하는 것이야말로 현명한 입법의 가장 큰 목표일 것입니다. 신속하고 확실하게 주화로 바꿀 수 있는 태환성이야말로 화폐가치의 등락을 막을 수 있는 최고의 안전장치라고 일반적으로 인정되고 있습니다. 그런데 주화로 바꿀 수 있는, 그리고 인민의 수요를 충족시킬 수 있는 충분한 양의 미국지폐가 항구적으로 편리하고 안전하게 유통될 수 있을지 의문입니다.

그렇다면 대중의 수요도 충족시키면서 안전하고 균등한 통화의 장점까지 보장하는 다른 방법이 있을까요?

제가 아는 한 확실한 결과를 보장하는 동시에 반대에 부딪힐 여지가 가장 적은 방법은 의회의 일반법령에 의거하고 그 규정에 의해 보호되는 은행연합회를 조직하여, 정부가 국고에 예치된 국채를 담보로 시중에 유통되는 지폐들을 이 연합회에 제공하는 것입니다. 해당 부서 관리들의 감독하에 형태가 균일화되고 안전성과 태환성이 보장되는 지폐는 사악한 통화의 폐단으로부터 노동자를 보호하는 동시에 저렴하고 안전한 교환을 통해 상업을 촉진시킬 수 있을 것입니다.

지폐의 준비와 보급 및 이 제도의 전반적인 감독에 들어가는 비용은 국채 발행으로 마련된 재원의 일부로 충당하면 됩니다. 제가 제안한 법정통화제도가 채택되고 국채에 대한 시장의 수요가 꾸준히 늘어나면, 국가신용도 크게 높아져 새로운 차관을 얻기 위한 협상도 한결 수월해질 것입니다.

제가 이 방법을 강력하게 추천하는 또 하나의 이유는 그것이 의회의 법령에 따라 기존의 금융기관들을 재편하여 그들 사이의 모든 이해관계를 조정하는 계기를 마련해주기 때문입니다. 현재 그 기관들에 의해 발행되고 있는 각 지방의 다종다양한 지폐는 전국적으로 통용되는 안전하고 균등한 지폐로 대체될 것입니다.

모든 수입원으로부터 국고에 들어온 수입금은 1862년 6월 30일에 마감된 회계연도[1] 동안, 그전 회계연도의 차입금과 잔액을 포함하여 총 5억 8,388만 5,247.06달러입니다. 이 가운데 관세가 4,905만 6,397.62달러, 직접세가 179만 5,331.73달러, 국유지에서 얻은 수입이 1,522만 377달러, 기타 수입이 93만 1,787.64달러, 각종 차

1. 현재 미국의 회계연도는 전년도 10월 1일부터 그해 9월 30일까지이지만, 1976년 이전에는 전년도 7월 1일부터 그해 6월 30일까지였다.

입금이 5억 2, 969만 2,460.50달러이고, 나머지 225만 7,065.80달러는 그 전 회계연도(1861)의 잔액입니다.

같은 기간의 지출은 입법·행정·사법의 경비가 593만 9,009.29달러, 외교경비가 133만 9,710.35달러, 조폐·대출·체신부결손액·징세 등의 잡비가 1,412만 9,771.50달러, 내무부의 경비가 310만 2,985.52달러, 육군부의 경비가 3억 9,436만 8,407.36달러, 해군부의 경비가 4,267만 4,569.69달러, 국채 이자가 1,319만 324.45달러, 단기차관을 비롯한 국가부채의 상환금이 9,609만 6,922.09달러로, 지출총액은 5억 7,084만 1,700.25달러입니다. 이렇게 해서 1862년 7월 1일 현재 국고의 잔액은 1,304만 3,546.81달러입니다.

그런데 국가채무 상환에 사용된 9,609만 6,922.09달러는 수입과 지출에서 공제되어야 마땅합니다. 결과적으로 실질적인 세입은 4억 8,778만 8,324.97달러이고, 실질적인 세출은 4억 7,474만 4,778.16달러가 됩니다.

재정에 관한 다른 정보는 재무장관의 보고서에 나와 있습니다. 의원 여러분은 그의 진술과 견해에 주의를 기울여주시기 바랍니다.

육군장관과 해군장관의 보고서도 함께 제출하는 바입니다. 이 보고서들은 상당히 길지만 두 부(部)가 수행한 무수한 작전을 간략하게 요약한 것입니다. 제가 지금 여기서 그 보고서들의 내용을 더 이상 간추려 설명하기란 불가능합니다. 그래서 저는 그 보고서들을 여러분 앞에 제출하며 주의를 기울여달라고 당부의 말씀을 드리는 바입니다.

체신부의 재정상태가 과거에 비해 획기적으로 개선되었다는 보고를 드리게 되어 무척 기쁩니다. 1861 회계연도의 수입금은 834만 9,296.40달러에 달했는데, 이해의 9개월 동안은 연방의 모든 주에서 세입이 발생했습니다. 지난 회계연도(1862)에는 이른바 분리주들의 이탈로 세입이 줄어들었음에도 불구하고, 충성스러운 주들 사이의 서신왕래가 증가한 덕분에 체신부는 829만 9,820.90달러의 세입을 올렸습니다. 그 전 회계연도에 연방의 모든 주에서 거둬들인 세입보다 불과 5만 달러 적은 액수입니다. 지출 관련 수치는 더욱 호전되었습니다. 1861 회계연도에 1,360만 6,759.11달러에 달했던 경비가 지난 회계연도에는 1,112만 5,364.13달러로 줄어들었습니다. 1861 회계연도에 비해서는 약 248만 1,000달러, 1860 회계연도에 비해서는 약 375만 달러 감소한 것입니다. 체신부의 결손액은 1861 회계연도에 455만 1,966.98달러였지만, 지난 회계연도에는 211만 2,814.57달러로 줄어들었습니다. 이런 좋은 결과는 부분적으로는 반란을 일으킨 주들에서 우편업무가 중단된 덕분이지만, 부분적으로는 체신부가 모든 지출항목을 꼼꼼하게 검토하여 경비를 절감한 덕분이기도 합니다. 우편업무의 효율성도 제고되었다고 생각합니다. 체신장관은 국무부를 통해 외국의 여러 정부와 교신하면서, 각국의 관계자들이 모여 해외우편 요금체계의 단순화와 국제우편의 신속한 처리를 논의하자고 제안했습니다. 이 제안은 우리가 시민으로 받아들인 외국인들에게도, 우리나라의 상업적 이익에도 똑같이 중요합니다. 지금까지 이 제안을 받은 모든 정부는 호의적인 반응을 보이고 있습니다.

의원 여러분께서는 우편업무 개선에 필요한 향후의 입법에 관한 제언을 담고 있는 체신장관의 보고서에 주목해주시기 바랍니다.

내무장관은 국유지에 대해 다음과 같이 보고하고 있습니다.

"국유지는 더 이상 수입원이 아니다. 1861년 7월 1일과 1862년 9월 30일 사이에 국유지 판매로 얻은 현금수입은 총 13만 7,476.26

달러로 같은 기간의 토지관리비용에도 못 미친다. 내년 1월 1일에 발효될 자영농지법[1]이 정착민들에게 각종 혜택을 부여하고 있는 만큼 국유지 판매대금은 국유지 관리국의 경비와 토지를 측량하고 매물로 내놓는 데 들어가는 비용을 충당할 수 없을 것으로 예상된다."

내무장관에 의해 진술된 국유지 판매수입 총액과 재무부의 보고서에 나오는 동 판매대금의 총액이 차이가 나는 것은 수입을 산출한 기간이 서로 다르기 때문입니다. 재무부가 이번 보고서에 포함시킨 수입의 상당액은 이미 내무부의 지난번 보고서에 포함되었던 것입니다.

우리의 변경지대에 살고 있는 인디언 부족들이 지난해에 반항정신을 표출하여, 인접한 백인 거주지를 상대로 여러 차례 공공연한 적대행위를 자행했습니다. 캔자스 남쪽에 거주하는 부족들은 연방에 대한 충성을 철회하고 반란군과 조약을 체결했고, 미국에 변함없이 충성하는 부족민들은 그 지방에서 추방되었습니다. 체로키족 족장이 워싱턴을 방문하여 자기 부족과 미국의 관계를 예전처럼 회복하고 싶다는 뜻을 밝혔습니다. 그는 반란군의 우월한 병력에 압도되어 그들과 조약을 맺을 수밖에 없었고, 미국이 조약에 명시된 보호의무를 소홀히 했다고 주장했습니다.

지난 8월에는 미네소타의 인디언 수족이 이웃에 있는 백인 정주지들을 난폭하게 공격하여 남녀노소를 가리지 않고 살해했습니다. 이 공격은 전혀 예상하지 못했던 것이라, 어떤 방어수단도 제공할

1. Homestead Act. 1862년 5월 20일에 연방의회에서 가결된 토지법으로, 미국시민 또는 미국시민이 되겠다는 의지를 표명한 사람에게, 160에이커(약 6만 5천m^2)의 공유지를 자영지로 무상제공하는 것을 규정한 법. 이 땅을 받게 된 사람은 거기에 집을 짓고, 경작을 시작한 지 5년이 지나면 이 땅의 사유권을 인정받았다.

수 없었습니다. 최소 800명이 인디언에게 살해되었고, 많은 재산이 파괴된 것으로 추정됩니다. 어떻게 이런 폭동이 도발된 것인지는 정확히 알려지지 않고 있습니다. 불확실한 의혹을 함부로 제기할 수는 없을 것입니다. 적대행위가 개시된 시점에 대해 각지로부터 인디언국(局)[1]에 접수된 정보에 의하면, 미시시피 강과 로키 산맥 사이에 거주하고 있는 모든 부족이 동시에 백인 거주지들을 공격했다고 합니다. 미네소타 주는 이 인디언 전쟁으로 큰 피해를 입었습니다. 영토의 상당 부분이 공동화되었고, 재산의 파괴로 심각한 고통을 겪고 있습니다. 이 주의 인민들은 앞으로 또 다른 적대행위가 일어나는 것을 방지하기 위해 인디언 부족들을 주 경계 밖으로 추방하기를 바라고 있습니다. 인디언국 국장이 상세한 내용을 보고할 것입니다. 우리의 인디언 제도를 재정비해야만 하는 것이 아닌지 진지하게 생각해 보시기 바랍니다. 현명하고 선량한 인사 다수가 그렇게 하는 것이 이로울 것이라는 믿음을 제게 심어주었습니다.

태평양 철도 건설사업의 진척에 대한 관계자들의 회의록과 보고서를 제출합니다. 보고서는 철도의 조속한 완공뿐 아니라, 뉴욕과 일리노이에서 대운하의 수용량을 확장하는 계획안에 대한 의회의 호의적인 법령 제정도 제안하고 있습니다. 우리나라에서 대운하의 중요성은 갈수록 커지고 있습니다. 특히 잠시 뒤에 자세하게 언급할 광대한 내륙지방에서는 운하의 필요성이 절대적입니다. 저는 조만간 이 문제에 관한 흥미롭고 가치 있는 통계자료를 준비해서 여러분

1. Bureau of Indian Affairs. 미국 내무부의 한 부서로, BIA라고 약칭한다. 인디언 지정 거주지의 관리·개발·교육·직업훈련·취업알선·사회복지 등을 담당하고 있다. 미국 건국 당시에는 육군부에 속하여 대(對)인디언 교역의 감독을 주업무로 했지만, 1849년에 내무부 관할이 되었다.

앞에 제출할 예정입니다. 일리노이 및 미시간 운하의 확장이 갖는 군사적·상업적 중요성은 웹스터 대령[1]이 국무장관에게 보낸 보고서에서 지적되고 있습니다. 현재 의회에 제출되어 있는 이 보고서에 관심을 가져주시길 부탁드립니다.

지난 5월 15일 의회에서 통과된 법령에 의거하여, 저는 미국 농무부를 설치하게 했습니다.

농무부 장관은 이 부처가 몇 달 내로 국내외에 광범위한 연락망을 갖추고 나면, 최신 농업기술에 대한 정확한 정보를 축적하고 새로운 농작물을 도입하고 여러 주의 농업통계를 수집하는 등의 유익한 성과를 낼 수 있을 것이라고 제게 전해왔습니다.

농무부는 곧 씨앗·알곡·묘목·꺾꽂이모를 보급할 것입니다. 그리고 이미 귀중한 농업정보를 책자로 만들어 널리 배포했습니다. 현재 연구소에서 진행되고 있는 중요한 화학적 실험이 끝나면, 머지않아 더욱 상세한 보고서가 나올 것입니다.

이 부는 우리의 소중한 시민 다수에게 직접적인 이득을 주기 위해 설치되었습니다. 합당한 근거 위에 설립된 이 조직은 여러분의 기대에 부응할 것입니다. 그리고 가까운 장래에 가장 낙관적인 지지자들의 장밋빛 전망을 충족시키고, 나아가 모든 인민에게 혜택을 안겨주는 풍성한 수익원이 될 것입니다.

지난 9월 22일에 대통령에 의해 하나의 선언이 발표되었는데, 이 문서의 사본은 여러분께 배포되었습니다.

상기 문서의 두 번째 단락에서 밝힌 목적에 따라, 여러분께 이른바 '보상에 의한 노예해방'에 주목해주실 것을 간곡히 요청하는 바

1. Joseph D. Webster, 1811~1876. 남북전쟁에서 율리시스 그랜트 장군과 윌리엄 셔먼 장군의 참모로 활약한 토목공학자.

입니다.

한 국가는 영토와 국민과 법률로 이루어진다고 말할 수 있습니다. 영토는 항구성을 지닌 유일한 구성요소입니다. "한 세대는 가고 또 한 세대는 오되, 땅은 영원히 있도다."[1] 이 항구적인 부분에 대해 하나하나 따져보고 판단하는 것이 무엇보다 중요합니다. 미국의 인민에 의해 점유되고 있는 지표면의 일부는 한 국가의 보금자리로 삼기에 적합한 곳입니다. 둘 이상의 국가를 위해서는 적합하지 않습니다. 그 광대한 판도, 다양한 기후대와 농산물도 예전에는 어땠을지 몰라도 이 시대에는 하나의 국민이 살기에 편리한 요인들입니다. 증기·전신·지성이 그것들을 하나로 통일된 국민에게 유리한 조합으로 바꿔놓았습니다.

저는 대통령 취임사에서 연방 해체는 남과 북의 차이를 해소하는 방책이 절대로 될 수 없다는 점을 간략하게 지적한 바 있습니다. 그때 사용한 표현을 순화할 재주가 없어서 취임사의 일부를 그대로 인용하고자 하니, 너그러이 양해해주시기 바랍니다.

"우리나라의 어떤 지방에서는 노예제가 정당하므로 당연히 확대되어야 한다고 믿고 있지만, 다른 지방에서는 그것이 옳지 못하므로 확대되어서는 안된다고 믿고 있습니다. 이것이 본질적인 쟁점입니다. 도망노예에 대한 헌법조항과 노예무역 금지에 대한 법률은 인민의 도덕관념이 법 자체를 충분히 뒷받침하지 못하는 사회에서 여타 법률이 시행되는 것과 같은 수준으로 시행되고 있습니다. 두 법의 경우 대부분의 인민은 형식적으로 법률상의 의무만 지키고 있고, 소수는 그 법들을 유린하고 있습니다. 이런 상황을 완벽하게 바로잡을

1. 「전도서」 1장 4절.

수 없습니다. 게다가 두 지방이 분리되고 나면 상황은 이전보다 더욱 악화될 것입니다. 현재 불완전하게나마 억제되고 있는 노예무역은 한쪽 지방에서는 결국 온전히 되살아날테고, 현재 일부만이 인도되고 있는 도망노예들은 다른 지방에서는 아예 인도되지 않을 것입니다.

"물리적으로도 우리는 서로 분리될 수 없습니다. 우리는 각 지방을 상대방으로부터 떼어낼 수도 없을뿐더러 양 지방 사이에 뛰어넘을 수 없는 장벽을 세울 수도 없습니다. 부부는 이혼할 수도 있고, 상대방의 눈에 띄지 않는 먼 곳으로 가서 살 수도 있습니다. 그러나 우리나라의 각 지방은 그렇게 할 수가 없습니다. 서로 얼굴을 맞대고 지낼 수밖에 없고, 우호적이든 적대적이든 계속 서로 교류할 수밖에 없습니다. 분리되고 나면 이 상호교류가 이전보다 더욱 원활하고 만족스럽게 이루어질 수 있을까요? 친구들끼리 법률을 만드는 것보다 외국인들끼리 조약을 체결하는 것이 더 쉬울까요? 법률이 친구들 사이에서 지켜지는 것 이상으로 조약이 외국인들 사이에서 충실하게 이행될 수 있을까요? 가령 전쟁을 치르게 되는 경우를 생각해보십시오. 전쟁을 무한정 계속할 수는 없습니다. 쌍방이 아무 이득도 얻지 못하고 많은 손실만 입고 있다면 전쟁을 중단하고 강화를 해야 합니다. 전쟁의 발단이 된 케케묵은 문제를 놓고 상대와 다시 협상해야 됩니다."

우리나라에는 직선이든 곡선이든 국경으로 삼기에 적합한 경계선이 없습니다. 동쪽에서 서쪽으로 자유주와 노예주를 갈라놓는 선을 따라가다 보면, 그 길이의 3분의 1가량은 건너기 쉬운 강이라는 것, 그리고 그 강변에는 현재 많은 인구가 살고 있거나 조만간 많은 사람이 거주하게 되리라는 것을 알 수 있습니다. 나머지 3분의 2는 측량기술자의 가름선에 불과한 것으로, 사람들은 그 존재조차 의식하지 못하고 그 선을 넘나들고 있습니다. 이런 경계선을 국경이랍시고 종이나 양피지에 그려 넣는다고 해서, 그 선을 통과하는 것이 더 어려워지는 것도 아닙니다. 그런 분리가 현실화되면 탈퇴한 지방의 입장에서는 탈퇴하지 않은 지방에게 부여된 헌법상의 모든 의무와 함께 도망노예조항을 포기하는 게 됩니다. 그리고 제 생각에는 헌법상의 의무를 대신할 수 있는 조약상의 규정이 만들어질 가능성은 희박합니다.

그러나 또 다른 어려움이 있습니다. 동으로는 앨러게니 산맥, 북으로는 영국 직할령, 서로는 로키 산맥, 남으로는 곡창지대와 목화산지의 경계선에 둘러싸인 광대한 내륙지역이 문제입니다. 버지니아 주의 일부, 테네시 주의 일부, 켄터키·오하이오·미시건·위스콘신·일리노이·미주리·캔자스·아이오와·미네소타 주의 전역, 다코타 준주와 네브래스카 준주의 전역, 콜로라도 주의 일부를 포함하는 이 지방에는 이미 1천만 명 이상이 살고 있고, 정치적 우행이나 실수가 발목을 잡지 않는 한 50년 내에 5천만 명이 살게 될 것입니다. 이 내륙지방은 미국이 소유한 영토의 3분의 1에 해당하는 100만 평방마일 이상의 면적을 차지하고 있습니다. 지도를 일별하면 알 수 있듯이 그곳은 공화국의 몸통입니다. 나머지 지역, 즉 로키 산맥 서쪽에서 태평양까지 펼쳐진 멋진 지역은 변경에 불과합니다. 식량·곡물·목초를 비롯해서 이와 연계된 모든 물자의 생산에 있어서 우리의 광대한 내륙지역은 전 세계에서 가장 중요한 곳 가운데 하나입니다. 지금까지 극히 일부 지역만 경작되어왔음에도 각종 물자의 생산이 급속히 증가하고 있다는 통계자료를 접하면, 우리는 그 어마어마한 잠재력에 압도당할 수밖에 없습니다. 그렇지만 이 지역은 바다와 면해 있지 않습니다. 우리 국민의 일원인 이 지역 사람들은 유럽에 진출하려면 뉴욕을, 남아메리카와 아프리카에 진출하려면 뉴올리언스를, 아시아에 진출하려면 샌프란시스코를 통해 그들의 판로를 찾을 수밖에 없습니다. 그러나 현재의 반란이 의도하는 대로 이 공통의 조국이 두 나라로 쪼개지면, 이 광대한 내륙지역의 모든 사람들은 물리적 장벽에 의해서가 아니라 난감하고 거추장스러운 무역규제에 의해 이런 판로를 하나 내지 그 이상 차단당하게 됩니다.

어느 곳을 경계선으로 삼아도 이 사실에는 변함이 없습니다. 자유주와 노예주 사이, 또는 켄터키의 남쪽이나 오하이오의 북쪽을 경계선으로 설정해도 마찬가지입니다. 외국이나 다름없는 나라의 정부가 요구하는 조건에 따르지 않는 한, 그 선의 남쪽에 있는 모든 지역은 그 선의 북쪽에 있는 항구나 도시와 교역할 수 없고, 그 선의 북쪽에 있는 모든 지역은 그 선의 남쪽에 있는 항구나 도시와 교역할 수 없습니다. 동쪽과 남쪽과 서쪽에 있는 이 판로들은 광대한 내륙지역에 살고 있는, 그리고 그곳에서 앞으로 살아갈 사람들의 행복을 위해 반드시 필요합니다. 세 곳 가운데 어느 곳이 최고냐고 묻는 것은 부적절한 질문입니다. 셋 다 당연히 그 사람들과 그 후손들의 것입니다. 그들은 어디쯤에 분계선을 그어야 할지 묻는 대신에, 그런 선이 있어서는 안된다고 단언할 것입니다. 변경지역도 이런 교통로를 통한 거대한 외부세계와의 교역에 무관심하지 않을 것입니다. 그들 역시 국경을 통과하면서 통행료를 내는 일 없이 원하는 곳에 접근할 수 있어야 합니다.

우리의 국민적 갈등은 우리의 영구적인 부분, 우리가 살고 있는 땅, 우리 국민의 자영농지에서 유래한 것이 아닙니다. 그것을 쪼개면 우리 안의 불행이 줄어드는 것이 아니라 늘어나게 됩니다. 이 땅의 구조와 습성은 연방을 요구하고 분리를 혐오합니다. 분리로 인해 수많은 인명과 재산을 잃을지라도, 이 땅은 머지않아 다시 통일을 이룩할 것입니다.

이런 견지에서 저는 다음과 같은 결의와 조항들을 미국헌법에 추가할 것을 제안합니다.

"미국의 상원과 하원은 (상하 양원 3분의 2의 동의를 얻어) 다음 조항들을 수정헌법으로 삼을 것을 몇 개 주의 의회 (또는 대표자회의)에 제안하기로 결의하는 바이다. 이 모든 조항, 또는 그 일부는 모든 주의회 (또는 대표자회의)의 4분의 3의 찬성을 얻으면 미국헌법으로서의 효력을 발휘하게 된다."

제△조

"현재 노예제가 존재하는 모든 주 가운데 1900년 1월 1일 이전까지 언제든 노예제를 폐지하는 주는 연방으로부터 다음과 같은 보상금을 받게 된다."

"미국대통령은 위와 같은 모든 주에 제8차 인구조사에서 파악된 주별 노예 총수에 해당하는 액수에 해마다 일정 비율의 이자가 붙는 국채를 교부한다. 이 국채는 노예제가 점진적으로 폐지되느냐 단번에 폐지되느냐에 따라 해당 주에 할부 또는 일시불로 양도하기로 한다. 이자는 국채가 양도된 시기부터 발생하기 시작한다. 전기한 국채를 인수받은 주가 그후 노예제를 부활시키거나 용인할 경우에는, 인수한 국채, 또는 그에 해당하는 금액과 지급받은 이자를 연방에 반환해야 한다."

제△조

"반란이 끝나기 전의 어느 시점에 전쟁으로 인해 사실상의 자유를 누리게 된 모든 노예는 영원히 자유의 몸이 된다. 그러나 그런 노예의 모든 소유주는 불충했던 적이 없었다면 노예제 폐지를 채택한 주에 제공하는 것과 똑같은 조건으로 보상을 받게 될 것이다. 그러나 어떤 노예에 대해서도 이중으로 보상하지는 않는다."

제△조

"의회는 자유로운 유색인들을 그들의 동의하에 미국 국외의 어떤 장소 또는 장소들로 이주시키는 데 필요한 자금의 지급을 승인하기로 한다."

지금부터 제가 제안한 조항들을 자세히 설명하고자 하니, 너그럽게 들어주시기 바랍니다. 노예제가 없었다면 반란도 존재할 수 없었을 것입니다. 노예제 없이는 반란이 계속될 수도 없습니다.

연방 지지자들은 노예제와 이 땅에 살고 있는 아프리카 인종에 대해 실로 다양한 의견과 정책을 표명하고 있습니다. 노예제를 영속화해야 한다는 사람도 있고, 보상 없이 즉시 폐지해야 한다는 사람도 있으며, 보상을 하면서 점진적으로 폐지해야 한다는 사람도 있습니다. 해방된 흑인을 멀리 떨어뜨려 놓아야 한다고 주장하는 사람도 있고, 우리 곁에 머물게 해야 한다고 주장하는 사람도 있습니다. 이 밖에도 여러 가지 견해가 있습니다. 이런 다양성 때문에, 우리는 우리끼리 논쟁하느라 힘을 낭비하고 있습니다. 우리는 서로 양보하고 화합하며 함께 행동해야 합니다. 물론 이것은 타협입니다. 하지만 이것은 연방 지지자들끼리 타협하는 것이지, 연방의 적과 타협하는 것이 아닙니다. 이상의 조항들은 상호 양보의 방안을 실현하기 위한 것입니다. 이 방안이 채택된다면, 적어도 여러 주에서 노예해방이 뒤따를 것으로 기대됩니다.

첫 번째 조항의 요점은 첫째가 노예해방, 둘째가 그 완료에 소요되는 37년이라는 기간, 셋째가 보상입니다.

노예제의 영속화를 주창하는 사람들은 해방에 불만을 품겠지만, 그 기간이 그들의 불만을 크게 누그러뜨릴 것입니다. 시간은 백인과 흑인의 갑작스러운 정신적 장애, 사실상 필연적인 장애를 막아줄 것입니다. 고정관념에 사로잡혀 있어서 이 조치에 충격을 받을 사람들은 대부분 해방이 실현되기 전에 세상을 하직할 것입니다. 그들은 노예가 완전히 해방되는 것을 보지 못할 것입니다. 다른 집단은 노예해방의 전망에 환호하겠지만, 그 기간이 너무 긴 것에 실망할 것입니다. 그들은 그 조치가 지금 살아 있는 노예들에게는 별로 이롭지 않는다고 느낄 것입니다. 그러나 사실은 그렇지 않습니다. 노예의 수가 많은 지방에서 즉각적으로 해방이 이루어질 경우 그들이 느낄 수밖에 없는 걷잡을 수 없는 박탈감을 덜어주고, 자신들의 후손은 영원히 자유를 누릴 것이라는 희망찬 확신을 선사할 것입니다. 저의 방안은 각 주에 노예제 폐지에 관한 선택의 자유를 부여합니다. 각 주는 당장, 또는 19세기 말에, 또는 그 사이의 어느 시점에, 또는 전 기간에 걸쳐, 아니면 일정기간 동안에 서서히 노예제를 폐지할 수 있습니다. 또한 저의 방안은 보상과 보상방법을 제시합니다. 이는 노예제의 영속화를 원하는 사람, 특히 보상을 받게 될 사람의 불만을 한결 누그러뜨릴 것입니다. 물론 받는 것 없이 내기만 해야 하는 사람들 중에는 반대하는 사람도 있을 것입니다. 그렇지만 제가 제안한 조치는 공정하고 경제적입니다. 어떤 의미에서 노예해방은 재산, 즉 다른 재산과 마찬가지로 상속과 구입에 의해 획득된 재산이 사라지는 것입니다. 이 재산을 도입하게 된 현실을 생각하면 남부인이 북부인보다 더 큰 책임을 져야 할 이유는 없습니다. 우리는 모두 아무 거리낌 없이 면직물과 설탕을 소비하고 있고, 그것들을 상품으로 취급하거나 소비함으로써 발생하는 수익을 공유하고 있는 현실을 고려하면, 남부가 북부보다 노예제의 지속에 더 큰 책임을 져야 한다고 말할 수도 없습니다. 공동의 목표를 위해 이 재산이 희생되어야 한다면, 이 문제는 공동의 부담으로 풀어나는 게 당연하지 않을까요?

더욱이 전쟁을 치르는 것보다는 비용이 훨씬 적게 들어가는 이런 방식에 의해 연방의 이익을 보존할 수 있다면, 그렇게 하는 것이 경제적이지 않을까요? 이 점에 대해 꼼꼼히 따져봅시다. 지난 3월에 보상에 의한 노예해방이 제안된 이후 우리가 지출한 전쟁비용을 한번 확인해봅시다. 그리고 만일 그 제안이 적어도 몇몇 노예주에 의해 즉각 수용되어 전쟁비용과 같은 금액이 전쟁수행을 위해서가 아니라 노예해방의 보상금으로 사용되었다면, 전쟁 종결에 더 큰 도움이 되지 않았을까 생각해봅시다. 물론 아무것도 내지 않는 것보다는 얼마라도 내는 것이 어렵습니다. 그러나 큰돈을 내는 것이 더 큰돈을 내는 것보다는 쉽습니다. 그리고 우리가 여력이 있을 때 큰돈을 내는 것이 우리가 여력을 갖추기 전에 큰돈을 내는 것보다 쉽습니다. 전쟁은 막대한 비용을 한꺼번에 필요로 합니다. 노예해방을 위한 보상에 필요한 돈도 만만치 않습니다. 그러나 보상을 위해 당장 현금을 지급해야 할 필요는 없습니다. 심지어 국채도 노예해방의 경과를 살펴보면서 여유 있게 발행하면 됩니다. 보상에 의한 해방은 37년이 다 가기 전에 마무리되지는 않을 것입니다. 그때쯤이면 현재 3,100만인 우리의 인구는 1억으로 불어날 것이고 그만큼 그 부담도 가벼워질 것입니다. 인구는 그후로도 예전과 다름없이 빠른 속도로 오랫동안 증가할 것으로 예상됩니다. 그래도 우리의 영토는 만원이 되지 않을 것입니다. 아무 근거 없이 이런 말씀을 드리는 것은 아닙니다. 전국 규모의 첫 번째 인구조사가 이루어진 1790년부터 1860년까지의 평균 인구증가율이 유지된다면, 1900년에 우리나라의 인구는 103,208,415명이 됩니다. 그리고 그후로도 같은 비율로 인구가 증가하지 말라는 법은 없습니다. 우리의 드넓은 국토, 광대한 경작지는 우리의 풍부한 자원입니다. 우리의 영토가 영국 제도(諸島)처럼 비좁다면, 우리의 인구는 방금 말씀드린 것처럼 늘어날 수 없습니다. 지금처럼 외국인을 받아들이기는커녕 토박이를 해외로 내보내야만 할 것입니다. 그러나 우리의 여건은 그렇지 않습니다. 우리는 296만 3천 평방마일의 땅을 갖고 있습니다. 유럽의 면적은 380만 평방마일이고, 1평방마일당 평균 73.3명이 살고 있습니다. 우리나라에도 언젠가는 그 정도 밀도의 인구가 살지 않겠습니까? 우리가 뭐가 부족합니까? 대지가 척박합니까? 산과 강과 호수와 사막 때문에 못 쓰는 땅이 많습니까? 자연의 혜택 면에서 유럽에 뒤집니까? 언젠가 우리의 인구는 유럽만큼 많아질 것입니다. 언제쯤일까요? 언제 그렇게 될 수 있을지는 과거와 현재의 통계를 비교하면 예상할 수 있습니다. 그런데 이 예상의 적중 여부는 우리가 연방을 유지할 수 있느냐 없느냐에 달려 있습니다. 우리의 여러 주는 이미 유럽의 평균 인구밀도인 1평방마일당 73.3명을 상회했습니다. 같은 면적당 매사추세츠에는 157명, 로드아일랜드에는 133명, 코네티컷에는 99명, 뉴욕과 뉴저지에는 80명이 살고 있습니다. 광대한 펜실베이니아와 오하이오의 인구밀도도 각각 63명, 59명으로 유럽의 평균에 크게 뒤지지 않습니다. 유럽의 평균을 이미 상회한 주들 가운데 뉴욕을 제외한 나머지 모든 주는 그 평균치를 넘어선 뒤에도 그 전과 다름없이 빠른 속도로 인구가 증가하고 있습니다. 참고로 말씀드리자면 조밀한 인구를 유지할 수 있는 자연적 수용능력 면에서, 상기한 주들이 우리나라의 다른 지방에 비해 딱히 우위에 있는 것도 아닙니다.

우리나라의 총인구와 그 증가율을 10년 단위로 살펴보면 다음과 같습니다.

연도	인구	증가율(%)
1790	3,929,827	
1800	5,305,937	35.02
1810	7,239,814	36.45
1820	9,638,131	33.13
1830	12,866,020	33.49
1840	17,069,453	32.67
1850	23,191,876	35.87
1860	31,443,790	35.58

첫 번째 인구조사가 이루어진 1790년과 가장 최근에 인구조사가 실시된 1860년 사이에 우리나라의 인구는 10년마다 평균 34.60% 증가했음을 알 수 있습니다. 또한 이 기간의 인구증가율이 평균치의 2% 이상이거나 이하인 적은 단 한 번도 없다는 사실을 알 수 있습니다. 따라서 우리의 경우 증가율이 상당히 고정적이고 안정적이라고 말할 수 있습니다. 이런 추세가 지속된다면, 다음과 같은 결과가 나올 것입니다.

1870	42,323,341
1880	56,967,216
1890	76,677,872
1900	103,208,415

1910	138,918,526
1920	186,984,335
1930	251,680,914

이런 수치로부터 우리나라의 인구는 1920년과 1930년 사이의 어느 시점에 현재의 유럽 수준에 도달할 것이라고, 이를테면 1925년경에 우리의 국토는 1평방마일당 73.3명, 총 2억 1,718만 6천 명을 수용하게 될 것이라고 예상할 수 있습니다.[1]

우리가 연방 해체라는 어리석은 악행에 의해, 또는 국론분열이라는 단 하나의 큰 요인에서 비롯된 길고 소모적인 전쟁에 의해 기회를 무산시키지 않는다면, 우리의 인구는 예상대로 성장할 것입니다. 너도 나도 막연하게 분리를 주장하게 만들 가능성이 있는 거대한 분리의 사례가 인구·문명·번영을 얼마나 저해할지 정확하게 예견할 수는 없지만, 그것이 대단히 안 좋은 결과를 낳을 것이라는 데는 의문의 여지가 없습니다.

제가 제안한 방식의 노예해방은 전쟁기간을 단축시키고 평화를 영속화하며 인구증가에 비례해서 나라의 부를 확실하게 증대시킬 것입니다. 이렇게 축적된 부로 우리는 노예해방에 들어가는 모든 비용을 충당하고 그 밖의 다른 부채를 상환할 수 있을 것입니다. 우리가 오래된 국가채무를 우리의 독립혁명투쟁이 끝난 이후 지금까지 원금과 이자를 전혀 갚지 않고 해마다 단리(單利) 6%의 이자가 계속 쌓이도록 방치했다고 하더라도, 지금 1인당 갚아야 할 빚은 그

1. 그러나 실제 미국의 인구는 링컨의 예상보다 훨씬 더디게 증가했다. 링컨은 1900년에 인구가 1억을 돌파할 것으로 예상했지만, 실제로는 1920년 인구조사 때 처음으로 1억을 넘은 것으로 나타났고, 1930년의 인구조사 결과 미국의 인구는 1억 2천만이었다. 또한 미국의 인구가 2억 5천을 넘은 것은 1990년대의 일이었으며, 2010년 현재 미국의 인구는 3억 800만 명이다.

당시 1인당 갚아야 할 빚보다 적을 것입니다. 그 기간 내내 인구증가율이 6% 이상이었기 때문입니다. 다시 말해서 우리의 인구는 원금에 이자가 붙는 것보다 빠른 속도로 증가해왔습니다. 따라서 인구가 부채에 대한 미지급 이자가 축적되는 것보다 빠른 속도로 증가하는 이상, 시간은 채무국의 부담을 덜어주는 하나의 요인이 됩니다.

이 같은 사실이 당연히 갚아야 할 부채의 상환을 연기하는 핑계가 될 수는 없지만, 이런 문제에서 시간이 대단히 중요한 변수임을 보여줍니다. 다른 정책을 택하면 인구가 3천만에 불과한 지금 지출해야 할 돈을 저의 정책을 택함으로써 우리의 인구가 1억이 될 때까지 지출하지 않아도 된다면, 얼마나 큰 이익입니까? 요컨대 전쟁에 달러를 지출하는 것보다는 저의 방안대로 노예해방에 달러를 지출하는 편이 훨씬 유리합니다. 게다가 후자는 귀중한 생명을 요구하지도 않으므로, 돈도 아끼고 생명도 구하는 일거양득의 방법입니다.

두 번째 조항에 대해 말씀드리자면, 거기에서 언급된 부류의 사람들을 다시 노예로 삼는 것은 비현실적이라고 생각합니다. 하지만 그들의 일부는 분명히 충성스러운 소유주에게 속한 재산이므로, 이 조항에서 규정한 대로 보상하자는 것입니다.

세 번째 조항은 해방된 사람들의 미래에 관한 것입니다. 이것은 해방노예가 그들이 동의하는 곳에 이주하도록 의회가 의무적으로 지원해야 한다는 뜻이 아닙니다. 의회에 그런 권한을 위임하는 것입니다. 이 조항은 반대할 만한 것으로 간주되어서는 안됩니다. 그러지 않더라도 이것은 이 땅을 떠날 사람들과, 의원으로 대표되는 미국 유권자가 동의하지 않으면 실패로 끝이 납니다.

이미 널리 알려져 있듯이 저는 노예의 해외이주를 강력하게 지지하는 사람입니다. 물론 해방된 유색인이 이 나라에 머무는 것을 반대하는 여론이 있다는 것도 알고 있습니다. 하지만 그런 여론은 악의까지는 아니라 하더라도 주로 잘못된 상상에서 비롯된 것입니다.

그들이 백인노동과 백인노동자를 대체함으로써 피해를 입힌다는 주장이 있습니다. 만일 사람들을 현혹시키는 주장을 하는 데도 적절한 시기가 있다면, 지금은 그때가 아닙니다. 지금과 같은 시기에는 영원히 책임질 수 없는 절대 말은 해서는 안됩니다. 유색인이 노예로 남아 있지 않고 자유로운 몸이 된다고 해서 백인노동자의 일자리를 차지할 수 있겠습니까? 그들이 고향에 머문다면, 그들이 백인노동자와 일자리를 다툴 일은 없을 것입니다. 그들이 고향을 떠난다면, 그들이 하던 일은 백인노동자들에게 돌아갈 것입니다. 해방노예가 떠나지 않는다 하더라도 해방 자체만으로도 백인노동자의 임금은 떨어지기는커녕 인상될 것입니다. 통상적인 양의 노동은 여전히 수행될 것입니다. 자유를 얻은 사람들은 당분간 예전에 하던 일을 예전보다 많이 하기보다는 적게 할 가능성이 훨씬 큽니다. 그러면 자연히 백인노동자의 몫이 늘어날 것입니다. 즉 그들의 노동에 대한 수요가 많아지고, 그럴수록 그들의 임금도 인상될 것입니다. 노동은 시장의 다른 상품과 다를 바가 없습니다. 노동에 대한 수요가 증가하면, 노동의 가치는 상승합니다. 흑인노동자를 국외로 이주시킴으로써 흑인노동의 공급을 줄이면, 그만큼 백인노동자의 수요는 증가하고 임금도 상승합니다.

해방된 사람들이 우르르 몰려다니며 전국의 땅을 뒤덮을 것이라는 우려도 있습니다. 그들은 이미 이 땅에 살고 있지 않나요? 해방이 그들의 수를 늘어나게 합니까? 그들은 이 땅의 백인들 사이에 고루 분포되어 있고, 유색인과 백인의 비율은 1:7입니다. 1명이 무슨 수로 7명을 심하게 해코지하겠습니까? 지금 이 나라에는 자유 유색인의 비율이 평균보다 높은 공동체가 다수 있지만, 이로 인한 특별한 폐단은 없습니다. 컬럼비아 특별구와 메릴랜드 및 델라웨어 주가 이런 경우에 속합니다. 컬럼비아 특별구에는 백인 6명당 1명꼴 이상의 자유유색인이 있습니다. 그렇지만 의회에 자주 제출하는 이 특별구의 청원서에서 자유유색인의 존재가 불만사항으로 언급된 적은 단 한 번도 없는 것으로 알고 있습니다. 그렇다면 남부를 해방시켜 자유민이 된 사람들을 북부로 보내면 되지 않느냐고 반문하는 사람들이 있을 줄 압니다. 사람들은 피부색을 막론하고 무엇인가로부터 벗어나야 할 이유가 없는 한 좀처럼 고향을 떠나지 않습니다. 지금까지 유색인은 예속에서 벗어나기 위해 북부로 도망쳤습니다. 지금은 아마도 예속과 빈곤에서 벗어나기 위해 도망치고 있을 것입니다. 그러나 만일 점진적인 해방과 이주가 받아들여진다면, 그들은 그 어느 쪽으로부터도 도망칠 필요가 없습니다. 그들의 옛 주인들은 적어도 새로운 노동자를 확보하기 전까지는 그들에게 임금을 지불할 것입니다. 그리고 해방노예는 친족이나 동족과 함께 살 수 있는 새로운 보금자리가 풍토 좋은 곳에 마련되기 전까지는 기꺼이 임금을 받고 노동을 제공할 것입니다. 이 제안은 당사자들의 이해가 서로 맞아떨어져야 성사될 수 있습니다. 어떤 경우이든 북부가 단독으로 그들을 받아들일지 말지를 결정할 수는 없지 않겠습니까?

이론보다는 현실이 더 많은 것을 말해줍니다. 컬럼비아 특별구에서 지난 가을에 노예제가 폐지되었다고 해서 유색인이 북부로 몰려드는 사태가 발생했습니까?

제가 말씀드린 컬럼비아 특별구의 자유유색인 대 백인의 비율은 1860년 인구조사에 바탕을 둔 것이고, 남부에서 도망쳐온 흑인노예나 이곳의 노예제를 폐지한 의회의 법령에 따라 자유를 얻은 사람들은 고려하지 않은 것입니다.

이 3개 조항의 방안을 권하는 것은 그것이 채택되지 않고서는 국가의 권위가 회복되지 않을 것이라고 생각하기 때문입니다.

이 방안을 권고했다고 해서 전쟁이나 1862년 9월 22일의 선언에 의한 제반 조치가 중단되지는 않을 것입니다. 제때에 이 방안이 채택되어야 국가의 권위가 회복되어 그 두 가지가 중단될 것이라고 저는 굳게 믿습니다.

이 방안과 무관하게, 그리고 이 방안이 정식으로 실행에 옮겨지기 전까지, 의회가 노예해방을 수용한 주에 대해 보상금을 지급하는 법안을 마련해달라는 저의 당부는 여전히 유효하다는 점을 말씀드립니다. 그것은 이 방안을 현실화하기 위한 사전작업입니다.

이 방안은 우리나라 전역에서 정부의 권위를 회복하고 보존하기 위한 다른 조치들을 배제하는 것이 아니라 보조하는 수단입니다. 저는 이 방안이 무력에만 의존하는 방안보다 평화를 좀 더 빨리 확보하고 좀 더 항구적으로 유지하게 해줄 것이라고 믿습니다. 비용의 총액, 지급방식, 지급시기를 감안할 때, 이 방안을 실행하는 데 드는 비용을 지출하는 편이 전적으로 무력에만 의존하여 추가 전비(戰費)를 지출하는 것보다는 훨씬 용이합니다. 전혀 피를 흘릴 필요가 없다는 점도 굉장한 이점입니다.

저는 이 방안을 항구적인 헌법조항으로 추가할 것을 제안하는 바입니다. 우선 연방의회의 3분의 2, 그후 모든 주의회의 4분의 3의 동의를 얻지 못하면 그렇게 될 수 없습니다. 수정헌법 제정에 필요한 주 전체의 4분의 3에는 당연히 노예주 일곱 곳도 포함됩니다. 만일에 그들이 동의한다면, 그들이 조만간 새로운 헌법의 토대 위에서 노예해방을 각각의 방식대로 수용할 것임을 확신할 수 있습니다. 그렇게만 된다면 당장 전쟁이 끝나고 연방이 영원히 유지될 것입니다.

저는 국가원수가 연방의회에 보내는 문서의 중대성을 익히 알고 있습니다. 여러분 가운데 일부는 저의 선배이시고, 많은 분들이 저보다 풍부한 국정운영 경험을 갖고 계시다는 점도 잘 알고 있습니다. 부디 저에게 맡겨진 막중한 책임을 감안하시어, 혹시 제가 자기과시적으로 보였을지라도 여러분에 대한 무례로 생각하시지는 마시기 바랍니다.

저의 방안이 채택되면 전쟁기간이 단축되고 재산과 인명의 피해를 줄일 수 있을 것이라는 가정이 의심스러우십니까? 그 방안이 국가의 권위와 국민의 번영을 회복시키고 양자를 영속화할 수도 있음을 믿지 못하시겠습니까? 여기에 모인 우리, 즉 의원 여러분과 대통령이 그것을 확실하게 채택할 수 있다는 것을 믿지 못하시겠습니까? 선한 사람들이라면 우리의 일치되고 진지한 호소에 반응을 보이지 않을까요? 우리 또는 그들이 다른 방식으로 확실하게 또는 신속하게 이 중대한 목표들을 달성할 수 있을까요? 우리는 화합해야만 승리할 수 있습니다. 중요한 것은 "우리 가운데 누군가가 더 좋은 방책을 구상할 수 있느냐?"가 아니라 "우리 모두가 좀 더 잘할 수 있느냐?"입니다. 모든 목적을 달성할 수 있다 해도, 여전히 중요한 문제는 "우리가 더 잘할 수 있는가?"입니다. 폭풍우가 몰아칠 것 같은 현재에 대처하는 데 평온했던 과거의 도그마는 적당치 않습니다. 우리 앞에는 해결하기 어려운 문제가 산적해 있습니다. 우리는 이 난국을 타개해야만 합니다. 우리의 사례가 새로운 것인 만큼, 우리는 새롭게 생각하고 새롭게 행동해야만 합니다. 우리는 스스로를 인습의 굴레에서 해방시켜야 하며, 그런 다음에 우리나라를 구할 것입니다.

친애하는 시민 여러분. 우리는 역사를 회피할 수 없습니다. 이 의회와 이 행정부에 속한 우리는 우리의 뜻과 상관없이 오래도록 기억될 것입니다. 개인적으로 중요하건 그렇지 않건, 우리 가운데 어느 누구도 이런 운명을 피할 수는 없습니다. 우리가 겪고 있는 이 극한의 시련은 명예롭게 혹은 수치스럽게 영원히 우리를 비출 것입니다. 우리는 연방을 위해 싸운다고 말합니다. 세계는 우리의 이 말을 잊지 않을 것입니다. 우리는 연방을 구하는 방법을 알고 있습니다. 세계는 우리가 그 방법을 알고 있다는 것을 압니다. 우리, 아니 지금 이 자리에 있는 우리는 연방을 구할 수 있는 힘을 갖고 있고, 연방을 구해야 할 책임이 있습니다. 노예에게 자유를 줌으로써 우리는 자유인에게 자유를 보장하는 것입니다. 자유를 주는 것도, 자유를 보존하는 것도 모두 명예로운 일입니다. 우리는 지상 최고의 마지막 희망을 숭고하게 구해내느냐 비열하게 잃느냐의 갈림길에 서 있습니다. 다른 방법으로 성공할 수 있을지도 모릅니다. 그러나 이 방안은 절대로 실패하지 않을 것입니다. 이 길은 복잡하지 않고 평화적이며 관대하고 정의롭습니다. 이 길을 따라가면, 세계가 영원히 박수갈채를 보내고 하느님이 영원히 축복할 것입니다.

노예해방 최종선언*

— 1863년 1월 1일, 워싱턴

* 100일 전 노예해방 예비선언을 발표했음에도 불구하고 분리주 가운데 단 한 주도 무기를 버리고 연방에 복귀하지 않자, 링컨은 1863년 1월 1일을 기해 노예를 해방한다고 최종적으로 선언했다.

이 선언에는 몇 가지 한계가 있었다. 그것은 오직 연방에서 떨어져 나간 주들에게만 적용되는 것으로, 델라웨어·켄터키·메릴랜드·미주리 등 4개의 경계주와 연방군이 점령했던 여러 지역의 노예제는 해당되지 않았다. 더욱이 선언에서 약속한 자유는 전적으로 북부의 군사적 승리에 달려 있었다.

그럼에도 노예해방 최종선언은 전쟁의 성격을 근본적으로 바꿔놓았다. 연방 수호라는 링컨의 대의에 노예해방이라는 도덕적 이상이 추가됨으로써 북부의 군사적·정치적 입지가 강화되었던 것이다. 이 선언으로 남북전쟁이 노예해방을 위한 성전의 성격을 띠게 되자, 면화 확보라는 자국의 경제적 이익을 위해 남부연합의 정부를 인정하려 했던 영국과 프랑스가 전쟁에 개입할 명분을 상실해버렸다. 그리고 미국 육·해군에 흑인의 입대를 허용하겠다는 링컨의 선언에 많은 흑인이 호응함에 따라, 남북전쟁이 끝날 때까지 약 20만 명의 흑인 병사가 참전하여, 궁극적으로 연방의 승리에 기여했다.

1862년 9월 22일에 미국대통령은 하나의 선언을 발표했고, 그 선언에는 다음과 같은 내용이 포함되어 있었다.

> 1863년 1월 1일, 그때까지 미국에 대해 반란상태에 있는 모든 주 또는 주의 특정지역 내에서 노예상태에 있는 모든 사람은 그날 이후 영구히 자유를 부여받는다. 미국의 육·해군 당국을 비롯한 미국 행정부는 그런 사람들의 자유를 승인하고 보호할 것이며, 그런 사람들이 사실상의 자유를 얻기 위해 기울이는 노력을 억누르는 어떤 조치도 취하지 않을 것이다.
>
> 행정부는 전술한 1월 1일 당일에 그 주민들이 미국에 대해 반란상태에 있다면 해당 주와 지역을 명시하여 공표할 것이다. 주 또는 그 인민이 그날 현재 주의 유권자 대다수가 참여한 선거에서 선출된 의원을 연방의회에 자신들의 대표자로 성의껏 파견하고 있다면, 이 사실은 그것을 뒤엎을 만한 강력한 증언이 없는 한 해당 주와 그 인민이 미국에 대해 반란상태에 있지 않다는 결정적인 증거로 간주될 것이다.

이에 미국대통령인 나 에이브러햄 링컨은 미국의 권위와 정부에 저항하는 실제 무장반란에 직면하여, 미국 육·해군의 최고사령관으로서 나에게 부여된 권한에 따라, 반란을 진압하기 위한 적절하고 필요한 전시조치로, 상기한 날(1862년 9월 22일)로부터 100일 동안 공포했던 취지대로 금일 1863년 1월 1일 현재 아직까지 미국에 반기를 든 사람들이 있는 주와 주 내의 지역을 다음과 같이 지정하는 바이다.

아칸소, 텍사스, 루이지애나(다음의 패리시〔다른 주의 카운티에 해당하는 행정단위〕 즉 세인트버나드·플래크민스·제퍼슨·세인트존스·세인트찰스·세인트제임스·어센션·어섬프션·테러본·러푸시·세인트메리·세인트마틴, 그리고 뉴올리언스 시를 포함한 올리언스는 제외), 미시시피, 앨라배마, 플로리다, 조지아, 사우스캐롤라이나, 노스캐롤라이나, 버지니아(웨스트버지니아로 지정된 48개 카운티와 버클리·애커맥·노샘프턴·엘리자베스시티·요크·프린세스앤 카운티 그리고 노퍽 시와 포츠머스 시를 포함한 노퍽 카운티는 제외). 이상에서 언급되지 않은 지역은 현재 이 선언이 발표되지 않았을 때와 똑같은 상태로 남는다.

전술한 권한과 취지에 따라, 나는 이상에서 거명된 주와 주의 일부 지역에서 노예로서 소유되어 있는 모든 사람은 이제부터 자유의 몸이 될 것임을 명령하고 선포한다. 또한 육·해군 당국을 비롯한 미국 행정부는 이 사람들의 자유를 승인하고 보호할 것이다.

나는 자유의 몸으로 선언된 사람들에게 자기방어를 위하여 필요한 경우가 아니라면 모든 폭력행위를 삼갈 것을 당부한다. 그리고 사정이 허락하는 한 합리적인 임금을 받고 성실하게 노동할 것을 권한다.

아울러 그런 사람들 가운데 소정의 자격을 갖춘 남자는 미군에서의 복무가 허용될 것이며, 수비대 요새와 진지 및 주둔지, 기타 부대에 배속되고, 우리 군대가 보유한 각종 선박에도 배치될 것임을 널리 알리는 바이다.

진정 정의의 행위로 믿어 의심치 않으며, 전시(戰時)라는 긴급사태를 맞아 헌법에 근거하여 선포하는 이 선언에 대해서 나는 인류의

사려 깊은 판단을 당부

하는 동시에 전능하신 하느님의 자비로운 은총이 함께 하시기를 기원한다.

여기에 그 증거로 서명을 하고 국새를 날인하는 바이다.

1863년, 미국 독립 87년, 1월 1일 워싱턴에서.

대통령 에이브러햄 링컨

국무장관 윌리엄 H. 수어드

추수감사절 선언*

— 1863년 10월 3일, 워싱턴

* 추수감사절을 미국의 국경일로 정한다는 취지의 선언이다. 잡지 편집자인 사라 헤일이라는 여성은 15년 동안이나 추수감사절을 국경일로 지정하자는 캠페인을 벌였지만, 링컨의 전임자들은 그녀의 청원을 무시했다. 그녀는 1863년 9월 28일에 같은 내용의 진정서를 링컨에게 보냈고, 링컨은 그녀의 요구를 받아들여 11월 마지막 목요일을 국경일로 정한다는 선언을 하게 되었다. 이 선언의 초안은 윌리엄 수어드가 작성한 것으로 알려져 있다. 추수감사절은 1941년에 법제화되면서 날짜가 11월 넷째 목요일로 바뀌었다.

저물어가는 올해는 풍년을 이룬 들판과 건강에 좋은 날씨의 축복으로 가득 찬 한 해였다. 우리는 언제나 이런 은혜를 누리고 있기 때문에, 은혜의 근원을 잊어버리기 쉽다. 그런데 올해는 그런 은혜에, 언제나 우리를 굽어 살피시는 전능하신 하느님의 섭리에 무감각해져 버린 마음조차 감동시킬 법한 아주 특별한 새로운 은혜가 더해졌다. 외국의 침략을 부르고 자극할 것만 같은, 유례없이 대규모적이고 격렬한 내전의 와중에도, 만방(萬邦)과의 평화가 지속되고 질서가 유지되고 법이 존중되고 준수되어, 군사적 투쟁의 무대를 제외한 도처에서 화합이 이루어지고 있다. 더구나 그 무대도 연방의 육군과 해군이 계속해서 전진함으로써 크게 축소되고 있다. 불가피하게 부와 힘을 평화적인 산업 분야에서 국방 분야로 전환했음에도, 낫과 직조기와 선박은 멈추지 않았다. 우리 개척지의 경계를 확장하는 도끼질은 멈추지 않았고, 석탄·철·귀금속이 매장된 광산에서는 예전보다 더 많은 양의 광물이 산출되고 있다. 군영과 포위공격과 전장에서 많은 인명이 희생되었음에도, 인구는 꾸준히 증가하고 있다. 증대된 힘과 활력을 실감하며 기뻐하고 있는 우리는 이 나라가 자유의 신장과 더불어 오래오래 지속될 것이라고 기대해도 좋을 것 같다. 이런 위대한 일은 인간의 지혜로 고안되거나, 사람의 손으로 달성되는 것이 아니다. 그것은 우리의 죄를 노여워하시지만 결코 자비를 잊지 않으시는 최고이신 하느님의 은총이다. 그분의 은혜에 모든 미국인이 한마음 한뜻으로 엄숙하고 경건하게 감사를 바치는 것은 당연하고도 적절한 일이라고 생각한다. 그래서 나는 미국 전역의 동료시민들과, 항해중이거나 외국땅에 머무르고 있는 동포들에게 다가오는 11월의 마지막 목요일을 하늘에 계신 우리의 인자하신 아버지께 감사와 찬양을 드리는 날로 따로 정하여 경축할 것을 권한다. 영험한 구원과 축복을 내리시는 하느님께 마땅히 감사의 말을 바칠 때, 우리의 과오와 불복종을 겸허하게 회개하는 마음으로 우리가 어쩔 수 없이 벌이고 있는 참혹한 내전으로 인해 과부나 고아가 되거나 슬픔이나 고통을 겪고 있는 사람들을 하느님께서 따뜻하게 보살펴주시기를 기도하도록 권한다. 하느님의 전능하신 손길로 국민의 상처가 치유되고, 그분의 뜻 안에서 가능한 한 빠른 시일 내에 우리의 평화·화합·평안·연방이 완전히 회복되기를 간절히 기원하도록 권한다.

이상의 증거로 나는 이 선언에 서명하고, 국새를 날인한다.

1863년, 미국 독립 88년, 10월 3일 워싱턴에서.

대통령 에이브러햄 링컨
국무장관 윌리엄 H. 수어드

우리는 적이 아니라 벗입니다.
우리는 서로 적이 되면 안됩니다. 아무리 감정이 상했다 하더라도,
우리를 묶어주는 애정의 끈을 끊어버려서는 안됩니다.
신비로운 기억의 현이 모든 전장과 애국자의 무덤에서부터
살아 있는 모든 사람의 마음과 가정에 이르기까지,
이 광대한 국토를 연결해주고 있습니다.
이 현이 머지않아 우리의 본성에 잠재해 있는
천사의 마음으로 다시 매만져질 때, 연방을
찬양하는 노래가 힘차게 울려 퍼질 것입니다.

게티즈버그 연설

(펜실베이니아 주 게티즈버그 국립묘지 헌정식 연설) *

— 1863년 11월 19일, 게티즈버그

* 1863년 7월 1일부터 3일까지 펜실베이니아 주 게티즈버그에서는 남북전쟁 중 가장 참혹한 전투가 벌어졌다.(남북 양측을 합쳐 약 5만 명의 사상자가 발생했다.) 일반적으로 남북전쟁의 전환점으로 평가되는 이 전투에서 조지 미드 장군이 이끄는 북군은 로버트 리 장군이 이끄는 남군을 격퇴함으로써, 워싱턴을 공격하여 남부의 독립을 승인받고 전쟁을 끝내고자 했던 남부의 전략을 결정적으로 좌절시켰다.

그 해 가을 격전지의 일부를 국립묘지로 조성하여 전몰장병에 봉헌하는 기념식이 거행되었다. 이 기념식에서 당대 최고의 웅변가로 유명했던 에드워드 에버렛이 장장 2시간에 가까운 연설을 마친 후 링컨이 연단에 올라섰다. 링컨은 에버렛과는 대조적으로 약 2분의 짧은 연설을 했는데, 청중들은 링컨의 연설이 너무 빨리 끝나자, 어리둥절해하다가 뒤늦게 산발적으로 박수를 치기 시작했다고 한다. 이날의 연설은 당장에는 별로 주목받지 못했을 뿐 아니라 반대파로부터 혹평을 듣기도 했다. 그러나 훗날 에드워드 에버렛이 "나는 2시간을 연설했고, 당신은 2분을 연설했습니다만 나의 2시간 연설이 당신의 2분 연설만큼 국립묘지 헌정식의 가장 중요한 취지를 훌륭하게 표현할 수 있었다면, 참으로 만족스러웠을 것입니다"라고 고백, 이 연설에 대한 평가는 시간이 지날수록 드높아졌고 인구에 널리 회자되었다. 그리하여 오늘날 미국에서는 미국역사상 제2의 건국선언으로 일컬어질 만큼 칭송받고 있으며, 특히 마지막 구절은 민주주의의 핵심을 잘 정의한 명언으로 유명하다.

87년 전에 우리의 선조들은 이 대륙에 자유의 이념 안에서 구상되고, 모든 사람은 평등하게 창조되었다는 명제에 헌정된 새로운 국가를 세웠습니다.

지금 우리는 대규모 내전에 휘말려 이 국가, 즉 그렇게 구상되고 그렇게 헌정되었던 국가가 오랫동안 존속할 수 있느냐 없느냐를 시험받고 있습니다. 우리는 그 전쟁의 일대(一大) 격전지에서 함께 만나고 있습니다. 그리고 이 나라를 살리기 위해 이곳에서 목숨을 바친 사람들에게 마지막 안식처로서 이 전장의 일부를 헌정하려고 합니다. 우리가 이 일을 하는 것은 너무도 당연하고 적절한 것입니다.

그러나 더 큰 의미에서 우리는 이 땅을 헌정할 수 없습니다. 이 땅을 성지로 만들 수 없습니다. 이 땅을 신성화할 수 없습니다. 여기서 싸웠던 용사들, 그 중에는 산 사람도 있고 죽은 사람도 있습니다만 이들 모두가 이 땅을 성지로 만들었기 때문에, 우리의 미약한 힘으로는 달리 보탤 것도 뺄 것도 없습니다. 세계는 우리가 이 자리에서 하는 말을 특별히 주목하지도 오래도록 기억하지도 않겠지만, 용사들이 이곳에서 했던 일은 결코 잊지 않을 것입니다. 이제 남아 있는 우리가, 이곳에서 싸웠던 용사들이 숭고하게 진전시킨 미완의 과업을 완수하기 위해 헌신해야 합니다. 여기에 모인 우리가 우리 앞에 남겨진 그 대업을 위해 헌신해야 합니다. 우리는 이 명예로운 전사자들을 본받아 그들이 신명을 다해 지키고자 했던 대의를 위해 더욱 헌신해야 합니다. 여기에 모인 우리는 그들의 죽음을 결코 헛되게 하지 않을 것이라고, 이 나라가 하느님의 가호 아래 자유의 새 시대를 열 것이라고, 그리고 인민의, 인민에 의한, 인민을 위한 정부가 지상에서 결코 소멸되게 하지 않을 것이라고 굳게 다짐하는 바입니다.

링컨의 대통령 후보 재지명을 통지한, 국민연합당 전당대회위원회에 보낸 답장 *

— 1864년 6월 9일, 워싱턴

* 1864년에 공화당은 당내 분열로 어려움을 겪고 있었다. 남부에 대한 더욱 강경한 조치를 요구하던 공화당 급진파(Radical Republicans)는 링컨은 무능해서 재선에 실패할 것이라고 주장하면서 자기들끼리 5월 31일에 클리블랜드에 모여 존 프리몬트(John C. Frémont)를 대통령 후보로 지명했다. 이에 맞서 링컨을 지지하던 공화당원들은 당명을 임시로 국민연합당(National Union Party)으로 변경하여 전쟁을 지지하는 민주당원들을 흡수함으로써 지지층을 넓히려고 했다.(이 때문에 현직 부통령인 햄린 대신에 테네시 출신의 주전파 민주당원 앤드루 존슨이 부통령 후보로 지명되었다.) 국민연합당원들은 6월 첫째 주에 볼티모어에서 열린 전당대회에서 만장일치로 링컨을 대통령 후보로 지명했다. 전당대회를 주재한 윌리엄 데니슨은 이 결과를 통지하기 위한 위원회를 구성하고, 그 위원장으로서 후보 재지명 확정과 이 대회에서 채택된 11개 항목의 정강을 공식적으로 통보하는 서한을 링컨에게 보냈다. 이 글은 그 서한에 대한 답장이다.

위원회의 위원 여러분. 나라를 구하고 발전시키기 위해 끊임없이 애쓰는 국민연합당원들이 전당대회에서 저를 대통령 후보로 다시 지명해주신 것에 대해, 저는 더없이 기쁜 마음으로 감사를 드립니다.

제가 이 지명을 받아들이지 않을 이유는 하나도 없습니다. 다만 전당대회에서 채택된 정강을 읽고 검토하기 전까지는 확답을 드릴 수 없습니다.

하지만 지금도 미국 전역에서 노예제를 금지하도록 헌법을 수정하자는 여러분의 결의에 찬성한다는 말씀은 드릴 수 있습니다. 반란에 가담한 사람들이 100일이라는 기한 내에 다시 연방에 충성을 나타내면 자신들의 제도를 유지할 수 있지만 그후에는 그럴 수 없다는 점을 분명히 통보받았음에도 저항을 계속하기로 결정한 이상, 현재 발의된 수정헌법안은 연방의 대의를 최종적으로 실현하는 데 적절하고도 필요한 조치일 것입니다. 그것만이 온갖 이의제기를 방지할 수 있습니다. 현재 북부와 남부의 절대적인 연방지지자들은 수정헌법안의 중요성을 인식하고 받아들이고 있습니다. 자유와 연방의 이름으로 그 수정안이 법제화되어 실효를 거둘 수 있도록 다 함께 노력합시다.

재선 실패에 대비한 각서*

— 1864년 8월 23일, 워싱턴

* 1864년 여름까지만 해도 링컨이 대통령에 재선될 가능성은 희박해 보였다. 전쟁으로 인한 희생자가 갈수록 늘어나는 가운데 북군은 게티즈버그 전투 이후 전쟁을 끝낼 수도 있는 결정적인 기회를 놓쳤고, 공화당에 내분이 일어났으며, 민주당 강경파는 남부연합과의 즉각적인 평화협상을 촉구하면서 링컨에 대한 비난의 목소리를 높였다. 이 각서 내지 메모는 이런 암담한 상황에서 작성된 것으로, 설령 재선에 실패하더라도 백악관을 떠나기 전까지는 차기 대통령 당선자와 협조하여 남부연합을 무너뜨리기 위해 최선을 다할 것이라는 결연한 각오를 밝힌 것이다. 링컨은 이 각서의 내용을 보여주지 않은 상태에서 그 뒷면에 장관들의 서명을 받은 다음 이것을 책상서랍에 넣어두었다.

그러나 9월에 접어들자 링컨에게 희망의 서광이 비치기 시작했다. 9월 2일에 셔먼 장군이 조지아의 수도 애틀랜타를 점령함으로써 연방군의 승리가 목전에 다가왔음을 알려주었고, 9월 22일에는 공화당 급진파의 독자 후보 프리몬트가 공화당의 표가 분산되어서는 안된다며 후보를 사퇴했던 것이다. 결국 11월 8일에 치러진 대통령선거에서 링컨은 선거인단의 90%를 확보하고 총투표수의 과반수를 얻어 당선되었다.

링컨은 선거 직후인 11월 11일에 열린 국무회의에서 이 각서를 꺼내 장관들에게 읽어주었다고 한다.

요 며칠 동안과 마찬가지로 오늘 아침에도 이 행정부가 재선되지 못할 가능성이 굉장히 커 보인다. 그렇다면 차기 대통령 당선자에게 적극 협조하여 그의 당선일과 취임일 사이에 연방을 유지하는 데 일조하는 것이 나의 의무일 것이다. 그가 당선자로서의 입지를 확고하게 구축하지 못한다면, 나중에 연방을 구하기가 불가능해지기 때문이다.

시민들의 세레나데에 대한 답례 *

— 1864년 11월 10일

* 선거 이틀 뒤 백악관 앞에 모여서 밤 늦도록 재선을 축하하며 노래를 부르던 시민들에 대한 답례이다. 링컨은 발코니에 나와서 보좌관이 들고 있는 횃불에 의지해 이 원고를 읽었다고 한다.

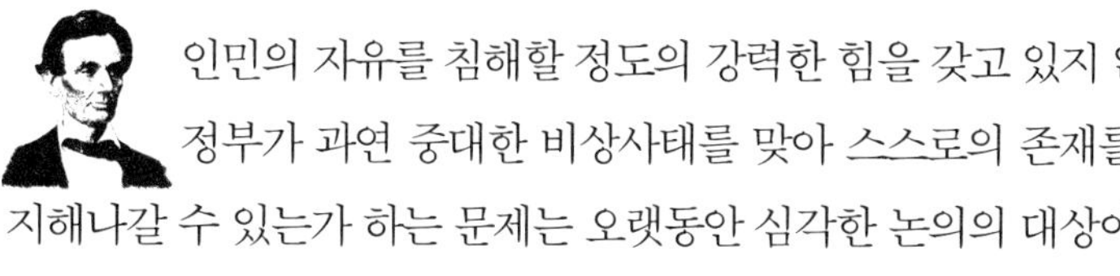

인민의 자유를 침해할 정도의 강력한 힘을 갖고 있지 않은 정부가 과연 중대한 비상사태를 맞아 스스로의 존재를 유지해나갈 수 있는가 하는 문제는 오랫동안 심각한 논의의 대상이 되어왔습니다.

이 점에서 이번 반란은 우리 공화국에 가혹한 시련을 안겨주고 있습니다. 반란 중에 평소와 다름없이 치르게 된 대통령 선거는 적지 않은 긴장을 더해주었습니다. 반란을 진압하기 위해 일치단결하여 전력을 기울이고 있는 충성스러운 인민이 정치적 논쟁에 의해 분열되고 무기력해진다면, 당연히 소임을 다하기 어렵지 않겠습니까?

그러나 선거는 반드시 치러야 했습니다.

우리는 선거 없이는 자유의 이념에 입각한 정부를 가질 수 없습니다. 그리고 만일 반란이 국민의 선거(대통령선거)를 보류시키거나 연기시켰다면, 반란군이 이미 우리를 정복하고 파멸시킨 것이나 다름없을 것입니다. 선거전은 인간본성이 현실의 여러 문제에 실제로 적용되는 사례입니다. 이번에 생긴 일은 유사한 경우에 다시 발생하게 마련입니다. 인간성은 변하지 않습니다. 장차 이 나라에 큰 시련이 닥친다면, 우리는 이번 선거의 주역들과 대동소이한 약자와 강자, 우자와 현자, 악인과 선인을 만나게 될 것입니다. 그러므로 이번 선거에서 발생한 여러 사건을 부당하다고 생각하며 보복하려 들지 말고, 지혜를 얻는 철학적 성찰의 계기로 삼도록 합시다.

이번 선거는 우발적이고 달갑지 않은 분쟁을 수반하긴 했지만, 이로운 결과도 낳았습니다. 즉 미국정부가 대규모 내전의 와중에도 전국의 선거를 감당할 수 있다는 사실을 입증한 것입니다. 오늘날에 이르기까지 이런 일이 가능하다는 것을 세계는 알지 못했습니다. 이번 선거는 우리가 여전히 건전하고 강하다는 것, 동일 정당의 후보자들 가운데서도 연방에 가장 헌신적이고 반란에 가장 적대적인 사람이 가장 많은 표를 얻을 수 있다는 것, 우리가 알고 있는 한 전쟁 초기보다 지금 우리를 지지하는 사람이 더 많아졌다는 것을 보여주었습니다. 금(金)도 좋지만, 살아 있는 용감한 애국자가 금보다 더 소중합니다.

그러나 반란은 계속되고 있습니다. 선거가 끝난 만큼, 공통의 관심을 갖고 있는 모든 사람은 공통의 조국을 구하기 위해 다시 단결하여 공통의 노력을 경주해야 하지 않겠습니까? 저는 어떤 장애도 만들지 않으려고 노력해왔고, 앞으로도 노력할 것입니다. 이 자리에 있는 동안, 저는 의도적으로 남의 가슴에 비수를 꽂는 일은 한 적이 없습니다.

저는 재선이 분에 넘치는 영광임을 깊이 인식하고 있습니다. 저는 우리의 동포들을 그들 자신의 이익에 부합하는 올바른 결론을 내리게끔 인도해주신 전능하신 하느님께 당연히 감사하고 있습니다만, 다른 누군가가 이 결과에 실망하고 고통스러워할지도 모른다는 사실을 생각하면 마음이 무거워집니다.

저와 뜻을 같이하신 분들께 간곡히 부탁드리고 싶은 것은 저에게 반대한 사람들을 저를 대하듯 대해주십사 하는 것입니다.

우리의 용맹한 육·해군 병사들과 당당하고 유능한 지휘관들을 위한 진심어린 만세 삼창을 제안하면서 이만 줄일까 합니다.

우리가 심판받지 않으려면
남을 심판하지 맙시다.

리디아 빅스비 부인에게 보낸 편지 *

— 1864년 11월 21일

* 남북전쟁에서 연방을 위해 싸우다 전사했다는 오형제의 어머니인 빅스비 부인에게 링컨이 보낸 편지이다.

버지니아 주 리치먼드에서 보스턴으로 이주했다고 전해지는 빅스비 부인은 원래 남부연합의 지지자로, 링컨을 싫어했다고 한다. 그리고 그녀의 다섯 아들이 모두 전사한 것도 아니라는 사실이 뒤늦게 밝혀지기도 했다. 두 아들은 전사했지만, 한 명은 탈영했고, 한 명은 명예롭게 제대했으며, 한 명은 적군에 투항했거나 적군의 감옥에서 사망했다는 것이다. 육군부가 왜 이런 사실을 정확하게 확인해보지도 않은 채 매사추세츠 주 군사령관의 보고서를 대통령에게 그대로 올렸는지는 의문으로 남아 있다. 또한 일부 학자들은 이 편지가 링컨이 쓴 것이 아니라 존 헤이(John Hay)라는 백악관 비서가 대신 썼다는 주장을 하기도 한다. 아마도 이 편지의 원본이 파기되어 버렸기 때문에 이런 논쟁이 벌어졌을 것이다. 학자들은 이 편지의 원본이 이 편지를 최초 게재한 신문사에서 신문발행 후 파기되었거나, 빅스비 부인에 의해 파기되었을 것으로 보고 있다.

그럼에도 불구하고, 이 편지는 미국인에게 가장 사랑받는 편지가 되어 널리 인용되고 있다. 1998년에 개봉된 영화 「라이언 일병 구하기」에는 마셜 장군이 부하들에게 이 편지를 읽어주는 장면이 나오고, 9·11테러 10주년 추모식에서는 당시의 대통령 조지 부시가 이 편지를 낭독했다.

친애하는 부인께.

육군부의 서류철 속에 있던 매사추세츠 주군(州軍)사령관의 보고서를 보고, 부인께서 명예롭게 전사한 오형제의 어머니임을 알게 되었습니다.

이런 엄청난 상실의 슬픔을 겪고 계신 부인께 어떤 위로의 말씀을 드려도 부족함과 공허함을 면할 수는 없을 것입니다. 그러나 저는 그들이 목숨을 걸고 지킨 우리 공화국이 드리는 감사의 말에서 부인께서 조금이라도 위안을 얻으셨으면 하는 마음으로 감사의 말씀을 전해드리려는 것입니다.

하늘에 계신 우리 아버지께서 다섯 아들을 잃은 부인의 슬픔을 덜어주시기를, 그리고 오직 잃어버린 사랑스러운 자식들에 대한 소중한 기억과, 자유의 제단에 이토록 값비싼 희생을 바치신 분으로서의 숭고한 자부심만을 부인께 남겨주시기를 간절히 바랍니다.

제2차 대통령 취임사*

— 1865년 3월 4일

* 미국 역대 대통령의 취임사 가운데 최고의 명문으로 꼽히는 연설이다. 북부의 승리와 노예제 종식을 목전에 두고 행해진 이 연설에서 링컨은 승리에 대한 자신감과 미래에 대한 섣부른 예측을 피력하기보다는 화해와 용서와 평화를 호소함으로써 분열된 국민에게 다시 일어서자는 희망의 메세지를 전하고 있다.

링컨이 알 리는 없었겠지만, 그의 암살을 노리던 공모자들도 이 취임식 현장에 있었다. 링컨은 약 한 달 뒤 워싱턴의 포드 극장에서 존 부스의 총탄에 쓰러짐으로써 미국 역사상 처음으로 임기 중에 암살당한 대통령이 되었다.

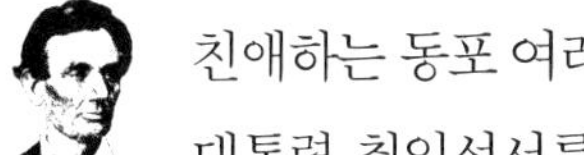

친애하는 동포 여러분.

대통령 취임선서를 하기 위해 두 번째로 이 자리에 선 오늘은 첫 번째 취임식 때와는 달리 광범위한 주제에 관해 연설할 이유는 없을 것 같습니다. 그때는 국정목표를 다소 상세하게 설명하는 것이 당연하고 적절하다고 생각했습니다. 지난 4년 동안에는 국민의 관심과 에너지를 빼앗고 거대한 투쟁의 모든 쟁점과 국면에 관해 일일이 공표할 필요성이 계속 있었지만, 4년이 지난 지금은 새로 드릴 말씀이 별로 없습니다. 이 나라의 명운을 짊어지고 있는 우리 군대의 승전보는 저에게도, 여러분에게도 잘 알려져 있습니다. 전황은 모든 사람에게 상당한 만족과 용기를 주고 있다고 믿습니다. 미래를 낙관합니다만, 미래에 대한 섣부른 예측은 하지 않겠습니다.

4년 전 취임식 때는 모든 사람이 조마조마한 마음으로 임박한 내전에 촉각을 곤두세우고 있었습니다. 누구나 전쟁을 두려워했고, 누구나 그것을 피하려 했습니다. 바로 이 장소에서 전쟁 없이 연방을 구해보겠다는 취임연설을 하고 있는 동안에도, 반란군의 대표들이 이 도시에 와서 전쟁 없이 연방을 파괴하려 했습니다. 협상을 통해 연방을 해체하고 연방의 재산을 분할하려 했던 것입니다.[1] 양측은 모두 전쟁에 반대했습니다. 그러나 한 쪽은 나라의 존속을 도모하기보다는 차라리 전쟁을 하는 편이 낫다고 생각했고, 다른 쪽은 나라

1. 남부연합의 대통령 데이비스는 1861년 3월 초에 워싱턴에 대표단을 파견하여, 남부연합 영내에 있는 연방의 모든 재산(특히 연방군이 주둔하고 있던 남부의 요새들)에 대한 대가를 지불하고 남부 몫의 국가채무를 떠안을 테니 강화를 맺자고 제의했다. 링컨은 연방의 해체를 기도하는 비합법적인 정부와는 협상을 할 수 없다며 제안을 거절했다.

의 멸망을 감수하기보다는 차라리 전쟁에 응하는 편이 낫다고 생각했습니다. 그래서 전쟁이 일어난 것입니다.

총인구의 8분의 1을 차지하고 있던 유색인 노예들은 연방 전역에 고루 분포되어 있지 않고 남부에 집중되어 있었습니다. 이 노예들은 남부의 특수하고도 강력한 이익을 만들어내고 있었습니다. 아무튼 이 이익이 전쟁의 원인이었음은 누구나 알고 있었습니다. 이 이익의 강화·영속화·확대야말로 모반자들이 전쟁을 불사하면서까지 연방을 분열시키려던 목적이었습니다. 한편 정부는 노예제가 미국 영토에서 확대되는 것을 막으려 했을 뿐, 그 이상의 권리는 주장하지 않았습니다. 양측 모두 전쟁이 지금처럼 확대되고 장기화되리라고는 예상하지 못했습니다. 어느 쪽도 전쟁 종결과 동시에, 또는 그 전에 전쟁의 원인이 소멸되리라고는 내다보지 못했습니다. 양측은 저마다 손쉬운 승리를 기대했을 뿐, 이토록 중대하고 엄청난 결과가 초래되리라고는 꿈에도 생각하지 못했습니다. 양자는 똑같은 성서를 읽고, 똑같은 하느님께 기도드리면서, 적을 물리치게 해달라고 하느님의 도움을 호소하고 있습니다. 다른 사람이 얼굴에 땀을 흘려가며 일해서 힘들게 얻은 빵을 빼앗기 위해[1] 감히 공정한 하느님의 도움을 요청하는 것은 터무니없는 일입니다. 그러나 우리가 심판받지 않으려면 남을 심판하지 맙시다.[2] 양자의 기도가 모두 통할 수는 없었습니다. 어느 쪽의 기도도 완전히 통하지는 않았습니다. 전능하신 하느님은 당신의 목적을 가지고 계십니다. "실족케 하는 일들이 있

1. 「창세기」 3장 19절의 "네가 얼굴에 땀이 흘러야 식물을 먹고"라는 표현을 차용한 것이다.
2. 「마태복음」의 "비판을 받지 아니하려거든 비판하지 말라"는 구절을 염두에 두고 쓴 표현이다.

음을 인하여 세상에 화가 있도다. 실족케 하는 일이 없을 수는 없으나 실족케 하는 그 사람에게는 화가 있도다."(「마태복음」 18장 7절) 만일 우리가 미국의 노예제는 하느님의 섭리에 따라 필연적으로 나타난 죄악의 하나로, 하느님이 정하신 기간 내내 존속되어왔던 그 제도가 이제 그분의 뜻에 따라 제거되어야 한다고 생각한다면, 그리고 하느님이 남부와 북부에 내리신 이 끔찍한 전쟁은 죄를 범한 사람들이 마땅히 겪어야 할 재난이라고 생각한다면, 살아 계신 하느님을 믿는 사람들이 언제나 그분께 돌리는 신성(神性)을 잘못 이해한 것일까요? 우리는 이 전쟁의 엄청난 재앙이 즉시 끝나기를 진심으로 바라고 간절히 기도합니다. 그렇지만 하느님이 250년에 걸친 노예들의 무보수 노역으로 축적된 모든 재물이 소진될 때까지, 그리고 채찍을 맞고 그들이 흘린 피 한 방울 한 방울이 총칼을 맞고 우리가 흘리는 피로 완전히 보상될 때까지 전쟁이 계속되기를 바라신다면, "여호와의 심판은 확실하여 다 의로우니"[1]라는 3천 년 전의 말씀이 지금도 유효하다고 말할 수밖에 없습니다.

누구에게도 원한을 품지 말고, 모든 사람에게 자비를 베풀며, 하느님이 우리에게 보여주신 정의를 굳게 믿으면서 우리가 수행하고 있는 과업을 완수하기 위해 노력합시다. 국민의 상처를 감싸주고, 전투에서 희생된 용사와 그 미망인과 고아를 보살펴줍시다. 우리들 사이에서, 그리고 만방의 국민들과의 관계에서 올바르고 항구적인 평화가 성취되고 존중되는 데 이로운 일이라면 무엇이든 합시다.

1. 「시편」 19편 9절. 링컨은 이 구절의 원문 'the ordinaces of Lord'(여호와의 규례)를 'the Judgements of Lord'(여호와의 심판)로 바꿔서 인용했다.

링컨 연보

1809 2월 12일, 켄터키 주 하딘 카운티의 도시 호젠빌에서 남쪽으로 3마일 떨어진 놀린크리크의 한 통나무집에서 농부 겸 목수인 개척자 토머스 링컨(1778년생)과 낸시 행크스 링컨(1784년생?)의 둘째아이(누나 새러는 1807년생)로 태어나다. 에이브러햄이라는 이름은 친할아버지의 이름에서 따온 것이다.

1811 가족과 함께 호젠빌에서 북동쪽으로 11마일 떨어진 노브크리크에 있는 230에이커(경작하고 있는 땅은 고작 30에이커뿐이었다)의 농장으로 이사하다.

1812 남동생 토머스가 태어나다. 토머스는 유아기에 사망.

1815 누나와 함께 가을에 잠시 학교에 다니다.(부모가 글을 읽을 줄 몰랐고, 아버지는 자기 이름자만 쓰는 정도였다.)

1816 누나와 함께 가을에 잠시 학교에 다니다. 부동산 등기상의 하자로 인해 소송에 휘말려 재판에서 패소함으로써 땅을 전부 잃은 아버지가 12월에 가족들을 데리고 오하이오 강을 건너 인디애나 주의 남서부로 이주하다. 그리고 페리 카운티(오늘날의 스펜서 카운티)의 리틀피전크리크라는 미개척지에 터를 잡다. 링컨 가족은 통나무집이 완성되기 전까지 허름한 가건물에서 몇 주를 보냄.

1817 아버지가 80에이커의 땅을 경작하는 것을 거들다. 외이모할머니(외할머니의 여동생) 엘리자베스 행크스 스패로와 그 남편 토머스 스패로, 이들과 함께 살고 있던 사촌 데니스 행크스(링컨의 어머니와 이름이 같은 링컨의 이모가 낳은 사생아)가 연말(또는 이듬해 초)에 링컨 가족에 합류. 19세의 행크스와 아주 친한 사이가 되다.

1818 생일이 지난 지 얼마 안되어 링컨은 말발굽에 머리를 채여 한때

가사(假死)상태에 빠지다. 토머스 스패로 부부가 9월에 우유질병(독초를 먹은 소의 젖을 마시고 걸리는 중독성 질환)에 걸려 사망. 어머니도 같은 병으로 10월 5일에 사망, 어머니의 시신을 통나무집에서 0.25마일 떨어진 야산에 묻다.

1819 12월 2일, 아버지가 켄터키 주 엘리자베스타운의 아이 셋 딸린 31세의 과부 새러 샐리 부시 존스턴과 재혼하다.(아버지와 새어머니는 링컨 가족이 하던 카운티에 살고 있을 때부터 서로 아는 사이였다.)

1820 누나와 함께 잠시 학교에 다니다.

1822 몇 달 동안 학교에 다니다.

1824 아버지의 쟁기질과 파종을 거들고, 이웃집 농사를 도와 품삯을 벌다. 가을과 겨울에 학교에 다니다. 가정용 성서를 읽고 기회가 닿는 대로 책을 빌려 읽다.(그 중에는 메이슨 로크 윔스의 『조지 워싱턴의 생애』, 대니얼 디포의 『로빈슨 크루소』, 『이솝 우화』, 존 버니언의 『천로역정』, 윌리엄 그림쇼의 『미국사』, 토머스 딜워스의 『영어의 새로운 길잡이』 등이 있다.)

1827 앤더슨 강(오하이오 강의 지류)과 오하이오 강이 합류하는 인디애나 주 트로이 인근에서 뱃사공과 농장노동자로 일하다.

1828 1월 20일, 애런 그릭스비와 결혼한 누나 새러가 분만 중에 사망하다. 4월에 링컨은 앨런 젠트리와 함께 농산물을 실은 평저선을 타고 인디애나 주 록포트를 떠나 뉴올리언스로 가다. 사탕수수를 재배하는 루이지애나의 강변에서 장사를 하는 동안 그들의 짐을 강탈하려는 흑인 7명을 물리치다. 돌아올 때는 기선을 타고 오다. 카운티의 법정에서 재판을 방청.

1830 3월에 가족과 함께 일리노이 주로 이주하여 메이컨 카운티의 소도시 디케이터에서 남서쪽으로 10마일 떨어진 미개간지에 정착하다.

1831 새어머니의 아들 존 D. 존스턴 및 사촌 존 행크스와 함께 평저선을 건조하여 곡물, 살아 있는 돼지, 통에 든 돼지고기를 싣고 다시 한번 뉴올리언스로 갔다가 여름에 일리노이로 돌아오다. 생거먼 카운티의 스프링필드에서 북서쪽으로 20마일 떨어진 뉴세일럼으로 이사.(식구들은 일리노이 주 콜스 카운티로 옮겨갔다.) 잡화점 점원으로 취직하여 가게 한구석에서 잠자면서 제분소의 일을 돕고 허드렛일을 하다. 그 지역 건달패의 우두머리인 잭 암스트롱과 맞붙어 싸워 무승부를 함으로써 주변의 존경과 우정을 얻다. 여인숙 주인 제임스 러틀리지, 그의 딸 앤(링컨의 첫사랑이라는 설도 있지만, 아니라는 주장도 있다), 교장 멘터 그레이엄과 친분을 맺다. 기초수학을 익히고, 셰익스피어와 로버트 번스의 작품을 읽고, 지역토론회에 참석하다.

1832 새뮤얼 커크햄의 『영문법』을 빌려서 공부하다. 3월에 일리노이 주의회 하원의원에 입후보하다. 4월 초 블랙호크 전쟁이 발발하자 일리노이 민병대에 자원입대하여 중대장이 되다. 5월 말 그의 중대가 해산되자 병사로 재입대하여 일리노이 북부의 록강(미시시피 강의 지류) 인근에서 7월 10일까지 복무하지만, 실전을 경험하지는 못하다. 4명의 주의회 의원을 뽑는 8월 6일의 선거에서 입후보자 13명 가운데 득표순위 8위로 낙선하다. 뉴세일럼에서 잡화점을 인수하여 윌리엄 F. 베리와 동업을 개시.

1833 판매부진으로 잡화점은 망하고 빚만 잔뜩 지다. 고용인으로 일하면서, 이웃들을 위해 각종 증서와 계약서를 대필해주기 시작. 5월에 뉴세일럼 우체국장으로 임명되다.(1836년에 우체국이 인근의 피터스버그로 옮겨갈 때까지 이 직무를 수행했다.) 신문을 정기구독하다. 생거먼 카운티의 보조 측량기사로 임명된 후, 멘토 그레이엄의 도움을 받아 측량을 공부하다.

1834 1월에 처음으로 측량을 해보고, 9월에는 일리노이 주의 신도시

뉴보스턴의 부지를 측량하다.(이후 링컨은 3년 동안 측량기사로 일한다.) 8월 4일에 치러진 일리노이 주의회 의원선거에 휘그당 후보로 출마하여 당선되다. 법학을 공부하기 시작하다. 윌리엄 블랙스톤의 『영국법 적요』(1766), 조지프 치티의 『변론의 선례』(1808)를 읽고, 변호사 존 T. 스튜어트로부터 다른 법서(法書)를 빌리다. 12월 1일에 밴데일리아(1839년까지 일리노이의 주도였음)의 주의회 의사당 건물에서 의정활동을 시작하다. 소수당인 휘그당의 원내총무로 뽑힌 스튜어트와 가깝게 지내다. 민주당원인 21세의 변호사 스티븐 A. 더글러스를 만나다.

1835 12개 특위에서 활동하면서, 휘그당원들의 법안과 결의안 작성을 돕다. 주립(州立)은행 설립안과 일리노이 강과 미시건 호를 연결하는 운하 건설안에 찬성표를 던지다. 잡화점의 동업자이던 윌리엄 베리가 1월에 사망하자 링컨의 빚이 약 1,100달러로 늘어나다. 그는 수년에 걸쳐 이 빚을 갚아나감. 2월 13일에 의회 회기가 끝나자, 뉴세일럼으로 돌아가다. 8월 25일, 앤 러틀리지가 장티푸스에 걸려 22세의 나이로 사망. 12월에 일리노이-미시건 운하와 기타 공공사업을 추진하기 위해 소집된 임시의회에 출석하다. 운하 건설을 위한 대출금 상환을 주정부가 보증하게 하는 법안에 찬성하다.

1836 1월 18일에 임시의회가 폐회되자, 뉴세일럼으로 돌아가다. 생거먼 카운티를 대표하는 주의회 하원의원 7명을 뽑는 선거에서 입후보자 17명 가운데 득표순위 1위를 차지하며 재선되다. 9월 9일에 변호사 자격증을 취득하다. 뉴세일럼에 있는 여동생을 만나러 온 28세의 켄터키 여성 메리 오언스에게 어정쩡하게 구애를 시작하다.(두 사람 모두 결혼에 적극적이지 않았다.) 새로운 회기를 맞아 12월 초 밴데일리아에 도착한 직후 심한 우울증을 앓다.

1837 링컨을 포함한 생거먼 카운티의 휘그당 의원 9명(생거먼을 대표하는 주의회 상원의원 2명과 하원의원 7명을 말하며, 이들의 평균신장이 180cm가 넘었기 때문에 '아홉 키다리'〔Long Nine〕라고 불렸다)은 일리노이의 주도를 밴데일리아에서 스프링필드로 이전하는 캠페인을 주도해 성사시키다. 이 주도(州都) 이전은 중부와 북부의 카운티에서 인구가 급성장한 현실을 반영한 것이다. 대규모 공공사업 계획안을 지지하다. 휘그당 동료 댄 스톤과 함께 주의회에서 노예제 폐지운동에 반대하는 결의안이 채택되자 항의서를 제출하다. 3월 6일에 회기가 끝나다. 4월 15일에 스프링필드로 이주하여 상점주인 조슈아 F. 스피드와 한집에서 지내게 되다. 이를 계기로 두 사람이 친해지다. 존 스튜어트의 동업자가 되어 다방면에 걸친 민·형사 사건을 맡기 시작하다.(링컨은 변호사를 하면서 때로는 원고 편에 서기도 했지만, 거의 대부분 형사소송에서 피고의 권익을 대변했다.) 7월에 소집된 임시의회에서는 전국적인 재정난에도 불구하고 공공사업의 속행에 찬성하다. 메리 오언스가 링컨의 청혼을 거절하다.

1838 유명한 살인사건의 피고인 헨리 트루엣의 변호를 맡아 배심원단에게 최후변론을 하고, 트루엣은 방면되다.(트루엣은 말다툼 도중 얼리라는 의사를 살해한 죄로 기소되었다. 링컨은 살해된 의사가 트루엣에게 먼저 의자를 집어던지려고 했기 때문에, 트루엣의 행동은 정당방위라고 주장했다.) 5월에는 연방의회 하원의원 선거에서 존 스튜어트의 경쟁자가 된 스티븐 더글러스와 논쟁을 벌이다.(이 선거에서 스튜어트는 더글러스를 눌렀다.) 8월 6일, 7명의 하원의원을 뽑는 주의회선거에서 입후보자 17명 가운데 1위를 차지하여 또 당선되다. 12월 3일에 의회가 열리자, 휘그당 간부회의에서 의장 후보로 지명되지만, 민주당의 W. L. D. 유잉에게 패하다. 휘그당 원내총무를 맡다.

1839 3월 4일에 의회의 회기가 끝난 후, 링컨은 처음으로 일리노이 제8순회법정의 사건들을 맡아서 일리노이 중부와 동부의 9개 카운티에서 차례로 열린 공판에 참여하다. 10월에는 제1차 휘그당 지역대회에서 대통령선거인단으로 선출되다. 스프링필드에서 국립은행 문제에 관해 더글러스와 논쟁을 벌이다.(더글러스와 민주당은 국립은행 설립에 반대했고, 링컨과 휘그당은 찬성했다.) 12월 3일, 연방 순회법정에서 변호사로 활동해도 좋다는 허가를 받다. 12월 9일, 일리노이 주 임시의회가 처음으로 스프링필드에서 열리다. 켄터키의 저명한 은행가이자 휘그당원인 로버트 스미스 토드의 딸인 21세의 메리 토드와 교제하기 시작하다. 그녀는 일리노이의 휘그당 의원 니니언 W. 에드워즈의 처제이자, 존 스튜어트의 사촌이기도 하다.

1840 일리노이 주의 재정위기를 초래한 1837년의 공공사업 추진법안을 폐지하는 데 반대하다.(일리노이는 1841년 7월에 채무상환 불능상태에 빠졌다.) 2월 3일 주의회 회기가 끝나다. 휘그당 대통령 후보 윌리엄 헨리 해리슨을 위해 선거운동을 하면서, 더글러스를 비롯한 민주당의 연사들과 논쟁을 벌이다. 6월 일리노이 주 대법원에서 첫 변론을 맡다.(이후 링컨은 이 대법원에서 240건 이상의 사건을 변론했다.) 8월 3일 주의회 4선의원이 되다. 이번에는 생거먼 카운티에서 선출된 5명의 의원 가운데 최저득표를 하다. 가을에 메리 토드와 약혼하다. 11월 23일에 임시의회가 열리다. 링컨은 의장선거에서 다시 한번 유잉에게 패하다. 12월 5일(토요일), 파산 직전의 주립은행을 보호하기 위한 정략적 조치로 휘그당 의원들은 본회의에 불참하여 임시의회의 폐회를 막기로 하다. 의결 정족수 미달을 노린 것이다.(1839년에 통과된 법안에 의해 다음 회기가 끝날 때까지 주립은행의 정화지불이 유예되었으므로, 이날로 임시의회의 회기가 끝나

면 주립은행은 정기의회가 시작되는 월요일부터 당장 정화지불을 재개해야만 했다. 주립은행의 도산을 원하던 민주당은 이날 산회를 선포하려 했고, 휘그당은 어떻게 해서든 폐회를 막음으로써 임시의회와 정기의회의 회기가 겹치도록 만들어 은행의 정화지불 유예기간을 이듬해 봄까지 연장해주고자 했던 것이다. 폐회 선언에 필요한 정족수는 재적의원 90명 중 최소 61명 이상이었다.) 해질 무렵까지 출석한 의원의 수는 58명이었지만, 병상에 있던 민주당 의원 몇 명이 뒤늦게 회의장에 나타나면서 애초의 계획이 무산되자, 상황을 점검하기 위해 출석했던 링컨과 다른 휘그당 의원 2명은 정족수에 포함되지 않기 위해 창문 밖으로 뛰어내리다. 하지만 그들은 출석한 것으로 처리되고, 링컨은 민주당 계열의 신문들로부터 실컷 조롱을 당함.(링컨은 이 일을 두고두고 후회했다고 한다.)

1841 1월 1일 메리 토드와 파혼하여 몇 주 동안 심한 우울증에 시달리면서 며칠 동안 의회에 출석하지도 못함. 정기의회가 3월 1일에 끝나다. 바쁜 정치일정 때문에 자주 자리를 비우는 스튜어트와의 동업을 끝내고, 체계적인 법률이론으로 널리 알려진 일리노이의 유력한 휘그당원 스티븐 T. 로건과 동업을 시작하다. 일리노이 주 대법원의 베일리 대 크롬웰 사건 상고심에서 승소하다. 노예제를 금한 1787년 조례와 주헌법에 따라 일리노이 주에서 노예를 구입하는 것은 법률적으로 무효이므로, 사건 의뢰인인 데이비드 베일리가 노예소녀를 구입하기 위해 크롬웰에게 지불한 약속어음은 결재하지 않아도 된다고 변론하다. 8월과 9월에 켄터키 주 렉싱턴 근처에 있는 스피드의 집을 방문하다. 기선을 타고 돌아오는 길에 12명의 노예가 "마치 주낙에 걸린 물고기처럼" 한데 묶여 있는 광경을 목격하다.

1842 2월 22일, 지역의 금주(禁酒)단체에서 연설하다. 더 이상 주의

회 의원선거에 입후보하지 않기로 결정하다. 여름에 메리 토드에게 다시 구애하다. 9월에 일리노이 주 감사관인 민주당원 제임스 실즈의 결투신청을 받아들이다. 실즈는 자신을 깔보는 익명의 편지 네 통 때문에 단단히 화가 난 상태였다.(그 중 한 통은 메리 토드와 그녀의 친구가 쓴 것이고, 한 통은 링컨이 쓴 것이라고 한다.) 링컨은 목검을 결투용 무기로 선택한다. 그러나 9월 22일에 그 편지들은 순전히 정치적이었으며, 실즈의 개인적 명예를 더럽힐 의도는 없었다는 링컨의 해명을 실즈가 받아들임에 따라 결투는 무산됨. 11월 4일 스프링필드에 있는 메리 토드의 언니네 저택에서 메리 토드와 결혼식을 올리고, 글로브 여인숙에 방을 얻어 신혼생활을 시작하다.

1843 연방의회 의원선거에 입후보하려 했으나, 휘그당의 공천을 받지 못하다. 이후 존 J. 하딘 및 에드워드 D. 베이커와 휘그당의 공천을 받아 당선되면 단임으로 의원직을 끝내기로 합의하다. 8월 1일에 아들 로버트 토드 링컨이 태어나다. 작은 셋집을 얻어 이사하다.

1844 5월에 스프링필드의 8번가(街)와 잭슨가가 만나는 곳에 위치한 집을 1,500달러에 구입하여 이사하다.(링컨 부부는 1861년까지 이 집에서 살았다.) 휘그당 선거인단의 일원이 되어, 대통령 선거전에서 헨리 클레이를 위해 유세하다. 가을에 예전에 살았던 인디애나 주의 집을 방문하다. 12월에 로건이 그의 아들과 동업하기를 원해 결별하고, 따로 사무실을 차려 26세의 윌리엄 헌던을 새로운 파트너로 맞이하다.

1845 하딘이 합의를 지키지 않고 다시 연방의회 의원선거에 입후보하려 하자, 자신이 휘그당의 지명을 받기 위해 애를 쓰다. 변호사로 일하면서 1년에 약 1,500달러의 수입을 올리다.

1846 3월 10일 차남 에드워드 베이커 링컨이 태어나다. 5월 1일에

열린 휘그당 지역대회에서 연방의회의원 후보로 지명되다. 5월 30일, 스프링필드 시민집회에서 최근에 선포된 멕시코와의 전쟁을 한마음으로 지지하자는 취지의 연설을 하다. 8월 3일, 연방의회 하원의원 선거에서 6,340표를 얻어 4,829표를 얻은 민주당 후보 피터 카트라이트를 누르고 당선되다.

1847 7월 초, 제임스 포크 대통령이 강과 항만의 개선법안을 거부한 것에 항의하는 집회에 참석하기 위해 난생 처음 시카고를 방문하다. 10월에 노예 소유주 로버트 맷슨을 변호하다. 맷슨이 농번기에 일을 시키기 위해 켄터키에서 일리노이로 데려온 브라이언트라는 노예의 가족이 주인 맷슨 몰래 달아났다가 콜스 카운티 감옥에 갇힌 사건이다. 링컨은 브라이언트 가족이 일리노이 주민이 아니므로 일리노이 주법(州法)의 반(反)노예제 조항에 의해 방면될 수 없다고 주장하다. 하지만 법원은 브라이언트 가족의 방면을 결정하다. 켄터키 주 렉싱턴에 있는 처갓집을 방문하여 아내와 아들들을 데리고 워싱턴까지 여행. 의사당 근처의 하숙집으로 이사하다. 12월 6일에 열린 제30회 연방의회에서 하원의원으로서 의정활동을 시작하다. 12월 22일, 포크 대통령에게 멕시코와의 전쟁이 시작된 '지점'이 멕시코의 영토인지 아닌지를 의회에 알려줄 것을 촉구하는 결의안을 제출하다.

1848 육군부 예산지출 위원회와 우체국 우편수송로위원회에 배속되다. 1월 22일, 하원 연설에서 포크 대통령의 전쟁정책을 비판하다.(미군이 1847년 9월에 멕시코시티를 점령하면서 대부분의 전투는 끝났지만, 이때까지 강화조약은 체결되지 않았다.) 일리노이의 민주당계 신문에서 "지점 타령이나 하는 링컨"이라고 조롱당하다. 아내와 아이들은 켄터키에 있는 처갓집에서 지내기 위해 워싱턴을 떠나다. 6월 초에 필라델피아에서 열린 휘그당 전당대회에 참석하여, 대통령 후보로 지명된 재커리 테일러 장군

을 지지하다. 자신이 주도한 합의에 따라, 연방의회 의원선거에 더 이상 출마하지 않겠다는 뜻을 밝히다. 7월 말에 가족과 재회하다. 의회회기가 8월 14일에 끝나다. 테일러의 당선을 위해 메릴랜드와 매사추세츠에서 유세하다. 9월 22일, 보스턴에서 열린 휘그당 집회에서 전(前) 뉴욕 지사 윌리엄 H. 수어드를 만나다. 나이아가라 폭포를 구경한 다음, 기선을 타고 시카고로 가다. 대통령선거 직전까지 일리노이에서 유세하다. 12월 7일, 제31회 연방의회 개회를 앞두고 워싱턴으로 돌아오다. 멕시코로부터 획득한 영토에서 노예제를 금지한다는 윌멋 조항에 찬성하다.

1849 연방의 모든 영토에서 노예제를 배제하고 컬럼비아 특별구에서 노예거래를 폐지한다는 안에 찬성하지만, 노예제에 관한 의회의 논쟁에 참가하지는 않는다. 3월 4일에 회기가 끝나다. 3월 7~8일에는 일리노이 주의 소멸시효 문제를 둘러싼 대법원 상고심을 맡아 처음이자 마지막으로 연방대법원에 출정하지만 패소하다.(원고 윌리엄 루이스는 1819년에 오하이오에서 토지를 구입했는데, 이 가운데 일부는 판매자의 것이 아닌 다른 사람의 땅이었다. 판매자가 사망하자, 윌리엄 루이스는 그의 유산관리인 토머스 루이스를 상대로 손해배상을 청구했다. 이 소송은 원래 일리노이 주 순회법정에 제기된 것이었는데, 판사들이 의견일치를 보지 못해 대법원의 판결을 구하게 된 것이다. 일리노이 주의회에서 1827년에 통과된 법은 토지계약의 경우 16년 내에 소를 제기해야 하지만 다른 주의 사람은 예외라고 규정했다. 그런데 1837년에는 이 법이 개정되어 예외조항이 폐지되었다. 피고의 변호인이었던 링컨은 시효는 1827년부터 기산해야 하므로 이미 시효가 소멸되었다고 주장했지만, 재판장 토니는 외지인에 대한 예외규정이 삭제된 1837년부터 시효를 기산해야 하므로 원고의 소송은 아직 유효하다고 결정했다.)

기선이 수심이 얕은 수로를 통과하는 데 도움을 주는 장치에 대한 특허를 출원하다.(이후 특허를 얻었다.) 3월 31일에 스프링필드로 돌아가다. 5월 말 콜스 카운티에 살고 있는 아버지와 새어머니를 방문하다. 워싱턴에 가서 테일러 행정부로부터 국유지 관리국의 감독관 자리를 얻으려 했으나 실패. 일리노이에서 변호사 업무를 재개하다. 오리건 준주의 주무(州務)장관직과 지사직 제의를 잇달아 거절하다.

1850 차남 에드워드가 두 달 가까이 병을 앓다가 2월 1일에 죽다. 링컨은 제8순회법정(14개 카운티를 관할했다)에 복귀, 봄과 가을에 12주 동안 400마일을 돌아다님. 순회법정에서 변호사로 함께 활동하던 데이비드 데이비스와 친해지다. 데이비스는 1848년에 판사가 됨. 유클리드 기하학을 공부하다. 7월 25일에 시카고에서 열린 추모집회에서 재커리 테일러(7월 9일 사망)의 공덕을 추모하는 연설을 하다. 12월 21일, 삼남 윌리엄 윌리스가 태어나다.

1851 콜스 카운티에 살고 있는 아버지의 병세가 위중하다는 소식을 듣지만, 새어머니의 아들 존 존스턴에게 아내의 건강이 좋지 않아 가볼 수 없다는 편지를 보내다. 1월 17일 아버지가 세상을 떠나다.

1852 아내가 스프링필드의 제일장로교회에 다니기 시작하다. 링컨은 가끔 이 교회에 아내와 함께 나갔지만, 특정 교파의 일원이 된 적은 없다. 7월 6일 스프링필드에서 열린 추모집회에서 헨리 클레이(6월 29일 사망)의 공덕을 기리는 연설을 하다. 휘그당 선거인단의 일원이 되어, 대통령 후보 윈필드 스콧을 지지하는 연설을 여러 차례 하다.

1853 사남 토머스(태드)가 4월 4일에 태어나다. 5월에 링컨은 법원이 지명한 검사 역할을 맡아 아동성폭행사건에서 피고의 유죄

판결(18년 징역형)을 이끌어내다. 10월에 매클레인 카운티의 과세에 항의하는 일리노이 중앙철도의 변론을 맡다.(중앙철도는 매클레인 카운티에 약간의 토지를 보유하고 있었는데, 매클레인 카운티 당국이 이 토지에 세금을 부과하자, 중앙철도는 카운티에는 과세권한이 없다며 소송을 제기했다.)

1854 일리노이 대법원에서 중앙철도 대 매클레인 카운티 사건을 변론하다. 5월 22일에 연방의회가 캔자스-네브래스카 법을 통과시켜 미주리 타협을 파기하자, 정치에 대한 관심이 되살아나다. 캔자스-네브래스카 법에 반대한 연방의회 하원의원 리처드 예이츠의 선거운동을 지원하기 위해 일리노이 주의회 의원선거전에 뛰어들다. 9월 26일에는 블루밍턴에서, 10월 4일에는 스프링필드에서, 10월 16일에는 피오리아에서 캔자스-네브래스카 법에 반대하는 연설을 하다.(캔자스-네브래스카 법의 입안자인 스티븐 더글러스도 거의 같은 시기 같은 장소에서 연설을 했다.) 주의회 의원으로 선출되었지만, 연방상원의원에 입후보하기 위해 주의회 의원직을 사퇴하다.

1855 2월 8일, 주의회 의원들이 연방상원의원을 선출하다. 링컨은 첫 번째 투표에서는 1위를 하지만, 투표가 거듭될수록 표가 줄어들자 네브래스카 법의 지지자인 일리노이 주 지사 조얼 매티슨이 당선되는 것을 막기 위해 그 법에 반대하는 민주당 후보 리먼 트럼벌에게 표를 몰아주자 자신의 지지자들을 설득하여, 결국 트럼벌이 열 번째 투표에서 51표를 얻어 상원의원에 선출되다. 9월에 특허권 침해소송에서 피고측을 변호하기 위해 신시내티에 가지만, 피츠버그의 에드윈 스탠턴을 비롯한 피고측의 다른 변호사들이 그의 참가를 거부하여 재판을 지켜보기만 하다. 이제 링컨의 수입은 연간 약 5천 달러에 달하다.

1856 1월 16~17일에 일리노이 대법원에서 매클레인 카운티 사건을

다시 변론하다.(법정은 중앙철도에 유리한 판결을 내렸지만, 링컨은 수임료를 받기 위해 철도회사와 소송을 벌여야 했다.) 2월 22일, 디케이터에서 개최된 네브래스카 법에 반대하는 신문사 편집인들의 모임에 참석하다. 이 모임에서 노예제 확대에 반대하는 새로운 정당의 결성이 논의되다. 5월 29일, 블루밍턴에서 열린 일리노이 주 공화당 창당대회에서 감동적인 연설을 하다.(이 연설은 기록이 남지 않아 '잃어버린 연설'로 불린다.) 6월 19일, 필라델피아에서 개최된 제1회 공화당 전당대회에서 부통령 후보로 추천되어 110표를 얻다.(253표를 얻은 뉴저지의 윌리엄 데이턴이 부통령 후보로 지명되었다.) 공화당 대통령 후보 존 C. 프리몬트를 위해 일리노이에서 50회 이상의 선거유세를 하다.

1857 살인사건의 기소를 도왔는데, 살인용의자가 정신이상을 이유로 방면되다. 6월 23일, 중앙철도를 상대로 한 수임료 청구소송에서 승소하여 4,800달러를 받아내다.(그가 받은 최고액의 수임료였다. 이후에도 중요한 소송에서 일리노이 중앙철도의 변호인으로 활동했다.) 6월 26일, 스프링필드에서 드레드 스콧 판결을 비판하는 중요한 연설을 하다. 7월 말 아내와 함께 뉴욕, 나이아가라 폭포, 캐나다를 여행하다. 9월에는 이른바 '에피 앱턴' 사건에서 록아일랜드 철도회사의 변호인이 되다. '에피 앱턴'이라는 기선이 미시시피 강에 건설된 첫 번째 철교에 부딪혀 파괴되자, 이 배의 소유주가 철도회사를 상대로 소송을 제기한 것이다. 배심원단은 9대 3으로 철도회사의 손을 들어주다. 이것은 철도의 확장을 막아보려던 선박회사들의 노력을 좌절시킨 중요한 사건이 된다.

1858 5월 살인죄로 기소된 윌리엄 암스트롱(뉴세일럼에서 친하게 지냈던 잭 암스트롱 부부의 아들)을 방면시키는 데 성공하다. 검찰측 증인은 달이 하늘 높이 떠 있어서 그가 살인하는 광경을 목

격할 수 있었다고 진술하지만, 링컨은 사건이 발생한 1857년의 달력을 내보이며 그 날짜 그 시각에는 달이 높이 떠 있을 수 없다며 증언의 문제점을 지적하다. 또 사망자는 술에 취한 상태에서 말에서 떨어져 죽은 것이라고 주장하다. 수임료는 받지 않았다. 6월 16일, 스프링필드에서 열린 공화당 주(州)대회에서 상원의원 더글러스에게 도전할 수 있는 "최고이자 유일한 후보"로 추대되었고, 이를 수락한 링컨은 「집이 분쟁하면」이라는 유명한 연설을 하다. 7월 9일 시카고에서 더글러스의 연설을 듣고, 다음날 응수하다. 더글러스를 뒤쫓아 여행하기 시작하다. 때로는 두 사람이 같은 기차를 타기도 했는데, 더글러스는 지지자들과 함께 전용객실을, 링컨은 비서 한 명 없이 보통객실을 이용하다. 7월 24일, 남은 유세기간 동안 같은 연단에서 정해진 시간을 똑같이 나누어서 연설하자고 더글러스에게 제의하다. 더글러스는 이 제안을 거절하지만, 일곱 차례의 토론(8월 21일·27일, 9월 15일·18일, 10월 7일·13일·15일)에는 동의하다.(토론회의 청중은 1만 명에서 1만 5천 명 정도였다. 단 9월 15일의 존즈버러 토론에는 약 1,200명이 모였고, 10월 7일의 게일즈버그 연설에는 2만 명이 운집했다.) 두 후보는 일리노이 전역에서, 특히 중부의 여러 카운티에서 수십 차례 연설을 하다. 11월 2일의 선거에서 공화당 후보들은 더 많은 표를 얻고도 주의회를 장악하지 못하다. 임기가 끝나지 않은 상원의원 13명 가운데 민주당 의원이 8명이고, 의석이 공화당에 불리하게 할당되어 있었기 때문이다.(공화당 지지자가 많은 일리노이 북부에, 인구에 비하면 상대적으로 적은 의석이 배정되어 있었다. 주의회 의원 100명 가운데 잔류 상원의원 13명을 제외한 87명[하원의원 75명과 상원의원 12명]을 선출한 이 선거에서 민주당은 46석, 공화당은 41석을 얻었다. 참고로 잔류 상원의원이 생기는 이유는 모든 선거구가 동시에 상원의원을 선출하지는 않기 때문이다. 일리노이 주의 각 선거구에서는 10년을 단위로 두 번은 4년마다, 한 번은 2년마다 상원의원을 뽑는다. 그리고 그 순서 내지 조합은 4-4-2, 4-2-4, 2-4-4로 선거구마다 다르다. 잔류 상원의원이 13명이라는 것은 1856년에 13곳의 선거구에서 4년 임기의 상원의원을 선출했다는 뜻이다.) 12월에 링컨은 링컨-더글러스 논쟁과 주요 선거연설에 관한 신문기사들을 오려서 정리해두다.

1859 1월 5일, 주의회가 더글러스를 다시 상원의원으로 선출하다.(투표 결과는 54:46이었다). 링컨은 3월에 링컨-더글러스 논쟁의 출판을 고려하기 시작하다. 장남 로버트가 하버드 대학 입학시험에 떨어져서 뉴햄프셔의 필립스 엑서터 아카데미에 등록하다. 8월부터 10월까지 아이오와·오하이오·위스콘신 등지에서 연설하다. 대통령 후보로 거론되기 시작하다. 가을에 제8순회법정(1857년에 관할구역이 5개 카운티로 축소되었다)을 마지막으로 일주하다. 캔자스 준주의 선거가 치러지기 전인 12월 초에 이 주에서 몇 차례 연설을 하다.

1860 2월 27일에 뉴욕의 쿠퍼 인스티튜트에서 1,500명의 청중을 상대로 노예제와 헌법제정자들에 관한 연설을 하다. 장남이 다니고 있는 아카데미를 방문하다. 스프링필드로 돌아가기 전에 로드아일랜드·뉴햄프셔·코네티컷의 열광적인 군중 앞에서 연설하다. 3월에 오하이오 주 콜럼버스의 한 출판사가 링컨의 스크랩북을 가지고 『1858년 일리노이의 유명한 선거유세에서 벌어진, 에이브러햄 링컨과 스티븐 더글러스의 정치논쟁』이라는 책을 펴내다. 5월 10일에 디케이터에서 열린 공화당 주(州)대회에서 일리노이의 대표들은 전당대회에서 링컨에게 투표하라는 지시를 받다. 데이비드 데이비스 판사와 일리노이 주 공화당 중앙위 의장인 노먼 B. 저드가 이끄는 지원단이 시카고에서 공화

당 전당대회에 참석한 각 주의 대표들에게 링컨 지지를 호소하는 동안, 링컨은 스프링필드에 머물다. 5월 18일, 세 번째 투표에서 경쟁자인 뉴욕의 상원의원 윌리엄 수어드, 펜실베이니아의 상원의원 사이먼 캐머런, 오하이오의 상원의원 샐먼 체이스, 미주리의 에드워드 베이츠 등을 꺾고 대통령 후보로 확정되다. 『일리노이 스테이트 저널』지 사무실에서 자신이 대통령 후보로, 메인 주의 상원의원 해니벌 햄린이 부통령 후보로 지명되었다는 소식을 듣다. 노예제 확대에 반대하고, 보호관세정책을 모호하게 승인하고, 자영농지법의 입법과 공공사업의 추진하고, 대륙횡단철도 건설의 필요성을 강조하는 공화당의 정강을 검토하다. 링컨은 선거유세를 하거나 공개연설을 하지 않고, 공화당 지도자들과 많은 편지를 주고받다. 6월 20일, 특허권 침해 소송에서 원고측을 변호하기 위해 마지막으로 법정에 서다. 28세의 존 G. 니컬레이와 22세의 존 헤이를 개인비서로 채용하다. 장남 로버트가 하버드 대학에 입학하다. 11월 6일, 스프링필드 전신국에서 선거결과를 계속 보고받다. 스티븐 더글러스(북부민주당), 켄터키의 존 C. 브레킨리지(남부민주당), 테네시의 존 벨(헌정연합당)을 물리치고 최초의 공화당 소속 대통령이 되다. 링컨은 선거인단 303표 가운데 180표, 일반투표(약 468만 표)의 40%(약 186만 표)를 득표. 스프링필드에서 공화당 지도자들과 만나 내각구성을 논의하다. 공직을 얻으려는 사람들이 몰려들다. 12월 20일에 사우스캐롤라이나가 연방에서 탈퇴하고 나서 2개월도 지나지 않아 미시시피·플로리다·앨라배마·조지아·루이지애나·텍사스도 탈퇴하다.

1861 취임사를 열심히 준비하다. 1월 31일과 2월 1일에 콜스 카운티에 사는 새어머니를 마지막으로 만나다. 2월 11일 기차를 타고 스프링필드를 출발하여 워싱턴으로 향하다. 도중에 인디애나·

오하이오·펜실베이니아·뉴욕·뉴저지에 잠시 정차하여 짧은 연설을 하다. 필라델피아에 도착해 있을 때 볼티모어에서 암살될지도 모른다는 경고를 듣다. 2월 22~23일 밤에 은밀하게 워싱턴으로 이동하다. 반대파 신문들은 이런 링컨의 잠행을 조롱하다. 조각을 완료하다. 공화당 대통령 후보로 지명받기 위해 경쟁했던 인물들, 즉 윌리엄 수어드(국무장관), 샐먼 체이스(재무장관), 사이먼 캐머런(육군장관), 에드워드 베이츠(법무장관)를 중용하고, 기디언 웰스(해군장관), 몽고메리 블레어(체신장관), 케일러브 B. 스미스(내무장관)를 발탁하다. 3월 4일에 취임식 거행. 각료들과 숙의한 끝에 찰스턴 항의 섬터 요새에 식량을 보급할 해군원정대를 파견하기로 결정하다. 4월 12일, 남부연합군이 섬터 요새에 선제공격을 가하자 수비대는 이틀 뒤에 항복하다. 링컨은 7만 5천 명의 민병대를 모집하고, 7월 4일에 임시의회를 소집하다. 더글러스를 만나다. 그는 연방을 유지하려는 링컨의 노력을 지지하면서, 장병 20만을 징집하라고 충고하다. 4월 17일 버지니아가 연방에서 탈퇴하고, 5주 동안 노스캐롤라이나·테네시·아칸소가 그 뒤를 따라 탈퇴함으로써 남부연합에 가담한 주가 11개로 늘어나다. 4월 19일 링컨은 남부의 항구들에 대한 봉쇄를 선포하고, 4월 27일에는 필라델피아와 워싱턴 사이의 군사작전지역에서 인신보호영장의 특권을 정지시킬 수 있는 권한을 군 수뇌부에 부여하다. 5월 3일에는 정규 육·해군의 증원을 지시하는 포고령을 발포하다. 연방의회 의원 여러 명에게 자문을 구하고, 이 과정에서 매사추세츠 주 상원의원 찰스 섬너와 가까워지다. 링컨이 아끼던 청년장교 엘머 엘스워스 대령이 5월 24일에 알렉산드리아(버지니아 주 북동부의 도시)의 한 건물에서 남부연합군의 군기를 제거하다가 총을 맞고 죽었다는 소식을 듣고, 전쟁으로 인한 개인적인 상실감을 처음으로 맛보다. 인신보호영장의 특권을 정지시킬 수 있는 권한은 대통령이 아니라 의회에 있으므로, 대통령의 조치는 위헌이라는 연방대법원장 로저 토니의 의견을 무시하다. 6월 3일 일리노이에서 연방에 대한 지지를 호소하다가 사망한 더글러스에게 애도의 뜻을 표하다. 7월 21일, 육군부 전신국에서 제1차 불런 전투의 전황을 확인하다.(남북전쟁이 발발한 이래 양군은 버지니아 북부의 불런 강 일대에서 처음으로 본격적인 전투를 벌였는데, 이 싸움에서 북군은 1만 5천 명의 사상자를 내며 남군에게 패했다.) 7월 27일, 존 B. 매클렐런을 포토맥군(남북전쟁 때 동부전선에서 활약한 북군의 주력군)의 사령관으로 임명하다. 평일 오전에는 몇 시간씩 각료, 상원의원, 장교, 인사 청탁자, 일반시민의 예방을 받다. 오후에는 종종 마차를 타고 외출하다. 저녁에는 편지를 쓰고 명령서에 서명하다. 연극이나 오페라, 공연의 관람을 즐기다. 셰익스피어와 성서, 아티머스 워드·오피어스 커·페트롤리엄 네스비(각각 19세기 미국의 유머 작가 찰스 브라운·로버트 뉴웰·데이비드 로크의 필명)의 해학적인 책들을 읽다. 9월 11일, 미주리에서 노예해방을 선포한 서부군 사령관 존 프리몬트의 조치를 무효화함으로써 다수의 노예제 폐지론자를 실망시키다.(프리몬트는 8월 30일에 노예해방을 선포했는데, 링컨은 이를 계기로 미주리를 비롯한 노예주들이 연방에서 이탈하게 될 것을 우려하여 그의 조치를 철회시켰다.) 10월 21일, 오랜 친구이자 일리노이 주의 휘그당 동료인 에드워드 D. 베이커가 버지니아에서 전사했다는 비보를 접하고 슬픔에 잠기다.(베이커는 남북전쟁에서 전사한 유일한 현직 상원의원이다.) 10월 24일, 프리몬트의 직위해제를 명하는 문서에 서명하고, 그 자리에 데이비드 헌터 장군을 임명하다. 11월 1일, 윈필드 스콧이 사퇴하자 매클렐런을 연방육군 총사령관에 임명하다. 12월 3일 의회에 보낸 교서에서 노예해방과 해방된 노예의 해외이주에 관한 방안을 권고하다. 12월 25~26일에 각료회의를 열고, 영국과 미국의 외교갈등을 해소하기 위해 11월에 영국선박 트렌트 호에서 체포된 남부연합의 외교관 2명(남부연합을 국가로 승인받기 위해 영국으로 향하던 중이었다)을 석방하기로 결정하다.

1862 헨리 핼럭 장군의 『군사기술과 군사학 요강』을 읽다. 전쟁수행위원회의 의원들과 만나다. 이 위원회의 의장인 오하이오 주 상원의원 벤저민 웨이드가 전쟁수행에 소극적인 매클렐런의 해임을 요구했으나, 응하지 않다. 1월 13일, 육군부 내에서 부패하고 무능하다는 비난을 받고 있던 육군장관 사이먼 캐머런을 해임하고 그 자리에 민주당의 에드윈 스탠턴을 기용하다. 오하이오의 노어 스웨인을 대법관으로 추천하다. 1월 27일, 일반군사명령 1호를 발포하여 모든 전선의 군대에 2월 22일부터 일제히 진격할 것을 명하다. 버지니아에서 적극적인 공세를 취할 뜻이 없어 보이는 매클렐런에게 실망하다. 2월 16일에 율리시스 그랜트의 군대가 테네시의 도넬슨 요새를 점령한 뒤, 육군부에 그랜트의 소장 진급을 권하다. 삼남 윌리스가 2월 초부터 병을 앓다가(아마도 장티푸스에 걸렸던 것 같다) 2월 20일에 사망하다. 3월 11일, 매클렐런을 총사령관직에서 해임하고, 연방육군을 당분간 직접 통솔하기로 하다.(매클렐런의 포토맥군 사령관직은 유지되었다.) 핼럭을 서부군 사령관으로 임명하다. 요크 강과 제임스 강 사이에 있는 버지니아 반도(半島)를 경유하여 리치먼드를 공격해야 한다는 매클렐런의 작전에 마지못해 동의했지만, 그의 지지부진한 진군에 낙담하다. 4월 16일 컬럼비아 특별구의 노예제 폐지법안에 서명하다. 샤일로 전투에서 막대한 인명손실을 입었다는 이유로 많은 비판을 받고 있던 그랜트 장군에 대한 해임요구를 거부하다.(테네시 주 남서부에서 벌어진

이 전투에서 북군은 남군의 기습을 물리쳤지만, 사상자가 남군보다 많았다.) 5월 5~12일에 버지니아 반도를 방문하여 노퍽에 대한 연방군의 성공적인 공격을 지휘하다. 5월 15일에 농무부 신설 법안을 승인하고, 5월 20일에 자영농지법에 서명하다. 5월 22~23일에 프레더릭스버그(버지니아 주 북동부의 도시. 북군의 수도 워싱턴과 남군의 수도 리치먼드의 중간쯤에 위치해 있어서 남북전쟁기간 동안 전략적 요충지였다)에 주둔하고 있던 어빈 맥도웰 장군의 군단을 방문하다. 5월 24일, 워싱턴의 안전을 우려하여, 맥도웰의 군대를 이동시켜 리치먼드 인근에 있던 매클렐런의 군대에 합류시키려던 계획을 취소하고, 맥도웰에게 셰넌도어 계곡에 포진하고 있던 토머스 스톤월 잭슨(남북전쟁에서 용맹을 떨친 남군의 명장)의 부대를 공격하라고 명령하다. 더위를 피하기 위해, 6월 초에 가족과 함께 백악관에서 북서쪽으로 4마일 떨어진 언덕 위에 있는 별장으로 옮기다.(링컨 가족은 그 후 매년 여름마다 이곳에서 지냈다.) 6월 19일, 모든 준주에서 노예제를 금지하는 법안에 서명하다. 6월 26일, 셰넌도어 계곡과 버지니아 북부의 연방군을 존 포프 장군 휘하의 버지니아군으로 통합하라는 명령을 내리다. 7월 2일, 태평양철도법(미주리강에서 태평양까지 이어지는 대륙횡단철도 건설을 지원하기 위한 법)과 모릴 법안(연방정부가 각 주에 토지를 무상으로 증여하여 고등교육기관, 특히 농과대학 설립을 지원하게 한 법안. 버몬트의 공화당 의원 저스틴 모릴이 발의한 이 법안에 따라 설립된 대학을 랜드그랜트 칼리지라 부른다)에 서명했다. 7월 7~10일에 버지니아 반도를 방문하여, 7일전투(6월 25일에서 7월 1일까지 버지니아의 리치먼드 근처에서 벌어진 일련의 전투)에서 패한 매클렐런 및 그의 휘하장교들과 작전을 논의하다. 7월 11일, 워싱턴으로 돌아와 핼럭을 총사령관으로 임명하다.(핼럭을 대신할 서부군 사령관은 지명하지 않았다.) 7월 17일, 반란을 지원한 사람들의 노예와 재산을 압수하게 한 법안에 서명하다.(반란군으로부터 빼앗은 모든 노예는 전쟁포로로 간주되어 노예신분에서 해방되었다.) 7월 22일, 각료들에게 노예해방 예비선언의 초안을 읽어주다. 그러나 노예해방이 필사적인 시도로 간주되지 않으려면 북군이 군사적 승리를 거둔 뒤에 선언되어야 한다는 수어드의 의견에 따라 발표를 연기하다. 버지니아 반도 원정을 포기하고 포토맥군을 철수해야 한다는 핼럭의 결정에 동의하다.(명령은 8월 3일에 하달되었다.) 이 조치로 광범위한 비판에 직면하다. 원정 실패는 링컨이 워싱턴을 지키기 위해 너무 많은 병력을 남겨두었기 때문이라는 주장도 제기되다. 8월 29~30일에 제2차 불런 전투에서 대패한 포프를 해임하고, 그의 부대를 내각과 의회의 불신을 받고 있던 매클렐런의 휘하에 편입시키다. 9월 17일에 북군이 앤티텀 전투에서 리 장군의 메릴랜드 침공을 좌절시키자, 링컨은 9월 22일에 연방정부에 맞서 반란을 일으키고 있는 모든 지역에서 1863년 1월 1일부터 발효될 노예해방 예비선언을 발표하다. 가을에 실시된 연방의회 및 주의회 선거에서 민주당이 약진하자 우려를 금치 못하다. 친구 데이비드 데이비스를 대법관으로 추천하다. 10월 23일에 돈 뷰얼 장군을 오하이오군(서부전선의 주력부대. 컴벌랜드군의 전신) 사령관직에서 해임하고, 10월 30일에 그의 후임으로 윌리엄 로저크랜스를 임명하다. 11월 5일, 매클렐런을 포토맥군 사령관직에서 해임하고 앰브로즈 번사이드를 그 자리에 앉히다. 11월 27일, 버지니아의 아퀴아 하천(포토맥 강의 지류) 근처에서 번사이드와 작전을 협의하다. 12월 1일, 의회에 보낸 연례교서에서 보상에 의한 점진적 노예해방을 위한 수정헌법의 채택을 건의하다. 여름에 미네소타에서 폭동을 일으킨 죄로 사형을 선고받은 수족

303명 가운데 265명을 사면하다. 12월 13일, 포토맥군이 프레더릭스버그 전투에서 참패하다. 12월 19일 각료들(수어드는 제외) 및 수어드의 해임을 강력히 요구하는 공화당 상원의원 9명과 장시간 회의를 갖다. 회의가 끝나자, 수어드를 가장 비판했던 체이스가 사표를 제출하다. 링컨은 이 사표와, 이미 수어드가 제출한 사표를 모두 반려함으로써 위기를 해소. 12월 31일, 웨스트버지니아의 연방가입을 승인하는 서명을 하다.

1863 1월 1일, 남부연합이 차지하고 있는 영토의 모든 노예를 해방하는 노예해방 최종선언을 발표하다. 그랜트 장군이 1862년 12월 17일에 테네시 군관구에서 모든 유대인을 추방하라는 명령을 내렸는데,(서부군의 관할구역인 테네시·미시시피·켄터키 등지에서 유대인들에 의해 남부의 목화가 불법적으로 거래되는 것을 근절하기 위한 조치였다), 이에 대한 항의가 빗발치자 링컨은 1월 4일에 그 명령을 철회시키다. 존 P. 어셔를 케일러브 스미스의 후임 내무장관으로 임명하다. 1월 25일, 조지프 후커를 번사이드의 후임으로 임명하다. 2월 25일에 국립은행법을 승인하고, 3월 3일에는 징병법안(병력의 차질 없는 충원을 위해 20~45세의 모든 남성 시민과 시민권을 신청한 모든 남성 이주민을 병적에 등록하게 한 법안)에 서명하다. 캘리포니아 주 판사 스티븐 J. 필드를 대법관으로 추천하다. 그랜트가 무능하고 자주 술을 마신다는 주장이 그랜트의 사령부에 파견되었던 스탠턴의 특사에 의해 사실로 확인되자 고민스러워지다. 4월 4~10일, 포토맥군의 동계숙영지가 있는 버지니아 주 팰머스를 방문하여, 프레더릭스버그 전장을 시찰하다. 5월 1~4일에 벌어진 챈슬러즈빌 전투에서 북군이 패하자, 5월 7일에 팰머스로 돌아와 후커 장군과 면담하다. 남군의 로버트 리 장군이 펜실베이니아를 공격하고 있던 6월 28일에 후커를 조지 G. 미드로 교체하다. 7월 3일

에 미드가 게티즈버그 전투에서 리 장군을 물리치고, 7월 4일에는 그랜트가 미시시피에 남아 있던 남군의 마지막 보루 빅스버그를 점령하다. 8월 10일 백악관에서 노예제 폐지론자인 프레더릭 더글러스와 흑인병사의 입대와 처우에 대해 논의하다. 더글러스는 링컨이 자신의 의견을 진중하게 경청하는 데 깊은 감명을 받다. 연방의 지지자들이 오하이오와 펜실베이니아의 선거에서 승리하자 힘을 얻다. 9월 19~20일에 북군이 치카모가 전투에서 패해 테네시 강변의 채터누가가 남군의 손에 들어가자, 그랜트를 서부군 총사령관에 임명하고, 그에게 컴벌랜드군 사령관 로저크랜스를 조지 H. 토머스로 교체할 권한을 주다. 11월 19일, 게티즈버그 국립묘지 헌정식에 참석하여 15,000~20,000명의 청중 앞에서 에드워드 에버렛의 2시간짜리 연설에 뒤이어 역사에 길이 남을 2분의 명연설을 하다. 워싱턴에 돌아온 뒤 유사 천연두로 3주 동안 병치레를 하다. 12월 8일, 연방의 재건을 위한 사면 및 재건 포고령을 발포했다. 체이스가 공화당 대통령 후보 경선에 나서겠다는 뜻을 밝혔지만, 그에게 계속 재무장관직을 맡기다.

1864 체이스를 대통령 후보로 추대하려는 공화당 급진파(중심인물은 캔자스의 상원의원 새뮤얼 포머로이)가 작성하여 유력 공화당원들에게 돌린 「포머로이 회람」의 내용이 2월 말에 공개되다. 이 밀서는 애초의 의도와는 달리 체이스를 곤경에 빠뜨리고 링컨의 지지세력을 결집시키는 결과를 낳다. 체이스의 고향인 오하이오 주의 공화당 지도부마저 링컨을 대통령 후보로 재지명하자, 체이스는 3월 초에 후보를 사퇴하다. 3월 12일, 그랜트를 육군 총사령관에, 핼럭을 참모장에, 윌리엄 T. 셔먼을 그랜트의 후임(서부군 총사령관)으로 임명하다. 그랜트는 포토맥군 군영에 사령부를 설치하고, 미드를 포토맥군 사령관에 유임시키다.

링컨과 스탠턴의 권고에 따라 의회는 300달러를 내면 병역을 면제시켜주던 징병법 조항을 폐지하다.(7월 4일에 링컨이 서명한 그 법에는 대리복무를 허용하는 조항이 여전히 남아 있었다). 6월 8일, 공화당원들과 주전파(主戰派) 민주당원들이 손을 잡고 만든 국민연합당의 전당대회에서 거의 만장일치로 링컨이 대통령 후보로 지명되다. 이 대회에서 민주당원인 테네시 주 군정장관 앤드루 존슨이 부통령 후보로 지명되고, 노예제 폐지에 관한 수정헌법도 승인되다. 링컨은 6월 30일에 체이스의 사표를 수리하고, 메인 주의 공화당 상원의원 윌리엄 P. 페선던을 그의 후임으로 임명. 7월 4일에 남부재건계획을 담은 웨이드-데이비스 법안을 너무 강경하다는 이유로 거부하다.(링컨은 1863년 12월에 남부연합에 속했던 주들도 총유권자의 10%가 연방에 충성을 맹세하면, 선거를 통해 주정부를 구성할 수 있도록 허용하는 온건한 남부재건계획을 발표했다. 하지만 이에 반발한 공화당 급진파는 7월 2일에 오하이오의 상원의원 벤저민 웨이드와 메릴랜드의 하원의원 헨리 데이비스가 발의한 강경한 남부재건계획, 즉 대통령이 연방에서 탈퇴한 각 주에 군정장관을 임명하고, 백인남성의 과반수가 연방정부에 절대충성을 맹세한다는 조건하에 연방에 반대하여 무기를 든 적이 없는 유권자들로 하여금 각 주의 대표를 선출하도록 하며, 주헌법에 노예제 폐지와 전직 남부연합 관리들의 공민권 박탈을 명문화하도록 규정한 법안을 통과시켰다.) 7월 11~12일에 남군의 공격을 받은 워싱턴 외곽의 스티븐스 요새에서 전투를 지켜보다가 적의 포격을 받다. 8월 23일, 자신이 재선되기 어려울 것 같다고 비망록에 적다. 하지만 9월 2일에 셔먼의 군대가 애틀랜타를 점령하고, 10월 19일에 필립 H. 셰리든 장군이 셰넌도어 계곡의 시더크리크 전투에서 결정적인 승리를 거두면서 재선의 희망을 갖기 시작하다. 9월 23일, 공화당 급진파를 달래기 위해 보수적인 체신장관 몽고메리 블레어를 윌리엄 데니슨으로 교체하다.(급진파의 지지를 받고 있던 대통령 후보 프리몬트는 후보를 사퇴하는 조건으로 블레어의 교체를 요구했다. 1861년에 미주리 주에서 성급하게 노예해방을 선포했다가 서부군 사령관직에서 해임된 프리몬트는 당시 자신의 조치를 비난한 미주리 주의 연방하원의원 프랜시스 블레어와 그의 형 몽고메리 블레어 때문에 자신이 해임된 것으로 생각했다고 한다.) 그랜트의 권유를 받아들여, 셔먼 장군이 애틀랜타에서 바다(조지아의 항구도시 서배너)까지 진군하는 것을 승인하다. 11월 8일 육군부 전신국에서 선거결과를 확인하다. 전체 선거인단 233표 가운데 212표, 일반투표의 55%를 얻어 민주당 후보 조지 매클렐런 장군을 누르다. 제임스 스피드(링컨의 친구 조슈아 F. 스피드의 형)를 에드워드 베이츠의 후임 법무장관으로 임명하다. 12월 6일, 샐먼 체이스를 대법원장에 임명하다.

1865 링컨이 민주당 의원들을 설득한 끝에, 1월 31일 노예제 폐지를 규정하는 수정헌법 제13조의 비준을 각 주 의회에 요청하는 결의안이 연방하원에서 119대 56으로 통과되다.(상원에서는 이 안이 1864년 4월에 이미 통과된 상태였다.) 2월 3일, 버지니아 주 햄프턴 수로(버지니아 반도에 감싸인 천연 정박지)에서 남부연합 대표들과 강화회담을 열었으나, 협상이 결렬되다. 3월 3일, 해방노예와 난민들의 구제를 전담할 부서를 설치하는 안에 서명하다. 페선던이 의회로 돌아가자, 통화감사관 휴 매컬럭을 재무장관으로 임명하다. 3월 23일 그랜트의 사령부가 있는 버지니아의 시티포인트로 출발하다. 3월 27~28일에 그랜트와 셔먼, 데이비드 D. 포터 제독을 만나 군사적·정치적 상황에 관해 논의하다. 4월 4일, 남군이 철수한 뒤 리치먼드를 방문하다. 버지니아 주 애퍼매턱스 법원에서 리 장군이 그랜트에게 항복한 날

인 4월 9일에 워싱턴으로 돌아오다. 4월 11일 재건문제를 중점적으로 논한 마지막 공개연설을 하다. 4월 14일 오후 10시가 조금 지난 시각에 포드 극장에서 「우리의 미국인 사촌」이라는 희극을 관람하던 중 유명배우 존 윌크스 부스가 쏜 총에 머리를 맞고 쓰러지다. 끝내 의식을 회복하지 못한 채 4월 15일 오전 7시 22분에 영면하다. 4월 19일까지 백악관에서 장례를 치른 후, 전용열차로 일리노이까지 운구되어, 5월 4일에 스프링필드 외곽에 있는 오크리지 묘지에 안장되다.